花季心海导航

成长中的烦恼解惑

丁恺芝　一丁　编著

中原出版传媒集团
中原农民出版社
·郑州·

图书在版编目(CIP)数据

花季心海导航:成长中的烦恼解惑/丁恺芝,一丁编著.—郑州:中原出版传媒集团,中原农民出版社,2013.10
ISBN 978-7-5542-0550-1

Ⅰ.①花… Ⅱ.①丁… ②一… Ⅲ.①青少年-心理健康-健康教育 Ⅳ.①G479

中国版本图书馆 CIP 数据核字(2013)第 201869 号

出版:中原出版传媒集团 中原农民出版社
(地址:郑州市经五路 66 号 电话:0371—65788196
邮政编码:450002)
发行单位:全国新华书店
承印单位:河南龙华印务有限公司
开本:787mm×1092mm 1/16
印张:12.5
字数:244 千字
版次:2013 年 10 月第 1 版 **印次**:2013 年 10 月第 1 次印刷

书号:ISBN 978-7-5542-0550-1 **定价**:42.00 元

前言

青少年朋友们：

你们正值十一二至二十岁的大好年华。你们已步入人生蓓蕾绽放的花季。你们年轻的心灵正遨游在广阔无垠的理想人生空间，享受着青春的欢乐，你们正幸福地拥有它。

但是，由于生理上的迅速变化，思想上的日趋成熟，面对色彩斑斓的社会，你们经常会遇到人与人之间交往关系上的困扰、感情变化中的烦恼、身体发育带来的恐慌和疑惑面前的苦闷与彷徨。各种心理问题，随着你们的成长也将接踵而至，向你们提出挑战。怎么办？怎么办？无数个怎么办，可能会使你们在人生关键时期，徘徊、苦恼……

梦想与现实的差距常常是你们遭遇失败而感到痛苦的原因；从书本中或从外界获得的知识与自己主观认识之间的矛盾，可能会引起你们的心理困惑；身体、性心理发展的急剧变化，也许会导致你们自卑心理的形成；学校教育的偏狭性和升学考试的压力，对你们的心理发展形成了最直接的困扰……凡此种种，使许多人往往在自我认识的不同阶段不能很好地过渡，生活适应能力差，不了解自我，不能客观评价自我，心理经常产生冲突，造成困惑，形成心理障碍：一是自我谴责，形成心理压抑；二是自暴自弃，形成逆反心理……我们根据广大青少年学生的实际需要，在中小学生中调查获取千余个难以解决的心理问题，并由数名心理专家，经过归类整理，编写出了《花季心海导航》一书。本书从青少年生活的八方面入手，以一个个具体的案例分析，对问题一一做以解答。你们可以根据自己的需要，认真学习、仔细理解，从而解开困扰、摆脱痛苦，使自己的青春更加绚丽多彩。

编　者

目录

第一部 性心理

1. 我从十一二岁开始，身体的许多部位发生变化，出现害怕心理，怎么办?

一名学生来信问道："最近自己的身体发生了很大变化，心里有些发慌；邻居小强刚刚有一段时间未见面，再见时就几乎长成大小伙子了，这是为什么呢?"

其实这是进入青春发育期的征象，无须恐慌。人从童年向成年的过渡阶段，称为青春期，对于女孩子来说，一般指 12 ~ 18 岁这个年龄段。男孩子比女孩子晚两年进入青春期。这一时期，人的生理发生了巨大变化，其中之一就是身体形态的变化，具体表现在：首先，身高增长加速。身高增长速度加快，一般持续 2 年。这期间身高以每年 6 ~ 8 厘米甚至 10 ~ 12 厘米的速度增长。其次，体重增长加速。青春期人的体重可以每年增加 5 ~ 8 公斤。如此迅速的增长，会使你觉得昔日还是小孩子的伙伴，一下子就变成了大人，小强就是这样的一例。变化最为突出的是出现第二性征，即男女除性别以外的其他外部差异，如女生开始出现有规律的月经，男生出现遗精。同时男生以其高大的身躯、粗壮的肌肉、突出的喉结、低沉的声音以及长出胡须等为特征；女生则以细腻的皮肤、宽大的盆骨、隆起的乳房、高细的声音等为特征。当你明白了自己正处于青春期，所以身体才会出现变化，出现了上述现象时，心里一定不要害怕，而要用科学的态度，勇敢地正视这种正常的生理现象，走出心理上暂时的困惑。

2. 我的汗毛重、胡子浓，我是不是患了"多毛症"? 该怎么办?

"多毛症"在医学上是指那些因雄性激素较旺盛而导致体毛浓重的现象。患此症者非但胡子浓、躯干汗毛重，甚至连面部也会有清晰而浓重的汗毛，但其智力、体力以及身体其他器官的功能均不受任何影响。这样的病例医学上并不多见。就你的症状看并不是"多毛症"，也许看上去不美观，但你不妨换一种心理审视自己：身体有这样一层厚重而长的毛发，这难道不是增加了一种与众不同的雄壮美吗? 因此，你大可不必为此担心。

心理学研究表明，同陌生人初次接触的时候，体貌特点会影响到对方的第一印象，比如英俊漂亮的人容易得到对方的信任和帮助。但是随着接触的深入，体貌的影响会变得越来越小，而内在品质的影响则会变得越来越强。人们更希望自己的朋友是开朗的、坦率的、负责任的。如果不考虑其内在的品质，盲目地追求外在的美貌，那岂不可笑?

3. 我最近白带增多，心里很害怕，怎么办?

白带是从阴道里流出来的白色液体。青春期前的女孩没有白带，随着卵巢的发育，分泌雌性激素以后，会有少量白带出现。由于白带往往出现在月经之前，所以又被称为进入青春期的信号。女孩子进入青春期，生殖系统受到卵巢分泌的雌性激素的作用，开始发生变化：阴道上皮细胞不断增生脱落，阴道黏膜有少量的渗出液，同时子宫颈腺体、子宫内膜也能分泌出一种鸡蛋清样的黏液。这些物质混合在一起往往变成乳白色，逐渐由阴道排出，这就是白带。健康的女性都有白带，它能使阴道和外阴保持一定的湿润度，对人体有生理保护作用。

那么为什么白带会时多时少呢？这主要与体内雌性激素分泌量多少有关。月经中期雌性激素分泌量多，白带就多些；月经前因盆腔充血，阴道分泌物增多，白带也稍多；而月经过后的几天白带就少些。正常情况下，白带的量不会太多，人并没有特殊的感觉；若白带量多，像月经来潮一样阵流，或者像豆腐渣一样，并有阴部奇痒，那就要去医院就诊，查一查是不是由滴虫、霉菌或其他菌病导致的。

4. 我来月经时肚子痛，有时影响上课，怎么办?

女孩子来月经时，有轻微的下腹疼痛、腰酸等不适感是正常的生理现象。但有的人每次月经前后或月经期腹部剧烈疼痛，有极不舒服的感觉，这种情况属于痛经。

形成痛经的原因主要有：

（1）精神紧张。对来月经怀有恐惧心理，误认为“来月经一定很疼痛”，大脑形成了不良的条件反射，每次来月经前就开始紧张，心神不安，结果造成肌肉过度收缩，引起排经不畅，形成痛经。

（2）体质弱。一些少女身体健康状况不良，如患有贫血或其他慢性疾病时，易发生痛经现象。

（3）不注意经期卫生。月经期剧烈活动、受凉、不注意饮食、心情抑郁等也能诱发痛经。

（4）子宫发育不良。有的女孩子宫发育不完善，月经来潮时子宫收缩不协调；有的女孩子宫颈口或子宫颈管狭窄，子宫过度倾斜，以至经血流通不畅，也能造成痛经。

那么，怎样防止痛经呢？首先要调节好自我情绪，保持精神愉快，正确对待月经的到来。思想开朗、情绪稳定、精神上放松可以减轻疼痛并逐步恢复正常，但严重痛经者应到医院治疗。

这里介绍两种自己可操作的缓解痛经的小方法：

（1）红糖生姜水。取红糖 30 ~ 50 克，生姜 10 克，将生姜切成末，加水 200 毫升煮沸，趁热服下（最好连姜末一起服下）。

（2）益母草红糖水。干益母草 30 克或新鲜益母草 60 克，红糖 30 克，加水 400 ~

500 毫升煮沸 15 分钟，去渣后趁热服下。

以上两种方法对腹痛、腹胀、经血有块及行经不畅均有较好疗效。

5. 初潮后月经不规律，怎么办？

月经是子宫内膜在卵巢分泌的雌性激素作用下而发生的周期性子宫出血。雌性激素一方面刺激子宫内膜的发育，另一方面又抑制它的生长，以维持平衡，于是出现了一个有规律的月经周期。月经周期一般为 28 ~35 天，行经期通常为 3 ~5 天。

有些女孩在初潮后月经周期紊乱，有的第一次月经来潮后，相隔两三个月，甚至半年来一次，每次时间短、量少；有的 20 多天甚至 10 多天来一次，每次时间长达 7 ~8 天或 10 多天，出血量也多；还有的一段时间内 10 多天来一次，另一段时间内 40 ~50 天才来一次，周期很不规律；等等。这些统称为青春期功能失调性子宫出血。

这是由于卵巢刚刚发育，它的重量只有成人时的 1/3，所以分泌雌性激素还不很正常，时多时少。随着卵巢发育的逐步完善，月经不规律现象会逐步好转，但月经来潮后一年多仍不正常的，应到医院诊查治疗。

6. 我常常在睡觉时出现性梦和性幻想，是不是有癔病？怎么办？

要弄清这个问题，首先要清楚三个概念：

（1）性梦。性梦是一种带有情欲内容的无意想象，是在意识不清醒的睡眠状态下产生的。男生的性梦多于女生，其内容多半是两性交往或嬉戏的场面。

（2）性幻想。性幻想又称性爱“白日梦”或精神“自淫”，它是在清醒状态下进行的一种含性内容的现象。但初中生的性幻想很少有性爱的内容，男生的白日梦中经常出现体育竞赛、冒险等活动场面，在这里他们常常成为无所不能的大英雄。

（3）癔病。癔病是一种精神障碍，多由精神受重大刺激引起。发作时人大喊大叫、哭笑无常、言语错乱或有痉挛、麻痹、失明、失语等现象，也叫歇斯底里。

读到这里，相信你已经明白性梦和性幻想与癔病其实毫不相干。初中生正处于青春期，性意识的觉醒使他们常出现性冲动，他们越来越多地感受到性兴奋和性紧张，无论男生和女生，在这一时期都不同程度地出现性梦和性幻想。

因此，你大可不必为此担忧，这说明你正在迈向成熟，这也是向成年过渡的必要环节。但是如果性梦反复出现多次，就会干扰你的正常学习和生活。那么怎样减少和防止性梦的出现呢？你首先要明白日有所思夜有所想的道理，性梦与你日常生活中所闻所想不无关系。如果你把主要精力放在学习上，同时培养自己在体育、文学、音乐等方面的广泛兴趣，使你的精神生活丰富多彩，你的性梦就会自然减少。

7. 我现在时常遗精，听人说会伤害身体，心里很害怕，怎么办？

男性青少年一旦出现遗精，常会十分恐惧、惊慌，以为自己害了什么病或身体有了什么故障。其实，在青春发育期至结婚前的男性青年中，遗精现象相当普遍。一个发育成熟的男性，每时每刻都在不停地制造精液并将其贮藏在体内，当精液达到一定数量后，自然就会出现“精满自溢”的情况。

有的人认为既然精子能够繁衍生命，当然是一种特殊的物质，如果出现遗精会伤害身体大伤元气，其实这些是毫无科学根据的。

如果遗精次数频繁，并产生一系列自觉症状，如次日出现头痛、疲乏、眼痛、腰痛等症状，则表示遗精对身体产生了不利的影响，应找出原因，及时治疗。一般造成遗精的原因是：

（1）包茎、包皮过长，由于局部刺激导致遗精的发生。

（2）体内疾病的反映，如尿道炎、前列腺炎等。

（3）手淫习惯造成的。

8. 常有手淫行为，事后又产生罪恶感，怎么办？

手淫又叫自渎或自慰，是指用手或其他物件故意刺激阴茎，使其勃起和射精达到性的极度兴奋和高潮，是自我发泄性的一种方法。据统计，95%以上的青年未婚前有这种行为。

长期以来，手淫被认为是有害身体的、罪恶的。现有很多资料证明这种观点是错误的。合理的手淫可以解除心理上的压抑并获得生理上的满足，并不影响健康，更不像一般人所说的伤元气，所以偶有手淫也不属于反常现象。但是有些人却把手淫当成解除内心焦虑和不快的手段，手淫频繁，一日数次，则属于性变态，应进行心理治疗。

9. 我患了手淫的毛病，又管不住自己，怎么办？

手淫一旦发生，不必忧心忡忡，更不要恐惧万分、惊慌失措而产生精神压力，要正确地、科学地、满怀信心地改掉这种不良习惯。

（1）要积极参加集体活动，特别是正常的文体活动，这样不但能培养广泛的兴趣和爱好，也可使精神愉快。

（2）生活要有规律，按时睡觉、按时起床。特别是醒后不要赖床，睡前可用温水沐浴或洗脚以帮助入睡，睡眠时所盖被褥不要过暖过重。

（3）注意生殖器的清洁卫生，经常清洗，以除去积垢的不良刺激；内衣裤要常洗常换，内衣的材料要质地柔软，不要过小、过紧。

总之，戒除手淫习惯需要决心，但决心只是起点，必须有正确的思想认识，才能杜绝手淫的不良习惯。

10. 有时交叉夹腿，会出现类似癫痫的症状，控制不住，怎么办？

这是一种夹腿综合征，是青少年的一种发作性症状，是以夹腿为主要特征的不良性心理。发作时，表现为两腿并拢或交叉内收，卧位时有上下移动的动作，坐位时为前后摇动，并伴有面潮红、出汗、眼发直，有时连续发作，不愿他人打扰或阻止。若出现以上类似症状，可以考虑是否患了夹腿综合征。

造成这个病症的主要原因是：

（1）局部刺激所致：如会阴部湿疹、蛲虫或裤子太紧等刺激引起夹腿。

（2）自慰行为：有的青少年在感情得不到满足或受其他心理因素的影响，沉湎于自慰性地在自身上寻求刺激，从而产生夹腿的症状。

（3）其他原因：黄色视频、黄色书刊及坏人的教唆，也是产生这种症状的原因之一。

出现此种症状要注意调整：

（1）不可过于紧张，不应严格控制或强行禁止，以防止内心的过度紧张。可以先转移自己的兴趣，淡化紧张的心理。

（2）按时睡眠和起床，严格遵守作息时间，不赖床；睡前避免过度兴奋，不看色情小说、影视，避免性刺激。

（3）注意自己会阴部卫生，经常清洗，同时注意排除各种不良刺激。内衣内裤要宽松，不要过于紧小；晚饭不要吃得过饱；睡觉时不要胡思乱想。

（4）培养自己广泛的兴趣，经常参加各种文体活动，减少不良刺激。把充沛的精力投入到有益的活动和学习中去。

（5）加强思想品德修养，增强心理免疫力。平时同学间避免开“性”方面的玩笑。

（6）要发作或正在发作时，要求助医生或自己设法转移自己的注意力，淡忘交叉夹腿的习惯。

11. 看到周围有的同学很小就谈情说爱，明知不好，可心中又很羡慕，怎么办?

初中阶段是性意识发展最快的一个时期。随着年龄的增长，青少年由疏远异性渐渐发展为故意接近异性，但这种接触一般都是群体性的，如野游、运动会、各种集会等。

产生喜欢异性的心理是一个人成长到一定时期必然出现的一种心理现象，是正常的，也是允许的。但有的同学很小就谈情说爱，这就不正常了，这种做法也是不明智的。

对爱情的向往和追求是人类共有的，然而何为“爱情”？青少年朋友们想过吗？那绝不只是简单的喜欢而已，而是共同的理想和追求，对社会、对人生共同的理解和认识，以及相互应该承担的对家庭、对社会的责任和义务等。“爱情”是神圣的，不应该有任何亵渎的成分。中学生虽然生理已接近成熟，但心理还远远不够成熟，在自己的理想尚未实现，事业还毫无着落的情况下，枉谈爱情，难道你不觉得过于单纯、幼稚、冲动，甚至可笑吗?

人生的路，走到哪一步都应该水到渠成。如果 15 岁时偏要穿上 20 岁的鞋子，走

20岁才能走的路，大家想想那正常吗？

"少壮不努力，老大徒伤悲"，不趁自己青春年少时学习知识、锻炼本领，却在无知的谈情说爱中蹉跎大好时光，岂不是因小失大，误了前程？

如果你现在喜欢某个女孩（男孩），就把这份美好的情感珍藏心底吧，不要因为你不当的言行亵渎了它。到了你懂得爱情的年龄，如果你还是觉得他（她）值得你爱，那再勇敢追求好了。

12. 在课堂上，总觉得有女同学看我，很不自在，怎么办？

你的这种心态，应该说是自我感觉的，这是由于青春期生理发育和心理发育不平衡引起的。你总觉得被别人关注，被异性喜欢，并且害怕受到她们的排斥和冷眼，在这种心理作用下，你对她们的目光、行为特别敏感，以为她们的一举一动都是冲你来的。到底是不是呢？你可以做这样的验证：正视她们的目光，看她们是否在真正注视你；问一问你的伙伴，听一下他们的想法、看法是否同你一样。只要把注意力放在学习上，努力排除其他干扰，也就不会有这种不自在的感觉了。

13. 我对一男同学有好感，想接近他，又怕被别人说成作风不正派，怎么办？

这个问题出在你对好感与作风不正派的概念分不清。好感是因为对方的行为表现和人格特征等符合自己的需要和价值观念而引起的情绪反应，是被对方吸引的一种感情状态，是人的正常心理活动。表现好感的行为如喜欢跟他接近、说话，这属于正常的人际交往，是社会允许和赞同的。而作风不正派属于道德问题，所作所为是不符合道德标准的，如流氓行为、不正常的男女关系等。所以说，你对男同学的好感不是作风不正派，不要有什么思想包袱，要学会自我调节，把握交往的原则，使自己的心理沿着健康、成熟的轨道发展，就不会招来非议。

14. 我和异性同学在一起才觉得开心，又怕大家另眼看我，怎么办？

和异性一起活动很开心，这是正常的现象，是性发育引起的正常心理。进入青春期的男女，对"性"有了"朦朦胧胧"、"似懂非懂"的意识，开始对异性感兴趣、好奇，彼此都开始有接触对方的意愿，特别注意自己的仪表和风度，在一起活动时，会感到很开心，这都是青春发育期的心理特点。但是为了不让别人"另眼看待"、"说三道四"，你就要把握好和异性交往的尺度，懂得男女同学怎样相处才好。具体说就是：一是不管男同学还是女同学，不要先把性别作为是否可以接触的前提。男同学、女同学都是同学，同学之间不存在可以接触、不可以接触的问题，更不能人为地设置影响互帮互助共同进步的心理障碍。二是要在教师的指导下广泛开展集体性活动，如勤工俭学、社会考察、参观访问、文体活动等，在集体活动中互相增进了解、沟通情感，消除由于不交往而造成的隔阂。三是学生时代的男女同学单独相处时，一定要理智处事、光明磊落，善于把握自己的情感。掌握好上述几点异性朋友交往的原则，即使和异性同学在一起活动，也不用怕大家另眼看待了。

15. 我喜欢交异性朋友，但又不知如何把握交往尺度，怎么办?

青春期阶段对异性有好感是很普遍的，也是正常的。但对异性的好感并不是爱情，而是进入青春期后性意识发展的结果。男女同学要做到正常交往，必须正确划分友谊和爱情的界限，这样才能把握交往的尺度。

友谊是友人之谊，爱情是爱人之情。它们之间既有区别，又有联系。爱情的建立需要友谊的铺垫，友谊是爱情的基石，是爱情的保障。但爱情和友谊是有本质区别的，这一点同学们不仅要明确，更重要的是在行动中严格掌握。

（1）爱情是纯净的，它以特殊的温情和忠贞作为鲜明的标志，使被爱的人永远处于独有的地位，不允许他人沾染。友谊则不然，友谊可以成为联通任何人的感情桥梁。一个人可以拥有众多的同性朋友，也可以结交很多的异性朋友。

（2）爱情是一种异性朋友之间凝固不变的，常产生性欲念的友情。从生理角度说，爱情有性欲念，而友谊则没有。纯真的友谊，不论在什么场合下，不论是否有其他人在场，都不会产生性的欲念。

（3）爱情在交往上表现为单项性，即一个男性和一个女性的频繁交往、接近和相互依恋。友谊在交往中表现为多向性，即每个人都可以和多个异性朋友接近、交往和相处。男女之间的友谊是在学习上、工作中通过互相帮助、互相学习产生的，突出表现为遇到困难时想找对方帮助，心里有话找对方诉说。

对男女同学之间的正常交往应该提倡。男女同学在生理、心理和个性特点等方面存在着很大差异。一般来说，男同学比女同学自信，更有独立性和进取心，能承受精神打击，思想豁达，富有乐观性和幽默感。但男同学也具有粗疏、鲁莽、容易冲动和过喜过怒等弱点。女同学则比男同学精细、稳重、办事认真，富有同情心和责任感，但容易沉湎于感情之中、爱计较等又是女同学的弱点。男女交往建立友谊，相互之间可以取长补短，促进自我完善，这对增长才干、培养良好的心理品质都大有裨益。

16. 进入中学后，很多同学都发育成熟，高高的个子，我却不见长，怎么办?

男女进入青春期后，身体迅速发育。但生长发育是一个较长的过程，而且每个人表现也并不完全一样，有的人发育早、生长快，也有的人稳步渐进，发育比较平稳，还有一种人迟迟不长，身体发育明显比同龄人落后，可是到了十六七岁，甚至十七八岁，他们会像长跑运动中的某些好手，在临近终点的时候突然冲刺，结果后来居上。所以我们不要被暂时的表面现象困惑，要看到未来，不要过早地背上思想包袱。如果多参加体育锻炼，再保证营养充足，多吃一些营养丰富的水果、蔬菜，身高会得到改善的。

17. 老师说学生时期不能谈恋爱，自己很困惑，又不知何时恋爱才最恰当，怎么办？

处于青春发育的高峰时期，性机能逐渐成熟，性意识也开始觉醒的青少年学生，男女同学之间相互倾慕、产生爱意是正常现象，无可厚非。但是，早恋是苦涩的，对青少年的身心健康发展是有害的，这是人们的共识，也是学生不能谈恋爱的原因所在。那么究竟多大年龄才有资格恋爱呢？为了使你的恋爱一帆风顺，少走弯路，避免心身受到伤害，以下几个条件你不妨认真加以考虑。当你对这些条件有一个全面正确的认识时，恋爱的季节也许已经到来了。

（1）你是否明白恋爱不是儿戏，它意味着相互的责任和义务？

青春期的少男、少女由于生理成熟提前，心理成熟相对滞后，对恋爱意味着相互的责任和义务几乎没有任何考虑，这也就决定了早恋之花终究会凋谢。

（2）你是否认识到恋爱可能失败，必须承担起失恋的痛苦？

恋爱并不总是一帆风顺的，出现矛盾，产生裂痕，乃至最终两人分道扬镳是时有发生的。当你能正确地面对失恋，并能承担起失恋的痛苦时，再考虑恋爱是比较成熟的做法。

（3）你是否有社会位置、经济来源，以保证完成爱的结合？

聂耳曾经说过："一个还没有真正走向社会的青年，在政治上无所作为、艺术上又无所成就，放弃自己的事业，过早地去考虑婚姻和家庭，就等于毁了自己的青春。"所以，只有现在潜心学习，掌握本领，为将来走上工作岗位、走向社会做好准备，才会使自己未来的爱情之花盛开得灿烂夺目。

18. 老爱想一些和性有关的问题，担心自己性变态，怎么办？

性变态是心理障碍的一种特殊表现，也称为性心理变态或性心理障碍。

性变态者的性对象、性伴侣和性行为与正常人完全不同，有以下表现：

（1）性身份的障碍，表现为：①易性症，即从心理上总想改变自己的性别。②双重角色异装症，即喜欢穿异性服装。

（2）性偏好障碍，即利用某种偏好来达到性的满足。

性变态的发生，往往与儿童时期缺乏性知识所造成的错误性观念，以及儿童期不良环境的影响，接受了不良的性教育与错误的性培养有直接关系。你如果有类似心理现象，那就应该注意调整自己。

（1）注意性别心理特征的培养：如果是男生，要培养自己男子汉十足的个性特征，坚强、勇敢；女生则要培养自己文静、温柔、细致等女性心理特征。男生要注意多与父亲、叔叔等男性家庭成员接近，以避免目前有些男性青少年缺乏男子汉气概、大姑娘气十足等现象的出现。

（2）避免环境不良因素的影响：去除种种影响正常性别角色形成的干扰因素，去掉社会偏见，使自己的性心理得到健康发展。

（3）如果你爱想一些不道德的性问题，那你就要注意约束自己，不放纵自己的感情，和同学保持纯洁的友谊。

19. 出现爱情意识，不能自拔，怎么办?

当你出现爱情意识时，首先应理智地分析学生谈恋爱的危害，然后控制感情的发展。

学生谈恋爱的危害有：①成功率太低。青少年学生虽然生理、心理发展迅速，但毕竟还没有完全成熟，因好奇、模仿心理的驱使而产生爱恋，带有朦胧、脆弱、不稳定的特点，绝大多数因经不起时间的考验而“分道扬镳”。②爱情是以结婚、建立家庭为目的的，需要承担法律和社会责任，这一点单纯幼稚的学生往往想不到，会给以后的生活带来麻烦和苦恼。③青少年学生精力充沛，思维敏捷，记忆力强，处于长知识长身体的关键期，如果过早地谈情说爱，坠入情网，把大好时光浪费在花前月下，必然影响立志，分散精力，消耗体力，因而也就不能有效地开发智力，培养能力，结果丧失求知、求发展的大好机会，势必造成终生的悔恨。

那么，怎样控制自己的感情呢?

（1）自然淡化。也就是说，不去人为地夸大你们彼此之间的感情，任其自然，漠然处之；对待自己爱慕的同学，也像对待其他同学一样，落落大方，一视同仁，时间一长，这种感情就会自然淡化。

（2）果断中止。这样做，可能在感情上一时扭转不过来，但是快刀斩乱麻，可收到立竿见影的效果。当然，具体做时要注意方式，既要控制自己的感情，又不要伤害别人的自尊心。

（3）及时地使感情得到转移。树立远大的理想，并全力以赴地去为之奋斗，把对他（她）的爱深埋心底，把全部精力集中到学业中，使自己无暇他顾，这是最好的办法。当然，同时应当经常用丰富多彩的文体活动来充实自己的生活内容。

20. 不知恋情怎样才能转化为友情，怎么办?

高中生正处于青春发育的高峰期。由于性机能的成熟，性意识也开始觉醒。因此，他们的早恋带有一定的普遍性。如果过早地品尝早恋的苦果，势必会影响学习，徒增许多烦恼和痛苦，甚至会贻误前途。因此，对于已涉足早恋的同学来说，应该充分认识早恋的不良后果，尽快走出这一误区。那么怎样才能割舍情感的纠葛，把恋情再转化为友情，恢复正常的同学关系呢?

以下三种方法可供参考：

（1）冷却法。当一方或双方认识到早恋的危害后，应立即终止恋爱关系，要用理智战胜自己的情感。而且在任何时间、任何场合都不要再向对方表达自己的感情，慢慢地这种情感就会淡化。

（2）隔离法。当早恋的同学决定结束恋爱关系后，要尽量避免两人单独在一起，并中断一切感情交流的渠道。经过感情的一段冻结后，双方就会慢慢恢复平常的心态，再进行交流，就不难重新建立起同学间的友情。

（3）转移法。把时间、精力转移到学习和丰富多彩的课余生活中去，增强自己的专业技能，培养兴趣，丰富知识，增长才干，为自己将来升学或走向社会参与人才市场的竞争做好充分的准备。

当你把学习、事业的基石打得牢不可摧时，再去叩开爱情之门，你的爱情之花将会绚烂芬芳。

21. 我爱上她，又不敢表达，怎么办？

学生刘佳倾诉说："我是初中二年级学生，同桌是位女生，她热情、大方、漂亮，对我生活上关心、学习上帮助，我很喜欢她，后来觉得一刻也忘不掉她，真想对她说'我爱你'，但又不敢。我很苦恼，该怎么办？"

人们之间的接触，随着频率的增加，情感就会不断深化，这是正常的。你对同桌由喜欢发展到依恋到爱慕，甚至到了想说"我爱你"的地步，幸亏你没有说出口，如果说了，就超出了正常友谊的度，其结果无非是被拒绝，或步入早恋的禁区。那么怎么办呢？你不妨这样做试试看：

（1）把这份感情深深地掩埋，抓紧学习或者转移兴趣，主动减少交往次数，淡化情感冲动。要想真正赢得别人的爱慕，必须具备超人之处，这也可能成为你发展的动力。总之，要强迫自己淡化情感。

（2）如果你仍不能从这种困惑中自拔，你应注意观察她对其他同学是否也如此热情，如果同样热情，那么你是自作多情，就应该马上割断这条单相思的情线，没有什么值得惋惜的。如果只对你特殊，因为你们是同桌的关系，你不能想入非非，你要珍惜这份同学情谊，更不可因此而荒废自己的学习。

第二部　学习心理

1. 开学后，学习上总收不回心，怎么办?

某生在寒假过后，已经开学时说：“开学已经两周了，可是我的心还没有收回来，常常是在上课时想起有趣的电视连续剧、动画片。放学后，更是很难把精力用在学习上。我知道这样下去，我的学习就会跟不上趟，但是一时又控制不了，不知如何是好。”

假期过后，短时间内仍紧张不起来，应属正常现象，可是两周后还不能进入正常状态，就属特殊情况了。这说明你在假期里可能没学习，只是一味地玩耍、休息、娱乐。这种情况如不及时调整，一定会使学习出现“断条”现象，等你回过神来时，老师已经讲过很多内容了。遇到这种现象，要从以下两方面入手:

首先，摆正学习与休息娱乐的关系。应该明白作为一名学生的主要任务就是学习。放假休息使身心得到放松，这是为了有更充沛的精力投入到学习中。所以，在假期过后进入新学期时就要调整好自己的心态，在最短的时间内进入角色，投入到学习、生活中去。为了缩短进入角色的时间，最好是在开学前一周就要有意识地减少自己的娱乐活动，增加学习的时间，按时就寝，有计划地转移兴奋点，控制好自己的情绪，为开学做准备。

其次，上课时要去除杂念，集中精力听讲，一旦发现自己走神，要进行自我心理暗示，提示自己：“现在开学了，收收心吧！别再想假期的事了，否则学习成绩就会下降了。”通过这种方法帮助自己尽快走上正轨。放学回家也不能自我放松，要抓紧时间做作业，把学习任务在有效的时间内完成，然后再做其他的事情。而且对父母提醒自己学习的做法不能反感、抵触，理解他们这样做是对自己的关心和爱护。

相信在这种内、外因的共同作用下，你一定会收回心来学习，培养自己成为一个有责任感、会休息、会娱乐的人。

2. 产生了不想上学的念头，怎么办?

一位中学生说：“每天早出晚归，背着沉重的书包，听着老师的絮叨，写着那些永远也写不完的作业，真不想上学了。”

这个学生的想法是典型的厌学心理，有了这种心理，情绪易急躁、沮丧，陷于一种无所事事又茫然不知所措的心境。产生这种心理的原因很多，主要有：①学习目标不具体，学习动机不明确，学习往往是外界所迫。②基础知识不够扎实，对新的内容接受有困难。③未能科学用脑，经常使大脑处于极度紧张之中，久而久之导致神经衰弱，使学习兴趣减退。出现厌学心理后，要先分析产生的原因，再采取相应的办法，予以解决。

（1）明确学习目的，端正学习动机。要把学习看成是自己的事，变被动学习为主动学习，不能把学习看成是对家长、老师的一种应付。

（2）学习出现困难，如基础知识掌握不扎实，那就要从头补起，使基础知识与新知识有机地衔接起来。

（3）科学用脑。学会善于用脑与合理用脑，让大脑的工作和休息符合生理规律，不搞疲劳战术，要劳逸结合。这样不但能提高学习效率，而且有助于培养学习兴趣。

3. 一上自己不感兴趣的课就想逃课，怎么办?

有位学生说："我最讨厌的是英语课。听老师讲英语，犹如在听'天书'，根本听不明白。上课想睡觉，老师还不让。如果能不上课，偷着跑出去玩玩，那该多好啊!"

想要用逃课的方式逃避自己不感兴趣的功课，这无异于掩耳盗铃，而不上课，擅自离开校园出去玩更是不妥当的。如果单凭兴趣去学习，不感兴趣就不学，那么结果将一事无成。

应该承认兴趣和爱好在学习中有着不可忽视的作用。但是在人的一生中，兴趣不可能是固定不变的。

心理学家认为，人的兴趣有三种：有趣、乐趣和志趣。其中志趣是与人的信念和理想相联系的，它既不像有趣那样随生随灭，也不像乐趣那样悠闲浪漫。只有树立远大理想，把个人的命运同祖国的需要联系起来，才能产生兴趣，即使是学习自己暂时不喜欢的功课，也要用自己对社会的崇高责任感激发自己的兴趣，并使这种"志趣"成为学习的强大动力。遇到自己不感兴趣的课，千万不要逃课，应从以下几方面培养自己的兴趣：

（1）深入钻研。兴趣来源于知识本身，因此要通过深入钻研教材，去发掘它特有的魅力。在还未产生兴趣时，要强迫自己先学下去。当你领略到自己所学知识的奥妙时，就会感到乐在其中了。

（2）发现学习科目与自己的关系。当你对这门功课缺乏兴趣时，要学会分析这门功课同你有什么关系。当你被枯燥的英语单词搞得头昏眼花时，你问自己："这些英语单词同我有什么关系?"经过思考，你会得到这样的答案：英语作为当今世界的一门通用语言，如果不掌握一些英语知识，那么在世界交流无所不在的今天，你就不会游刃有余。这是时代、潮流所趋，不学英语，你就 out 了。

4. 总想逃学，怎么办?

一位初二的学生说："自从上初二以来，学习成绩下降，常挨老师批评、家长训斥，因此我产生了逃学的念头，但又不敢真逃学，为此我十分苦恼。"

不愿上课想逃学，一般有三方面的原因：一是外界的诱惑；二是出现学习障碍；三是与老师关系紧张。要及时找出原因，然后对症下药。

(1) 如果是外因造成的，那就要悬崖勒马。有些学生想逃学，是因为迷上了网络游戏，不上学而到网吧消磨时光。"网络游戏"对学生来说如同毒品一样，有百害而无一利，一旦染指，就会成瘾。希望没有学会玩网络游戏的同学，千万莫沾网络游戏的边。如果已经迷上，那也要坚决戒掉。因贪玩而荒废学业，会使你悔恨终生。

(2) 如果是学习出现了障碍，那就要及时排除障碍。这样就会重新激发兴趣。如一时没听明白老师讲课，落下了一点知识，那就要及时补上（找老师或同学帮忙）；再或者是视力不好，看不清黑板，影响听课效果，那就要马上配眼镜等。

(3) 一些学生想逃学，是因为不喜欢老师，尤其是受到老师批评，想逃学的想法更严重。这就要注意改善与老师的关系，可以在课后与老师多接触、聊天等，这样你会发现有些老师虽然外表冷峻，可内心是热的。

5. 课堂上常溜号，怎么办?

一位中学生说："上课时，我常常溜号，并且是不由自主的。我知道溜号会严重影响学习，可是我不知道怎样克服这个毛病。"

溜号就是注意力没有集中起来。集中注意力最大的障碍就是缺乏动机。那就要想办法提高学习动机。具体做法如下：

(1) 对所学的功课要有热情和兴趣，这是保证注意力集中的最根本的方法。如果对某项活动感兴趣，并热衷于那项活动，不仅会不断地增强活力，而且会加深精力集中的程度。所以要培养学习兴趣。

(2) 改善学习环境。不能忽视客观刺激对集中注意力的影响。去除干扰的声响，把课桌收拾得整整齐齐，一切与学习无关的用具都不要摆在桌子上等，都能帮助集中注意力。

(3) 老师提问时，积极思考，不要认为与自己无关而不动脑思考，每次提问都要认为老师马上就要让你回答了，要常把脑筋转起来。

(4) 处理好分散精力的事情。记住，要尽快处理好挂在你心上的事情。不要今日复明日，拖沓懒散。对于那种实在有困难不能马上处理的杂事，可记在备忘录上，这样也可以减轻心理压力，有利于集中注意力。

(5) 当堂能理解和掌握的内容，就当堂完成，不要拖到课后完成。不要有依赖心理，依赖课后家长或他人的辅导。总想着一定会有人来帮助你解决课堂上没听懂的问题，就不会尽全力去完成它。

6. 学习偏科，有的学科就是学不会，怎么办？

一位初一的学生说："我对英语和语文都很感兴趣，因此学得很好，但对数学不感兴趣，甚至有些烦，而我知道这门学科很重要，不能放弃，于是硬着头皮去学，但是就是学不会，真是太苦恼了。"

这是典型的偏科现象，要解决这一问题，首先要认识到偏科的严重危害。现在中小学生学的都是基础知识，如果偏爱一科，废弃一科，就会造成思维活动的畸形发展。单科独进、发展片面，当升入高等学校或参加某一专业工作时，肯定会遇到困难。再说各科知识都有内在联系，各科都紧密呼应，相辅相成。如果偏一科，废一科，就是偏重的一科也不一定能学得好。

其次，找出偏科原因，然后对症下药。如果是因为在小学就没打好基础，那就要从小学补起；如果是对此科没有兴趣，那就要培养兴趣。多投入是培养兴趣的最好途径，如果对任课老师有意见、不喜欢、有偏见而影响了你对这科的学习，那就要多与老师接触，发现老师的优点，改变对老师的看法。

最后，改变"怎么也学不会"的错误看法。世界上没有攻克不了的难关。癌症被称为绝症，可是经医务工作者的刻苦努力，早期患者不是也能治愈吗？总结一下你偏爱的那一科的经验，将学得好的那一科的方法，运用到学得不好的那一科上，在时间上和精力上多投入，相信你会学好的。

7. 我感到学习太闹心，实在学不进去，怎么办？

"我是一名初三学生，明年就要参加中考了，我学习一直很努力，对考重点高中很有信心。可是初三开始不久，我越来越觉得学习太闹心，每天上课时，我眼睛盯着黑板，却不知道老师在讲什么。课后更无法集中精力学习，脑子里总是一片空白，我并不是不想学习，可怎么就学不进去呢？"

据心理学家分析，学不进去的原因有二：一是想得太多，造成心理上不必要的紧张；二是心理上的懒惰。

根据这两种原因，可以采取相应的措施，解决学习时闹心的问题。

（1）减轻思想负担，放松紧张的心理。不要一拿起书本就想：我能不能考上重点高中呢？如果考不上怎么办呀？如果考不上就太让父母失望了，那还有什么脸面见人呢？其实升学考试只是选拔人才的一种途径，考不上也不能说明你就没有才能。正如赵谦祥诗中所说："挤过桥，吐气扬眉；挤下桥，也可自豪。只要挤就好。"不要把学习看成是取得功名的一块敲门砖，而要把学习看作是获取知识、培养能力的方法。能升上学当然很好，不能升学，也不是无路可走。如能这样想，你就会放下包袱、轻装前进，投入地学习。

（2）如果不是因为心理压力太大而闹心学不进去，那就是缺乏毅力，惰性在作怪。一个人生活在世上，总要有个目标，而不管实现哪一个目标，都必须付出一定的努力。这种努力不是一日之功，它需要有持之以恒的精神，否则将一事无成。如果你控制不了自己的惰性，不妨和身边的同学一起学习。当你困倦不想学时，你就看看身边的同学，让勤奋者的行为激励自己。你应该这样想：连学习这件最该完成的事都完不成，以后生活中遇到的困难，我还能对付得了吗？既然你已有了目标，那就要毫不犹豫地朝着这个目标前进。宝剑锋从磨砺出，梅花香自苦寒来。没有苦哪有甜？只有面对一次次挑战，克服一个个困难，人生才是有意义的、有价值的。

8. 学习不好，心里很压抑，怎么办?

"我是一位初中生，学习成绩一直不好，在家里遭父母的白眼，在学校遭老师、同学的歧视，我心里很压抑，总也高兴不起来，有时还觉得心很累，怎样才能摆脱这种状态呢?"

学习成绩的差异是由每个学生的能力和努力程度等诸多方面所决定的。人的价值是不能单用成绩来衡量的。

应从以下两方面入手，摆脱压抑的心理：

（1）如果你认为自己学习努力不够，不妨尝试一下，在原来的基础上再加把劲，看效果如何。不要总与别人比，应跟自己从前比，哪怕成绩只提高了五分，也应看到这是进步。这样就会排除抑郁，心情愉快地学习，学习效果会更好。要记住：不求最好，只求更好。

（2）努力发现自己的优点。你要尽量发挥自身的优势，这样，老师、家长和同学们都会喜欢你的。

9. 每天都有没完没了的作业，十分反感，怎么办?

一初中学生说："自从上了初中，我就觉得特别累，每天都有没完没了的作业，有时做到晚上八九点钟也做不完。一点属于自己的时间也没有。我现在一看到作业，就产生逆反心理，还没写，就先愁。我知道这种反感心理对学习不利，可又不知道怎样摆脱这种心理。"

现在的中学生对作业有反感的很多。进入初中阶段，随着学科的增多，作业量也相应增加。但这是一个不可改变的客观事实，我们要做的是及时扭转对作业的反感心理，否则将有害于心理健康成长，影响学习。要从以下几个方面扭转这种逆反心理：

（1）要正确地认识做作业的作用。做作业是学习的一个重要环节，它是检查学习效果的一种方法，更是巩固知识、加深理解和记忆的有效途径。不能把做作业看作是负担，而要把做作业看成是获取知识的有效方法，培养自己认真写作业的习惯，把做作业变成自觉行为。

（2）合理安排时间。在校时，利用好一切可以利用的时间，能在学校完成的作业，尽量在学校完成，可利用自习时间等，这样放学后的作业量就会减少，你就不会感到心理压力过大。另外，晚上写作业时，要按照先易后难的顺序写，这是因为先写容易的作业，有助于增强你的自信心，使写作业时保持愉快的心情。

（3）利用“心理折算法”，变压力为轻松。一位记者说：“刚一听说每月要完成300页稿件时，心理负担很重。但是想到每天只写10页稿件时，压力就会消失，情绪也会随之轻松起来。”这就叫心理折算法。如果把这种方法运用到学习活动中，也会产生同样的效果。如双休日数学老师留20道题，这个数字会使你感到负担很重，但折算一下，一天只有10道，半天只写5道题时，你就会很快由沉重转入轻松。这种方法将使你不再被繁重的学习任务所吓倒，并能使你保持积极乐观的心态。

10. 家务劳动多，没时间做作业，怎么办?

一个初中学生说：“我父母是做生意的，每天早出晚归，家务活他们顾不上，家里还有一个多病的奶奶需要我照顾。每天我要做三顿饭，还得洗衣服、收拾房间。这样繁重的家务，使我根本没时间完成作业。”

作为一名中学生，你的情况是比较特殊，你弱小的身躯能挑起繁重的家务负担，这实在是件不易的事。如果你能处理好家务劳动和学习之间的关系，那你就是一位才能出众的中学生了。要处理好这种关系，可以从下面两方面入手：

（1）提高学习效率，利用好在校时间。尽量用在校的闲暇时间完成作业，如课间、自习课等。别人玩耍时，你做作业，这就等于你的时间多了，这样回家后的作业就少了。

（2）做家务和学习可以双管齐下。家庭作业除了需要动笔写的以外，还有需背诵、记忆的，如英语单词、语文的古诗词等。在你洗衣服时，可以把英语书翻开放在水池边，边洗衣服边背诵单词，这样学习和劳动两不误。这是运用注意分配的原则，坚持下去你良好的品质就会形成。有道是“自古英雄多磨难，纨绔子弟少伟男”。繁重的家务也许是一种不幸，但是它可以锻炼你的意志，培养你的生活能力。相信你一定会成为一个能力超群的学生。

11. 现在课程多，负担重，太紧张，接受不了，怎么办?

一名初一学生说：“升入初中后，开设的课程由小学的三科，一下子增加到七科。每科都有作业，大小考试、各科测验，轮番轰炸，搞得我头昏眼花，整天不得轻松，常常是顾了这科、失了那科。我感到负担太重，实在是接受不了，怎么办啊?”

这位中学生道出了升入初中的许多学生的心声。由小学到中学，所学课程由三科到七科，要适应这种变化需要一个过程。不过要尽快适应，如果这个过程过长，对掌握新知识会有影响。

现在中学开设的学科是国家教委根据中学生发展的需要而开设的，它是符合科学规律的。至于你觉得负担过重，那大概是因为目前学校还没有摆脱应试教育的桎梏，片面追求升学率而造成的课业负担过重。不过你自身的学习态度和方法也有一定的问题。要摆脱这种思想状态，方法有二：

（1）转变学习态度。人做事的态度非常重要，紧张与否不单单取决于做事情的多少，也取决于学习态度。如果对学习感兴趣，就会觉得轻松自如，不觉得烦躁紧张，相反如果不感兴趣，就会觉得学习任务太多太重，感到紧张。不要把学习看作是负担，要把学习看作是积累知识的途径，这样就能承受紧张了。要积极发现学习的价值，找到其中的乐趣，以乐观向上的态度完成学业。

（2）合理安排时间，不搞疲劳战术，提高学习效率。首先要上课注意听讲，尽量做到当堂内容当堂完成，不拖沓。其次课后复习时也要精力集中、专注，尽量用最短的时间完成作业。还要注意休息，连续动脑时间长了，大脑就会疲劳，这时就会注意力分散、精神困乏、思维迟钝、心绪烦躁。如果能注意以上几点，就会提高学习效率，减轻心理压力。

12. 学习总是马虎，怎么办?

“我学习上最大的毛病就是马虎，本来不该错的题却答错了，本来不该丢分的题却少答了，本来不该写错的字却写错了……有时心里总是提醒自己，千万别马虎了，但是该错的时候还是错，不该马虎的还是马虎。我不知怎样才能改掉这个毛病。”

马虎在许多学生身上都存在着，如果不改掉这个毛病，考试失败、成绩不好还是小事，今后踏上工作岗位，将会因马虎给工作造成巨大损失。苏联一艘宇宙飞船失事，当地面监测人员发现故障时，让宇航员留下遗嘱，这名宇航员说：“我告诫所有的学生，千万不要马虎，这次宇宙飞船的故障就是由于数据出现了一点小小的误差造成的。”这样惨重的教训还不能引起爱马虎的人的重视吗？

要改掉马虎的毛病，应注意以下几个方面：

（1）了解自己马虎的原因，找出症结所在。如有的同学平常学习总是无法集中注意力，漫不经心，丢三落四，长此以往，恶性循环，就会形成马虎的毛病。因此，当你在学习的时候，就要集中全部精神，养成认真严肃的学习习惯。

（2）养成认真检查的习惯，当做完作业或答完卷子的时候，要在心里反复提醒自己，一定要认真地检查每一道题，一定要仔仔细细地看，精神要全部集中，一定要把作业做对，把卷子答好，这样反复告诫自己、提醒自己，就能慢慢养成耐心细致的习惯，克服马虎的毛病。

（3）自己每犯一次马虎毛病，就给自己一次惩罚，或是把毛病的原因用笔记下来，平常多看几遍，或是警告自己，并在心里默念：别人都不马虎，为什么我马虎呢？并不是自己不会，如果连自己会的都答错，那么还能有什么作为呢？一个不认真、不负责的人是成不了大事业的，我还年轻，我一定要克服它，让我学习生活得更好，我一定能成功。马虎并不是我的主人，它控制不了我，我一定要战胜它。

（4）在日常生活中，从小事做起，认认真真地对待每一件事，力争把每一件事情都做好。坚持下去，克服遇事急躁、慌张的毛病。

13. 学习成绩总是忽高忽低，怎么办?

某中学生说："我的学习成绩不稳定，期中考试时还第九名，可是期末考试就降到了第二十名。这样忽高忽低，不知是什么原因，也不知怎样才能使学习成绩稳定。"

学习成绩的这种忽高忽低现象，可能主要是知识掌握不扎实、学习热情不能一直保持高涨所致。要使自己一直保持良好的成绩，一要踏踏实实地把基础知识掌握牢固，二要持之以恒、自始至终地不懈努力。此外还要讲究学习方法：

（1）根据思维状态来选择学习方法。人的思维状态在一天之中是有变化的，这些变化受时间、环境和情绪的影响。我们应根据变化特点采取不同的学习方法。思维进入最佳学习状态时，就把最重要的功课或难题放在这个时间复习、思考、背诵。思维处于低潮时，可进行一些阅读、浏览、整理笔记、练习等。

（2）根据不同学科来选择方法。比如语文、历史等人文学科侧重理解、背诵，数学、物理等自然学科侧重计算、应用，要根据不同的学科选择不同的学习方法。

14. 物理成绩总是提高不上去，怎么办?

一位初二学生说："升入初二，接触到了一门新学科——物理。我感到物理难学，很抽象，期中考试时只得了75分。考试结束后，我更加努力，可是期末考试时仍然是70多分，我为物理成绩提高不上去而着急、苦恼。"

物理是门很重要的学科，对于这一科的学习，有它自己的方法，成绩提高不上去，可能有多方面的原因。下面介绍几种学好物理的方法，你不妨试试：

（1）重视观察和实验。物理是一门以观察、实验为基础的学科。许多科学知识是通过观察和实验得来的。在学习过程中，要注意观察生活现象，观察老师做的实验，还要自己动手做实验。观察时要有明确的目的，要注意发现引起变化的原因、条件。实验时要有严肃认真、实事求是的科学态度。

（2）勤于思考、着重理解。观察、实验、看书、听课都要多动脑，勤于思考。对物理知识不应满足于会背诵定义、定律，要力争理解，知道它是根据哪些物理事实，经过怎样的分析和思考得来的，了解它同有关知识的联系，知道它的意义和应用。

（3）重视应用知识。要特别注意运用学过的知识解释生活中的现象，分析解决实际问题。

15. 背题总是记不住，怎么办?

某学生说：“在学习时，我最讨厌的是背政治题、历史题、古文等，别人背10分钟能记住，我背半小时也记不住，难道是我比别人笨吗?”

背题的快慢不一定是智商高低所决定的，其实普通人的记忆力都差不多，它很大程度上与人的精力、对知识的理解、记忆的方法有关。如果掌握了有效的记忆方法，你也能表现出非凡的记忆力。

（1）必须有强烈的记忆愿望。如果发现自己还没有愿望或愿望不够强烈，应当先分析一下要记忆的知识对自己的重要性。比如它能使你考出好成绩，或为你进一步学习打下基础等。你可以提醒自己：这些东西对我很重要，我一定要记住它。这样你就能凭借这种强烈的愿望记住所学的内容。

（2）要在理解的基础上记忆。背题时不要机械地记忆，要在理解内容的基础上记忆，才能记得快、记得牢。

（3）读背结合。读背结合的方法要比反复阅读的方法更有效。当你记忆文字材料时，应当根据材料的意义将其分成几段，边读边背，最后再综合到一起。

（4）口诀记忆法。将需要记忆的材料编成朗朗上口的口诀，这样会容易记住。如周总理曾把我国30个行政区名称编成歌诀：两湖两广两河山，五江云贵福吉安，四西二宁青甘陕，还有内台北上天。

16. 我经常不写作业，又改不了，怎么办?

某学生说：“从小学到中学，我经常不按时完成作业。回家后，我先看电视或玩，然后再写作业，有时玩得太尽兴，就把作业忘在了脑后。等到老师检查作业时，我才想起来。我也不止一次地发誓，以后一定要按时完成作业，可是回到家时就又犯老毛病了，总是改不了，怎么办?”

按时完成作业是学生的天职，不能按时完成作业的学生不是合格的学生。

（1）要把作业放在心上。在校老师留作业时，你要认真听，认真记，如果担心作业多了记不住，可准备个小本子，专记作业。放学的路上要在心里提醒自己，回家后先写作业。在家里显眼的墙壁上贴上字条：要完成作业。

（2）要建立良好的学习制度，规定每天做作业的时间，然后严格遵守，形成习惯，也可以让家长帮忙督促。

（3）运用想象厌恶疗法。在你做作业时，如果实在不想写了，一味地想看电视，就想象一下不完成作业的后果：老师的批评，同学的鄙夷、挖苦，考试时急得像热锅上的蚂蚁……运用此方法可以帮助你鼓足完成作业的勇气。

17. 有的学科很重要，但我就是不爱学，怎么办?

某学生说：“升入初中后，开设了许多课程，我知道这些学科对我是很重要的，但是我对数学、物理就是不爱学，也学不好，不知怎么办好?”

不爱学习一些课程，与你的学习动机有关系。因为学习动机直接决定着你的学习态度和学习效果。一般情况下，学习动机越强，学习效果就越好。所以当务之急，你要有明确的学习动机，提高学习热情和自觉性。

不爱学也有可能是知识链条出现脱节现象造成的。知识是有系统性的，学习知识要循序渐进。如果因某种原因耽误了功课，或某几节课没上好，就会出现知识链条脱节的现象。这样对于老师传授的新知识，接受起来很困难，就可能不爱学了。遇到这种现象，就要哪里不会哪里补，而且要及时补。如果拖下去，不会的内容就更多，这样就更不爱学了。及时弥补，就能赶上趟，也会产生学习兴趣。

18. 有的老师总占用我们的自习时间，我很反感，怎么办?

某学生说：“下午自习课，大家都想做做各科作业，或者消化理解一下上午老师讲的内容，可有的老师总来占用我们的自习时间，大家都很反感，但又不敢说，怎么办?”

老师占用自习课可能有两种原因：一是班级的该科成绩较差，老师想利用自习时间补补课；二是该老师特别认真，唯恐这门功课大家学不好。但不管是哪种原因，老师的动机是好的，同学们要能够理解。

（1）如果这门功课大家学得都很好，老师没有辅导的必要，甚至耽误了同学们的复习时间，可以由学习委员与老师沟通，让老师知道你们的想法，但是要注意说得委婉，不要引起老师的误解或伤了老师的心。

（2）如果这门功课大家掌握得确实不好，那老师来辅导一下是必要的。知识掌握得不好，作业也就不能顺利完成，所以你也就不要急于写作业了，应该耐心地先听老师的辅导，之后再完成作业。

总之，要正确分析和对待老师占用自习时间这个问题，要能理解老师的良苦用心，不要不加区别地讨厌，那样会影响师生关系，甚至影响学习效果。

19. 老师让我们背题，要求一字不差，我总也做不到，怎么办?

某学生说：“老师经常让我们背题，并且要求一字不差，我虽然也能背下来，但是总也达不到要求，不知该怎么办?”

老师要求学生背题一字不差，这是为了培养学生一丝不苟、精益求精的习惯，这种出发点是无可非议的。你和其他同学同在一个环境里学习，其他同学能做到的，你也应该努力做到。

要使背的题一字不差，方法有二：一是要集中精力，排除各种干扰，提高注意力。只有注意力集中、不分散，才能实现学习的高效率。二是熟读，读的速度要由慢到快，熟练到说上句就能自然地接续下句时再背，就容易达到一字不差的效果。

20. 我十分讨厌考试和上晚自习，怎么办?

一位中学生说：“现在学生真是太累了，早出晚归，披星戴月，不但早晨上自习，而且还上晚自习，搞得人恹恹欲睡。再加上各种考试接踵而至，我真是太讨厌了。”

讨厌考试的主要原因，可能是对学过的知识掌握得不牢，害怕考试成绩不好，遭到老师和家长的批评。因此要摆脱这种心理，除了要有明确的学习动机外，平时还要刻苦、努力，对学过的知识融会贯通，做到每次考试前都能胸有成竹。这样可能就不讨厌考试了。另外，要把考试当作检验学习效果的一种方式，通过考试了解自己学得怎样，然后根据考试出现的问题，及时查漏补缺，改进方法。这样才能收到更好的学习效果，同时也减轻了考试带来的压力。

我们国家一再强调，为了减轻学生的课业负担，要少留作业，不提倡上晚自习，这一点可以在教育改革中逐渐得到解决。

21. 我们很愿意上实验课，可实验课太少，怎么办?

一学生说：“同学们对实验课非常感兴趣，不管是物理实验，还是化学实验，大家都很愿意上，可是实验课太少了，满足不了大家的需求，怎么办?”

很多同学都喜欢上实验课，课堂上同学们能亲自动手去实践，是增长知识的极好机会。学校实验课少，可能有两种原因：一种是学校条件有限，教育经费紧张，实验所需硬件跟不上，导致不能正常上实验课。另一种是教材就规定了有限的实验课，所以不能过多地开展实验课。

如果你对实验课感兴趣，根据学习内容的需要，有些简单的实验，可以利用课余时间，自己动手做一做，这样就弥补了课堂上的不足，同时又可以锻炼自己动手的能力。

22. 我的学习成绩太差，希望能有人帮助我，可觉得谁都不愿意帮我，怎么办?

一学生说：“我的学习成绩太差，在班级总是最后几名，我希望能有人帮助我学习，以提高我的学习成绩，可觉得谁都不管我，怎么办?”

想要提高学习成绩，摆脱后进生的状态，这对于你来说，是一种很可贵的心理，说明你有上进心。可你觉得谁都不管你，这可能是一种错觉。老师上课，面对所有的学生，你交的作业，老师一样认真地批改，这些就说明老师并没有放弃你。所以你首先不要自卑。其次想提高成绩，主要靠自己的努力，不要寄希望于别人。再次，你要采取主动出击的办法，不要等着别人来问你会不会。你要把不会的内容总结一下，然后主动地去问老师，问同学，不要怕丢面子，我想老师和同学会愿意帮助你的。最后，也是最关键的，你自己不要放弃，不管别人怎样对你，你都要努力，坚持下去，你就一定会有进步。

23. 无法克制考试时的紧张心理，怎么办?

某学生说："我是一名初三学生，非常害怕考试，考试前，我就非常紧张，前几天就会睡不着觉，连续失眠，考试时，经常因太紧张，造成心跳加速头昏脑涨，而不能认真审题。真不知如何克服这个毛病。"

考试时的心理紧张、焦虑是完全可以克服的。事实上，这种焦虑心理在许多学生身上都有所表现，只不过程度深浅不同而已，所以不必把它看作心理疾病。只要放松自己的心情，调整好自己的情绪，这种焦虑、紧张就会转化成动力，使你在考试中取得好成绩。我们先来了解一下考试紧张的原因。

（1）心理压力过大。把考试看得过重，把考得好坏看成自己成败的唯一标志，这样会增加自己的心理压力。考试时，过度紧张的情绪会使大脑皮层过度兴奋而造成记忆的紊乱，由此会导致并加深紧张感。

（2）考前准备不充分。有的考生功课复习得不好，进考场前就提心吊胆怕考不好。答题过程中一出现难题就慌了手脚，紧张情绪逐渐增加。

（3）精神疲劳过度。有的考生平常不用功，考前开夜车，不注意营养和劳逸结合，使身体机能下降，成为紧张的诱因。

（4）以往考试的挫折。还有的考生有着以前考试失败的经历，由此出现过心理创伤，这种挫折的阴影也是导致紧张心理的原因。

对于你来说，首先要注意的问题，就是保持良好的心态。如果在考试前几天还在加紧复习，准备最后的拼搏，那就大错特错了！无论你复习时多么抓紧时间，在考试的前两三天，一定要使全面的复习工作都告一段落，这几天的任务就是放松心情，好好休息。

其次，改正不良认知，树立正确的考试观。摆正对考试意义的认识，克服"考不好就没有前途"的片面认识，减轻心理压力，放下包袱、轻装前进。

再次，掌握考试技巧。做题前你千万不要通盘阅读考卷，这种做法既浪费时间又会干扰你的心绪。因为通读后，你会发现有自己不会的题，这样就会产生恐惧和紧张心理，影响答题。应该从第一题开始做，遇到不会的就跳过去，往下答。熟知的题答完后，再解决难题。遇到难题时你要这样想：我难，他也难，大家都难。心情的紧张得到缓解后，很可能就一下子想起了暂时遗忘的内容。

最后，考试紧张时，可给自己一点自我暗示。你不妨对自己说："不要着急，稳着点"、"要相信自己"、"一切都会好的"。自我语言暗示能对人的行为、情绪发生一定的作用。

24. 考试前成绩不断下降，怎么办?

考试前成绩不断下降，可能有两种原因：一是过于看重考试，考试时间离得越近，心里越紧张，这种紧张的心理影响了复习效果。二是没有做好复习工作。复习是学习过程中的重要一环，通过复习我们可以把所学知识系统化，帮助我们对知识的理解、巩固，还可以查漏补缺，弥补以往学习的欠缺。复习不好，成绩自然不会很好。针对这两种原因，提出两种的解决问题方法：

（1）正确认识考试的意义，不要把一次考试的成败与个人的前途得失联系得太紧，保持情绪稳定。要记住：条条大路通罗马。升上学当然更好，升不上学也不是无路可走。

（2）要制订合理的复习计划。根据复习时间的长短制订复习计划，并严格按计划复习。也许测验的内容是你还没有复习到的，所以成绩低，不要因为成绩低，就打乱了你的复习计划。另外复习不要眉毛胡子一把抓，要突出重点，尤其是对自己的薄弱环节，要重点复习。还要揣摩考试的题型，苦练基本功，多做各种类型的练习题，以应付考试中千变万化的试题。总之要做好考试前的各种准备——心理上的、知识上的等。

25. 上课不敢举手发言，怎么办?

一女生说：“我是一个初三学生，不知为什么，我现在对老师提问产生一种惧怕心理不敢举手发言，怕自己答不上来或答错了，让同学们笑话。一旦老师叫到我，我就特别紧张，于是就答得结结巴巴。其实我并不是不会，只是不知道为什么一站起来就紧张。”

在课堂上回答问题，是检验自己是否确实理解所学内容的一种方法。当众回答老师提问，是需要一定勇气的。另外老师提问是为了了解学生对知识的理解，了解学生是否认真听讲了。

（1）要增强自信心。别把自己看得太低，把别人看得过高，每个人都是一样的，只要你努力去做，敢于去做，你会发现，你并不比别人差，也许会做得更好。

（2）对于老师提出的简单问题，你要大胆举手，这样可以锻炼你的胆量。不管老师是否叫你回答，你都要试着回答，开始可以默默无声地训练自己，然后再低声悄悄地训练自己。反复练习可以大大增强你回答提问的勇气和信心。

（3）课后认真准备。你在预习功课时，要预想老师可能提出的问题，并写出回答的草稿或提示。你可以对自己大声试讲，可请朋友、家长听你讲，或对着录音机进行练习，增强对问题的处理能力。

只要你认真准备，认真听讲，态度诚恳，即使回答错了，也是能得到老师和同学们的理解的。何况一次出错，并不说明你不会回答所有的问题。

26. 课堂上爱做小动作，怎么办?

“我是初一学生，我的学习成绩不好，主要原因是课堂上爱做小动作，一会儿摆弄钢笔，一会儿摆弄手表……因此我常挨老师批评。我知道做小动作不好，影响学习，可我又改不了。”这是一个男生的自述。

课堂上做小动作是注意力不集中的表现。要改掉这个毛病，方法有四：

（1）端正学习动机。要对老师所讲的内容有足够的重视。不认真听讲，你就掌握不了老师讲的内容，课后就不会写作业，学习成绩就不会好。只有充分认识到搞小动作的危害，才能明确学习动机，提高注意力。

（2）上课保持端正的坐姿，这样可以帮助你改掉做小动作的毛病。

（3）把课桌收拾干净。一切与上课无关的东西都不要摆在桌子上。钢笔一类的文具要选择造型朴素、不易分散注意力的。至于手表，可以不戴，因为上下课有铃，不需你看表。

（4）思路跟上老师。老师讲到哪儿，你就想到哪儿；老师让做题，你就马上认真地做；老师提问，你也不要认为与己无关，你要认为老师马上就要叫到你了。这样你就没空闲时间搞小动作了。

27. 课后复习时，遇到不会的内容，复习不下去，怎么办?

某学生说：“我在课后复习时，经常会遇到不会的内容，这样就复习不下去了，这时该怎么办?”

复习时遇到不会的内容，说明你认真复习了，否则就不会发现问题，也正因为如此，才有复习的必要。遇到不会的内容，应该这样做：

（1）要有知难而进的精神。遇到不会的内容，不能轻易地放弃，要知难而进，发扬蚂蚁啃骨头的精神，倾心钻研，就会攻克这道难关。

（2）如果无论如何钻研，也弄不明白，那就不要耽误太多时间，把不会的问题记在本子上，第二天去问老师或同学。千万不能自欺欺人，蒙混过关。

（3）复习时常出现不会的问题，可能是你上课时没有认真听讲，你应该改变听课的方式。这样有助于提高学习效果。

28. 考试成绩稍有进步，就不知不觉地骄傲起来，放松了学习，怎么办?

一位初二学生说：“我期中考试成绩比上学期有进步，名次有提高。这时我发现在不知不觉中我骄傲起来了，学习没有以前用功了，玩耍、看电视的时间比以前多了，怎样才能克服这种骄傲的情绪呢?”

你已经意识到了你有骄傲的情绪，你更要意识到骄傲的危害。毛泽东说过：“虚心使人进步，骄傲使人落后。”这句话一针见血地道出了骄傲的危害。骄傲是进步最大的敌人，这种情绪一出现，犹如在前进的道路上出现了一只拦路虎。因此无论如何，你一定要从骄傲的情绪中跳出来。具体做法如下：

（1）有进步时，要制定新目标。当你有所进步时，你要意识到“山外有山，楼外有楼”、“强中自有强中手”，这样你就不会满足了。就算你考了个班级第一名，也没什么骄傲的，因为你还要与全校、全区、全市，乃至全省的学生竞争。取得进步后，你如果制定了新的目标，你就会学起来更有劲头。

（2）总结取得进步的经验，发挥自己的特长，这样会取得更大的进步。当你因取得的点滴成绩沾沾自喜，而出现学不进去的情绪时，你要想想其他同学正在刻苦、用功，你再骄傲就会被超越。再想象你后退了会有什么结果。这样你就会清醒地对待眼前的进步了。

29. 学习中我总感到不如男生聪明，这种想法时刻困扰着我，怎么办?

一名女同学说：“我上小学时学习成绩很好，可是自升入中学，成绩就很一般，所以时常抱怨自己是个女孩，因为常听大人说‘女生不如男生聪明’，这使我丧失了学习的信心，不知该怎么办。”

在中学里，“女生不如男生聪明”的说法颇为流行，甚至连女生也常常“自叹不如”，那么男女两性在智力发展上究竟有没有差异呢？从中外科学界、教育界的无数研究中得出的结论是一致的：有差异，但这种差异主要表现在智力优异发展的各自特色上，且在不同的年龄段有不同的反映。因此，并不意味着男性比女性聪明。用科学的观点来分析，一个人聪明还是愚笨，主要看其智力发展情况。比如女生的青春期相比男生来得早，性格的成熟、智力的发展也略早于男生。又如，我们常听说“女生心细”，“女生背功好”等，实际上表明了女生在观察、机械记忆、口头表达等方面都比男生强。所以，从智力的综合发展来看，并不存在男女之间谁优谁劣的问题，而是各有所长，各有所短，所以千万别失去信心。女生只要彻底扫除智力方面的自卑心理，增强自信心和竞争意识，就一定能充分施展自己的聪明才智！

30. 阅读速度不快，很焦虑，怎么办?

提高阅读速度，在同样的时间里摄取更多的信息，对于任何人都具有重要的意义。学习、工作中时间很紧张，如果能掌握速读技巧，会大大提高时间的利用率。

不同人的阅读速度是有很大差异的。据史料记载，拿破仑能在一日之内读完20本书；美国第35任总统肯尼迪的阅读速度据说可以达到每分钟1200个单词的水平，而普通美国人的平均速度只有每分钟200~250个单词。

美国的高级商业人员，特别是董事长或总经理一类的人，据说每天的业务工作有3/4的时间消耗在阅读各类文件上，用于创造性工作的时间只有1/4，所以，速读已成为欧美国家高级人才的必修科目。美国以及德国、法国等欧美国家中的许多大学已将速读列为正式课程。

要提高阅读速度，必须做到三快，即眼快、心快、手快。

眼快，就是看得快。人们通常以“一目十行”来形容看书很快。其实要达到高水平的速读，需经过一定的训练，主要是扩大视野的训练，如“视点左右移动法”、“视点上下逆向移动法”等。

心快，就是头脑反应快。要做到这一点，就要保持精神高度集中，迅速地接收和处理各种视觉信息。此外，还要培养“默读”的习惯，否则是绝对无法提高阅读速度的。

手快，就是手翻书页快。看得快，相应就要求手翻书快。

31. 我想努力学习，但抵制不了电视对我的诱惑，怎么办?

小学生申超说：“我经常在心里暗暗下定决心，一定要努力学习，可是回家看书时，只要一听到电视机传来的声音，就控制不住自己，不由自主地就来到电视机旁，看起电视来。事后，我又为此感到很苦恼。”

这是缺乏自制力的一种表现。自制力是指一个人善于控制自己的情绪，约束自己言行的能力，是一种十分重要的意志品质，没有自制力就称不上有意志。缺乏自制力是获得成功的最大障碍。想要摆脱电视对你的诱惑，就必须提高自制力。关键是——跟自己过不去。

（1）从小事做起，迫使自己去做那些该做又不想做的事。如迫使自己坚持每天早上早起，用闹钟的铃声帮助你，铃声响起，立即起床，洗漱完毕后，看书。如果哪一天没做到，就惩罚自己多做10道题。坚持下去，你的自制力一定能提高。

（2）抑制自己不去做那些想做却不该做的事。以看电视为例，先取得家长的支持，在你看书时，不开电视。努力克制自己，每当想看时，在心里问自己：是让欲望控制自己，还是让意志支配自己？然后默默地暗示自己：我要做一个具有坚强意志的人。

32. 对待学习做不到持之以恒，怎么办?

李同学是初三的学生，学习成绩时高时低。当他情绪好、学习顺利时，成绩也就好一些。当他在学习上遇到困难时，就一蹶不振，灰心失望，什么也不愿意学了，成绩就下降。现在他正面临中考，父母对他的这种精神状态很是担心，李同学本人也感到十分苦恼，那么究竟怎样才能走出这个困境呢?

（1）明确学习目标，树立自信心。作为学生，主要任务就是学习，要懂得不掌握科学知识，在这个飞速发展的知识经济社会是无立足之地的。要想将来有所作为，不被社会所抛弃，就必须从年轻时候起刻苦学习。学习是一个艰苦的过程，不能幻想一帆风顺。如果不付出艰辛的劳动，那么终将一事无成。常言道：有志者事竟成。只要自己目标明确，相信自己的能力，充满信心地去面对困难，在逆境中锻炼自己，就一定会到达胜利的彼岸。

（2）增强自己的意志力。现在的中学生有相当一部分人意志薄弱，在困难面前束手无策，缺乏战胜困难的毅力。北宋文学家苏东坡说：“古之立大事者，不唯有超世之才，亦有坚忍不拔之志。”所以，意志是每个人成长过程中的一门必修课。有目的地培养自己的意志力，从小事做起，坚持不懈，知难而进，经得住时间的考验，那么不久的将来一定会有所收获。

（3）用榜样的力量激励自己。要经常向周围那些积极进取、学习成绩优秀、有毅力的同学学习，并且落实到具体的行动中。有人说：行动变为习惯，习惯形成性格，性格改变人生。别人能做到的事，自己也一定能做到，这样就会在不自觉中形成习惯，在学习上就会培养出坚强的意志力。另外，也可以用名人警句作为自己的座右铭。当遇到困难萎靡不振、意志消沉时就看一看它们，随时提醒自己，增强战胜困难的力量和决心。

33. 边看电视边做作业的习惯改不掉，怎么办?

常言道：一心不可二用。边看电视边做作业显然是精力不集中，注意力没有完全放在学习上，这是一种不良的学习习惯，必须改正。

一位哲学家说：“习惯是一种巩固的巨大力量，它可以主宰人生。”所以作为一名学生，要想不断地获取新知识，掌握新技能，适应终身教育的需要，就一定要养成良好的学习习惯。

学习习惯是指经过反复练习逐步养成的自动化的行为方式。要改掉边看电视边做作业的不良习惯，首先自己要有恒心。改正错误的决定因素在自己，要下决心同坏习惯决裂，并把它落实到行动上，做到持之以恒。其次要有耐心。好习惯的形成需要一定的过程，不良习惯的改正同样也是如此，不能因一时的不适应而放弃改正，重蹈覆辙。最后要有信心。相信自己通过努力是完全可以改掉不良习惯的，如果自己都不相信自己，他人就更无能为力了。

34. 学习总是粗心大意，怎么办?

一中学生说：“我平时上课总觉得学得很明白，但是一考试就因马虎粗心而不能取得理想的成绩，怎么办?”

这其实说明你还是缺乏认真的学习态度，尽管你觉得你上课听得很明白了，实际上你的认真程度很不够。认真很重要，尤其是考场上认真，“蝼蚁之穴，溃千里之堤”，一个数字或一个符号的疏忽往往会使你痛失分数。记住：粗心是成功的大敌！那么怎样避免呢?

（1）从平时做起，养成细心、慎重、缜密的习惯。华罗庚上中学时，做数学题很快，但写字不整齐，也不够细心。他的老师王维克告诉他一个克服缺点的方法——“遇到难题先打小草，然后再抄到作业本上或试卷上”。他认真遵照老师的教导做了，从小培养起严谨的作风，成绩越来越好。这一点值得借鉴。

（2）在考场上时刻保持平静、放松的心情，你就会在有意无意间把握好“认真”

这把成功的金钥匙。

（3）除心态平静、仔细思考、认真做题之外，还要注意答题完毕后仔细检查和验证，直至确认无误。

35. 在学习上缺乏自信，怎么办?

初二的一名学生问："我常常因为自己的学习成绩不如意而觉得脸上无光，自惭形秽，学习渐渐失去了信心。我该怎么办呢?"

个人出现此类问题是由于缺乏自信而使自己陷入了自我的误区。人生成功的条件在于自信。只有相信自己，才能敢于踏上成功的起跑线；只有充满自信，才能登上成功的彼岸。

（1）多学习自信成功的榜样，增强自己的自信心。

如先天不足，凭着自信努力奋斗，成为世界闻名的大科学家的牛顿；考大学落过榜，靠"成功 = 艰苦 + 正确的方法 + 少说空话"，成为世界闻名的科学巨匠的爱因斯坦；小时家贫没有上过大学，在实践中自学获得成功的香港商界奇才李嘉诚……学习他们不屈不挠的精神，可以激起你的自信。

（2）记住以下这些自信成功的信条：

"自信人生二百年，会当击水三千里。"——毛泽东。

"给我一个支点，我将撬动地球。"——阿基米得。

"有志者，事竟成，破釜沉舟，百二秦关终属楚；苦心人，天不负，卧薪尝胆，三千越甲可吞吴。"——蒲松龄。

在实践中不可有傲气，不能自负，但绝不能没有自信。相信自己，把握好自己，付出足够的努力之后，你一定会有新的收获。

36. 我就是不爱上学，可又无可奈何，怎么办?

有一中学生说："我学习不好，但又不想努力，成绩越来越差，实在不想上学了，可我年龄小，不上学又能做什么呢? 我真不知该怎么办。"

这种情况是当代部分学生厌学心理的突出表现。有的学生把学习当成苦差事，甚至把一周的学习生活编成了顺口溜："上学——再向虎山行。周一——走向深渊；周二——夜茫茫；周三——路漫漫；周四——黎明前的黑暗；周五——胜利大逃亡。"

这种心理问题形成的主要原因，一是主观上对学习科学文化知识缺乏正确的理解；二是基础没打好，形成恶性循环，导致厌学；三是学校部分教师给学生施加的学习压力过大，使一些学生难以接受。

消除厌学心理应考虑从以下几方面去努力：

（1）培养自己良好的学习动机。动机是激励人去行动以达到一定目的的内在动力。机器马力越大，功能越强；学习的动机越积极越强烈，学习的自觉性和主动性就越高。

（2）培养浓厚的学习兴趣。“兴趣是最好的老师。”可以先从你最喜欢的科目开始。当你对这个学科的学习逐渐产生了兴趣时，你再积极主动、心情愉快地去进攻其他学科，做到个个击破，那时就不会觉得学习是一种负担了。

（3）把学习作为一种实际需要。21世纪是知识的世界，竞争激烈，缺乏知识就难以生存。如果认识了这一点，你就会坚定不移地将学习之舟划向目标的彼岸。

37. 背书总是记不住，怎么办?

背书总是记不住的原因分析起来有三个：一是背诵时思想溜号，注意力不能完全集中在知识点上；二是长时间盯住一个内容，容易引起大脑的疲劳；三是缺少科学的记忆方法。那么怎样才能增进自己的记忆力呢?

（1）在感到疲劳或乏味时，可以学科互换，背诵另一个内容，增加一点新鲜感和兴趣。

（2）要选择科学的记忆方法。①读背结合记忆方法。在阅读需要背诵的文章时，每读一小段就闭上眼睛尝试把它背下来。背下来之后，再背下一段。②反复记忆法。把所要记忆的内容连续或间隔一段时间后再重复学习，经过多次重复，实现永久记忆。

（3）小组记忆法。几个同学同时记忆一种材料，互相提问，互相考核，促进记忆。

（4）口诀记忆法。把一些有规律的材料编成口诀进行记忆。

（5）理解记忆法。要事先把需要背诵的内容通过老师讲解，查阅有关工具书，加深对整体内容的理解，在这个基础上，记忆会更迅速，更扎实。

38. 在学习中不会科学地用脑，怎么办?

科学用脑，不仅能提高学习效率，而且能让人保持旺盛的精力。科学用脑需要做到：

（1）在一定的时间范围内转换不同的学习内容，这是保护大脑的良好方法。因为左右脑的分工和侧重点不同，左脑对信息语言的加工、抽象思维活动具有优势；右脑则为与形象思维、空间知觉、音乐能力等密切相关。所以左右脑应交替使用。

（2）课间注意休息，使神经细胞的活动发生依次转替，兴奋和抑制过程重新分配。利用课间十分钟休息，做一些不太剧烈的活动，如散步、游戏等，这样可以消除大脑的疲劳。

（3）养成合理的作息习惯，提高睡眠质量。睡眠时间短，长期下去，会影响智力的发展，损伤大脑的功能。不会休息的人就不会学习。

（4）加强营养。多吃蔬菜水果，不挑食，不偏食。特别要养成吃好早餐的习惯。

39. 学习和生活总是感到有压力，怎么办?

在学习和生活中，每个人都会遇到有压力的事情，只要注意心理调节，及时摆脱压力的困扰，就会感到轻松、愉快。

摆脱心理压力的方法很多，可以因人选用。下面简单介绍几种常用的方法，供你参考：

（1）倾诉法。找知心朋友谈心，倾诉心事和苦衷，把紧张吐出来，接受安慰和帮助，从而摆脱压力。

（2）大笑法。找一个适当的地方，开怀大笑。美国斯坦福医学院的一位精神病专家指出，当你大笑时，你的心肺、脊背和身躯都得到了快速锻炼，胳膊和腿部肌肉都受到了刺激。大笑之后，你的血压、心率和肌肉张力都会降低，从而使你放松。

（3）回避法。暂时放下产生压力的问题，缓和一下心理冲突。如去散散步、听听音乐、看看电影等。

（4）发泄法。如痛哭一场，借此把心底的痛苦和烦恼发泄出来。眼泪能帮助排泄部分因压力造成情绪沮丧所产生的有毒物质，帮助恢复心理平衡。

（5）忘却法。我们无法改变过去，也无法找到医治后悔的良药，只有面对现实，忘却过去。

40. 一提起上学就感到害怕，怎么办?

我学习成绩一向不好，渐渐地就对上学产生了一种恐惧感，甚至提起上学就害怕，怎么办?

这种现象是由于学习失败，在学校遭到某些挫折和侮辱，产生强烈的情绪反应而形成的一种心理障碍。

产生了这种心理障碍应通过以下几种措施来改变自己：

（1）培养自己乐观、开朗、坚强的性格。平时多参加一些校内集体活动，增强自己适应环境的能力。要认识到学校是培养人才的摇篮，必须通过学校教育才能发展自己，使自己逐渐对学校产生兴趣。

（2）培养自己的自信心、广泛的求知欲和上进心，发奋学习，努力由后进变先进，关心和珍惜自己的每一点进步。

（3）建立良好的师生关系，主动和老师友好相处。

（4）及时请心理老师帮忙，进行矫正，在心理老师的指导下逐渐消除心理障碍，轻装上阵，积极投身到学习中去。

41. 我就是不愿看书学习，怎么办?

这是一种学习困难综合征。这类同学并非傻或愚笨，而是从发育的早期阶段起，获得技能的正常方式受损，表现在阅读、计算或绘画等单一方面的能力低下，而其他技能均属正常。引起学习困难的原因主要有：

（1）不良的家庭环境的影响。如父母长期在外工作或家庭成员关系紧张，因而得不到良好的照顾和教育。

(2) 在幼年时未得到良好教养，生长发育的关键期，没有得到丰富的环境刺激和教育。

(3) 不适当的学习内容和教育方法使其产生厌学情绪。

青少年时期是学知识的关键时期，不读书、不学习是最大的错误，要走出这一心理误区，怎么办呢?

(1) 针对自己在某个方面学习的困难，进行强化性训练。如语言表达困难，便可由字到句逐步地反复地进行训练。

(2) 提高自信心，制订出专门的训练计划，不达到训练计划要求绝不罢休。

(3) 珍惜自己每一个微小的进步，在此基础上强化自己对新技能的追求与获得。当你感悟到自己的进步时，就会增强学习的积极性。

42. 平时学习时间过长，感觉很疲劳，怎么办?

某初一学生说："上了初一，一下子要学习七门课程。我每天学习十几个小时，感觉很疲劳，不知该怎么办。"

疲劳是指连续学习后学习效率下降的现象。学习是一种艰苦的劳动，在学习过程中，人的大脑皮层兴奋区域的代谢逐步加强，血流量和耗氧量增加，以保证大脑工作的需要。但是如果人的学习活动持续时间过久，消耗过程逐渐超过恢复过程，人的大脑工作能力就会明显下降，出现以疲劳为特征的保护性抑制。若长期处于疲劳状态，则会产生抑郁、信心不足、记忆力减退、注意力难以集中、思维迟缓等现象。那么，应该从哪些方面预防呢?

(1) 合理安排自己复习课程的时间，当天学完的课程当天巩固。如果感到疲劳，一定要稍微休息一下。

(2) 复习必须是在平时有计划的情况下进行，千万不要搞突击，避免过度疲劳。

(3) 提高自己的学习兴趣和自觉性，减少或消除疲劳的感觉。

(4) 注意劳逸结合，做到早睡早起，保证充足的睡眠。

(5) 注意自己的饮食，不要偏食，多吃含蛋白质和维生素的食品。如蛋类、鱼类、奶类、豆类、瘦肉、蔬菜、水果等。

43. 课堂上总是走神儿，怎么办?

学校有一些课比较枯燥难懂，部分学生感到学习时有难度，不感兴趣，课堂上注意力不集中，总是走神儿。

心理学的观点认为："注意"是人心理活动对一定现象的指向和集中。由于这种指向和集中，人才能清楚地反映周围现实中一定的事物。当你不具备良好的注意品质时，必然在课堂上左顾右盼，对老师讲的课听不进去。要克服这一心理问题，就要做到：

(1) 用意志强化学习兴趣。在学习中遇到困难、挫折是在所难免的，关键是要用坚强的意志来战胜困难，才能在学习中有所建树。古人云："志不强者，智不达。"说的就是这个道理。所以，只有意志坚强的人，才能克服学习中的各种困难，不断强化自己的学习兴趣。

（2）用暗示法培养兴趣。在上课前用心理暗示法对自己说："这节课一定能上好，我愿意学习这门课。"在上课过程中，当老师讲到比较难懂、自己听起来很困难的内容时也要暗示自己："如果不注意听讲，那可能就真的不会了，只要跟上老师的思维，认真思考，一定能弄明白这个问题。"通过这种自我暗示可以逐渐培养学习兴趣。

44. 考试发挥不正常，怎么办?

某校一初三学生说："平时我学习努力刻苦，深得老师赏识，成绩也很好，可是一到考试时就不行了，小考还可以，越是大型考试，发挥越不正常，平时本来都会的问题，到了考试时就发蒙。现在马上面临中考，我真着急，若是中考时也发蒙，不就前功尽弃了吗?"

这种现象是严重的怯场表现。考试怯场又称考试境遇性焦虑障碍，是常见的一种心理现象，是学生因情绪紧张而使实际水平不能正常发挥的临场状态。那么怎样克服怯场呢?

（1）减轻心理压力。不要把考试看得过重，考试只是一种检测学生知识掌握情况的手段，不要在考试前考虑过多，在思想上轻装上阵，才能保证把平时的能力水平发挥出来。

（2）转移注意力。在考场上一旦情绪紧张，就可以用转移注意力的方法。如可以喝口事先准备好的饮料或往头上抹点清凉油，或闭上眼睛冷静一下头脑，转移一下注意力。或可以拉弹事先套在手上的橡皮圈，拉弹要适度，不能产生痛觉，一边拉弹，一边在心里默默地数数，直到紧张情绪消失为止。

（3）做放松训练。微闭眼睛做深呼吸，调节紧张情绪，克服怯场的心理。

（4）坚定信念。在心中默念"不必紧张，一定能够考好"，自己给自己打气。

45. 考试总是想投机取巧，怎么办?

一中学生说："我平时学习不够努力，一到考试时就非常着急，怕答得不好遭到老师的批评、家长的训斥，于是就想方设法地躲过监考老师的眼睛，翻翻书或是偷看他人的试卷。我知道考场作弊是不对的，可是一到考试时就控制不了要投机取巧的心理，怎么克服呢?"

考试投机取巧是一种不诚实、不道德的行为。现在国家对高考、中考的作弊现象处理得非常严厉，一旦发现不但取消当年的考试资格，而且禁考两年。克制想投机取巧心理的方法有：

（1）平时努力。上课认真听讲，课后细致复习。不要抱有侥幸心理，把希望寄托在考场作弊上。学习不是为了考试，是为了掌握真本领，将来服务于社会。只有平时踏踏实实地学，才能达到这一目的，否则只能是自欺欺人，最后一事无成。

（2）考试时，不要把与考试无关的书带进考场，这样就减少了作弊的机会。

（3）运用“厌恶疗法”。当你在考试时一味地想投机取巧时，你就想象一下：被监考老师当场抓住，大声训斥，遭来同学鄙视的目光，最后被驱逐出考场的情景。通过想象会帮助你打消作弊的念头。

（4）最有效的方法还是不打无准备之仗，考前做好充分的复习，反复演练，增强自信心。考试题目你都会答，也没必要投机取巧了。

46. 总怕升不上好学校被别人讥笑，怎么办?

一位初三学生说：“中考时间越来越近，离得越近，我就越紧张，总怕升不上好学校被别人讥笑，越是这样想，越是学不进去。不知怎么办才好。”

作为学生，当然谁都希望自己考上理想的学校。可是这种欲望过于强烈会造成心理上不必要的紧张，长此下去会影响学习效果。

不要花费时间想那些根本无益而只会给你增添负担的问题，投入地学习才是你最该做的。

47. 总担心自己成不了才，怎么办?

要端正学习动机，淡化功利。有的人学习求知有着强烈的个人功利性，他们发奋学习为的是功成名就。这样在学习过程中，一旦遭受挫折，便患得患失，情绪低落，悲观失望。如果能淡化这种功利心理，学习知识就会轻松愉快得多。

也许并不是每个人都可以成才，但你首先要考虑的是，你是否为自己能成才真正努力学习过、奋力拼搏过，你现在是否正在为自己能够成才而努力。

48. 快要报考志愿了，我心里非常慌，怎么办?

“紧张的初中三年的学习生活还有近两个月就要结束了，现在快要报志愿了，我不知道应该报考什么学校，一想到这个问题我心里就非常慌，怎么办?”

报考志愿的确很重要，因为它有可能决定今后你从事哪项工作。不过再重要，也没必要心慌。报考志愿可以依据以下几个方面：

（1）自己的志趣。志趣很重要，它可以使你对将来所要从事的工作全身心地投入，并且有可能使你把工作做得非常出色。如果你喜欢做个医务工作者，那你就报考卫校一类的；如果你想做个老师，那你就报考师范学校……

（2）平时的学习成绩。在报考志愿前，要对自己的学习成绩有个正确的评估，根据历年来中招学校录取分数线，然后结合自己的成绩，决定报考什么学校。

（3）也可以参考家长、老师的意见。家长和老师的意见不容忽视，尤其是老师的意见，因为他们有着比较丰富的经验。他们的看法往往带有一定的指导性。填写志愿还要根据自己的家庭经济情况。经济条件好些的，可以报考高中；条件不好的，继续读高中有困难的，可以报考中专。

49. 学习不如初中时有劲了，怎么办?

学习动力不足这是中专生的一个普遍现象，具体原因大致有以下几个方面：

（1）松弛心理。升入中专觉得可以适当放松了。

（2）不适应心理。对新的学习环境、新的学习内容不适应。

（3）从众心理。多数学生学习缺乏压力，自己也随之而放松了。

（4）就业前景不乐观，感到前途渺茫，缺乏信心和进取心。

针对以上这些问题，怎样来调整自己的心态，尽快克服厌学的不良心理呢?

（1）树立正确的人生观。高尔基说："一个人追求的目标越高，他的才力就发展得越快，对社会就越有益。"只有立志为振兴中华作贡献的人，才能把社会需要和个人需要统一起来，勤奋学习，为即将到来的知识经济时代做好充分的准备，迎接挑战。

（2）树立明确的学习目标。荀子说过："少而不学，长无能也。"作为青年学生，必须有自己的志向和学习目标，并且努力为之奋斗。要长远目标和近期目标相结合，因为长远目标可使动力稳定持久，近期目标能使动力强度提高。

（3）用意志战胜惰性。"惰性是一种慢性毒药，它慢慢地征服勇气，使其变得迟钝。"在学习和生活的实践中要注意培养和锻炼自己的意志力，用意志战胜惰性。

（4）要逐步适应和善于研究中专课程学习的方法。尽快适应新老师的讲课方式，自觉地学习专业知识和专业技能。

50. 学习基础差，不适应新的学习生活，怎么办?

某同学来信说："我的学习基础差，到职业学校学习，专业技术理论深，学不懂怎么办?"

学习基础差会对很多方面产生影响，但不等于不适应职业学校的学习。你的这种担心是对自己的能力和品质作出偏低的评价造成的。在这种评价中，常常伴随着一些特殊的情绪体验，如害羞、不安、内疚、忧伤、失望、恐慌等。由于这些消极情绪具有一定的强度和广度，它给人的心理带来的不良影响也是比较大的。要克服这种心态，就要有恒心，有毅力。

首先，你不能灰心。不能认为在初中没有打好基础，到职业学校就一定跟不上。要增强自信心，克服"怕"字当头的想法，要敢于面对现实，勇于克服，勇于拼搏，就能迎头赶上。

其次，要有刻苦精神。职业学校学生基础差是普遍现象，同学们都在同一起跑线上，教师在教学中需要考虑到同学们的实际情况，采取相应的教学手段进行教学。只要上课注意听讲，按时完成作业，坚持用心学习，增强刻苦学习的精神，基础差是可以改变的，是能适应职业学校学习的。

51. 我担心在职业学校学习将来应聘难，怎么办?

你这种想法是自卑心理的表现，一个学生一旦形成怯懦、自卑的性格，往往会从怀疑自己的能力发展到不能表现自己的能力。那么应该怎样去努力呢?

首先，你应该清楚，职业中专的培养目标是熟练的技术工人。应聘单位对人才需求的层次不同，工作性质不同，不可能一个大学生、研究生去做一名熟练工，所以只要学好本领，掌握一技之长，不愁没有用武之地。

其次，学历低，是可以改变的，活到老，学到老，学无止境。你可以参加社会自考班，或成人高考。近几年来，由于招生制度改革，职业学校对口升学招生比例扩大，职业学校学生考入大学人数也逐年增加。所以，趁着年轻，努力学习，不断地充实自己，将来既有文凭，又有水平，还怕不被聘用吗?

52. 担心现在所学专业将来用不上，怎么办?

王同学来信说："我现在所学的专业从目前社会需求来看，将来很可能因饱和而用不上，改专业又不可能，怎么办?"

你的担心是有一定道理的，也是中专学生所普遍关注的问题。现在中专学校所开设的专业基本上是根据社会上对人才需求的实际开设的。但是由于社会在发展，也许你现在学习的专业是热门，等到毕业时，所学的专业就变成冷门，这种情况是可能发生的。在学校学习期间，一定要变被动为主动，不但对本专业知识努力学懂、学通、学精，而且还要利用业余时间多学习和掌握一些与本专业知识相关的边缘学科知识，只要你努力学习，争取一专多能，这样就可以使自己有更多的就业机会。

53. 只想学一技之长，不想学习文化课，怎么办?

"我是一名职业学校的学生，入校后产生了只想学一技之长，不愿意学习文化基础课和专业理论课的心理，明知道这是错误的，又克服不了，怎么办?"

这种心理问题的形成原因，主要是对文化课和专业理论课缺乏兴趣，对专业知识急于求成。同时也是惰性心理在作怪。若改变这种心理状态，必须注意以下几点：

（1）克服急于求成心理，将文化课与专业课有机结合起来。文化课、专业理论课与专业技能有着密切的关系。文化课是提高专业理论知识的基础；专业课，是职业学校学生具备扎实的专业理论和熟练的专业技能所需要的重要课程；实习课则是将所学的专业理论转化为职业技能的实践课，三者必须有机结合。所以，都应该认真学好。否则，缺乏文化知识和专业理论基础，也不可能真正学到一技之长。

（2）克服惰性心理。在成才的道路上是没有捷径可走的，必须脚踏实地，一步一个脚印地走下去。职业学校开设的课程执行的是国家规定，设置教学计划，有严密的科学性，任何一科都不能偏废。必须认真刻苦地学好每一门课程，全面提高个人素质，才能使自己成为既有知识，又懂技术，又会管理的复合型人才，才能为将来求职择业奠定坚实的基础。

第三部　行为心理

1. 我特别爱哭，又得不到安慰，怎么办?

初二的张同学从小就爱哭，因为一点不顺心的小事就哭个没完。在一次数学课上，因为做错了一道题，老师说了她几句，她竟哭了一上午，眼睛哭得像桃子。同学们说不值得哭，为此还嘲笑她。得不到安慰的她更苦恼。她对老师说："不是我不理解老师的批评，就是控制不住自己爱哭的毛病，您说我该怎么办?"

爱哭是感情脆弱的一种表现，它会影响一个人的学习和生活，尤其是哭起来没完，对身体也有损害。

在学校和家庭生活中，我们每天都要经历大量的或大或小的事，有的对我们有积极影响，有的对我们有消极影响。不是事件本身能引起人们的消极情绪，而是对事件不正确的认识，会引起消极情绪的产生。所以当你有消极情绪时，要冷静地想想是不是自己对眼前事件的认识有错误。如果认识不对，应该先调整自己的认识，使其变成合理的认识，这样就会变消极情绪为积极情绪，也就不会生气了。如老师批评时，你想这是老师对我特殊的爱，若是发现了我的毛病，不批评我，我就不会改正错误。这样想，就不会哭了。

当遇到不顺心的事时，告诉自己：随它去，顺其自然。暂时不去想它，想想令你高兴的事。采取分散注意力的方法，可以暂时忘却烦恼。

当你受到批评或指责时，尤其是自己想不开时，你如果能进行换位思考——把自己放在对方的位置上去思考问题，那会怎样呢?这样你就能理解对方，从而消除委屈和生气情绪。

2. 我帮助学习有困难的同学时，有人说我傻，我该怎么办?

有人说你傻，这是不对的。愿意帮助人是一个人的美德，而且在帮助他人时，你同时也得到了锻炼，为什么这样说呢?

（1）人人都有遇到困难的时候，如果别人有困难你不帮，等你遇到困难谁帮你呢?帮助有困难的同学，让他（们）和自己一样进步、开心，不也是一件很开心的事吗?而且同学们也会更喜欢你。

（2）在帮助同学的时候，你同时也提高了自己的能力。比如在给同学讲题时，你会注意自己的表达，无形中提高了自己的表达能力。

你帮助同学解决学习上的困难，不但不是傻，恰恰表现了你美好的心灵和可贵的品质，你应该坚持下去。

3. 考试时，有同学要抄我的卷子，怎么办?

考试是检测学生学习成绩的一种手段。作为学生应该认真对待考试，如实地反映自己的学习成绩。抄别人的试卷，是考试中严格禁止的行为，这是每一名中学生心知肚明的，但有一部分人却明知故犯，那这个时候，该怎么办呢?

（1）在考场上，对他的请求不予理睬，他可能对此会有些想法，但是你不必在意，因为你做得对。

（2）考试结束后，找他认真谈一谈，告诉他考试的目的是什么，告诉他不要只想着分数，而丢掉了比分数更重要、更宝贵的东西。在谈话时，要推心置腹，消除对方对你的敌意，同时让对方明白，你是在为他好。如果你把道理讲清楚了，把自己的想法说明白了，对方是会想通的。

（3）帮他把不会的问题讲明白，让他和同学们齐头并进。这样，他会更加感激你。

4. 下了决心却又很快忘记，该怎么办?

经常听到中学生这样慨叹："每次考试结束，我都下决心好好学习，可是很快又忘记了自己的决心，学习仍没有长进……"

这种现象在中学生中极为常见。其主要原因是缺乏顽强的意志力，这也是中学生普遍存在的心理弱点之一。

意志，是人们自觉地克服困难去完成预定任务的心理过程，是人的主观能动性的突出表现形式。意志力是人格的重要组成因素，对人的一生有着重大影响。人生中的每一点成功都必须用意志力作保证。

要提高自己的意志力，必须从以下几个方面做起:

（1）树立远大的志向，提高意志的自觉性。俗话说：无志者常立志，有志者立长志。有一个远大的追求目标始终在前面召唤自己，会促使自己自觉地为之奋斗。

（2）从小事做起，提高意志的坚持性。高尔基说过："哪怕是对自己的一点小小的克制，也会使人变得强而有力。"坚持每天写一篇日记，坚持每天早起锻炼，坚持读报纸杂志……点滴小事，贵在坚持，都能磨炼你的意志。

（3）向自己挑战，提高自制力。自制力的培养要从两个方面出发：一是迫使自己去做那些该做而不想做的事；二是抑制自己不去做那些想做而又不该做的事。

5. 做事缺乏信心，怎么办?

某同学，做任何事都不敢去做，担心自己做不好，总缺乏信心，认为别人能干成的事，自己干不成。

这是一种典型的缺乏信心的表现，心理素质不好，缺乏胆识，总认为自己什么事也做不成，不相信自己的能力，对自己评价太低。这是一种严重的心理障碍的表现，危害较大。

克服心理障碍的方法：

（1）正确地评价自己，看到自己的实力。要相信自己有这方面的素质，有的事自己可能能做成，而别人却未必能。

（2）世界上没有一个什么事都能做成的人。同样，什么事都做不成的人也是不存在的。

（3）别人能做成的事，你试着做了吗？没有做，怎么就认定自己一定做不成呢？

（4）试着自己独立去做一些事，摒弃依赖心理。有时做不成，不要灰心，要查找原因，是不是努力不够？是不是忽视了某些环节、因素？是不是方法不对头？然后重新再来，慢慢地做一定会做好的。甚至有些事，你一做就能做成，可能比别人做得更出色。这时，你就会变得自信起来，也就有信心去做任何事了。

6. 常常产生一种幻觉，怎么办?

所谓幻觉是指视觉、听觉、触觉等方面，没有外在刺激而出现的一种虚假的感觉，例如没有声音而听到声音。有某种精神疾病或在催眠状态的人时常有幻觉。

幻觉不同于错觉。错觉是由于某种原因引起的对客观事物不正确的知觉，而幻觉与客观事物无关。

幻觉也不同于幻想，幻想是以社会或个人的理想和愿望为依据，对还没有实现的事物有所想象，而幻觉却与自己的理想和愿望毫不相干。

某同学提出的这个问题，尚需你自己进一步分析验证一下，你所产生的那种感觉真的是幻觉吗？如果只是上课溜号，那与你的学习兴趣和学习意志有关；如果你还常有精神恍惚或精神不振的症状，那一定要及时去看心理医生，或找心理咨询老师。你用不着过于担心，经过心理咨询指导，你一定会恢复正常的。

7. 总想洗手，怎么办?

某同学最近突然感到自己有个不好的习惯——总是无数遍地洗手，又觉得控制不住，怎么办？

经常洗手是件好事，是讲卫生的良好行为习惯。但无数次地洗，就太没必要了。过度频繁，则成为“洁癖”，应予以改正。

（1）正确认识洗手这一行为。洗手是为了清除手上的污物，减少手上的细菌。但若想细菌一点也没有，却又不太可能，只要保持清洁即可。有一个人，用显微镜观察平时食用的食品，发现上面生有大量的细菌，吓得不敢吃东西了，结果硬是饿死了——真是杞人忧天，完全没这个必要。

（2）节制自己洗手的次数。如果自己还是没法控制，可以让他人帮助自己克服。

（3）注意查找自己洗手频繁的原因，有目的地提醒和克制。可以在手腕上套个皮套，当要频频洗手时，一挽袖子，发现皮套，便受到提示，放弃洗手的想法，以此逐步地克服，最终改掉。

8. 饮食不规律，又克服不了，怎么办?

应该指出的是，饥一顿、饱一顿，暴饮暴食等这种饮食不规律的习惯非常不好。"过饱"在医学上称为暴食，是指一次进食量超过胃容量或消化功能的负担。我们所吃进的食物是由胃、肠、胰脏等消化器官分泌消化液消化的，如果消化液供不应求，会使吃进的食物不经消化、吸收就排出体外。相反，如果经常处于饥饿状态，肠胃等分泌的消化液供过于求，就会刺激肠胃粘膜，引起肠胃炎、消化道溃疡等疾病。如果经常饥一顿、饱一顿，时间长了就会引起肠胃功能紊乱及其他疾病。为此，在平时生活中，生活要有规律，有节制，定时定量吃饭，不能由着性子想吃就吃，不想吃就不吃。为了有一个健康的体魄，必须有良好的饮食习惯。

9. 说话口吃，很苦恼，怎么办?

"我说话结巴，而且越来越严重，不敢主动与人接触，生怕交谈时因紧张而口吃，因而变得内向少语，羞怯自卑，怎么办?"

两至五岁的幼儿易出现暂时性的口吃，随着幼儿口语能力的提高，口吃会自动消失，但若是长期性的且不及时纠正，口吃有可能伴随终生。导致口吃有以下原因：①模仿他人口吃；②父母对幼儿言语能力的形成要求过急，当幼儿学说话时作过多的矫正或说错话时采取恐吓逼迫的方法，使之紧张、害怕，说话压力大；③说话时的犹豫不决或轻度顿挫被误作口吃而忙于纠正；④突然的精神刺激，如受惊吓、过分受罚、环境突然改变等。

建议你平时注意以下几点：

（1）多听声音优美、表达流畅、内容合适的语言，如儿童故事、诗歌等，听熟后跟着一起讲，一起念。

（2）创造轻松的气氛，说话的速度放慢，对于教师或父母提出的应回答的问题，一时答不出来的不要勉强去答，要自然地回答问题，彻底消除怕口吃的心态。

（3）平静地与他人讲话，不要着急，不要总是担心出错，克服紧张心理，口吃才可能减轻。

（4）在害怕的场合要调整一下自己的紧张情绪，待平静下来再讲话。讲不好的词汇可列出来，通过模拟训练由易到难逐一攻破。

（5）调整呼吸，讲话前先吸气，然后边呼气边讲话。

矫正口吃需要一个较长的过程，不可急于求成，略有反复是正常的。要树立克服口吃的信心，随着年龄的增长，会逐渐矫正过来。

10. 患了异食癖，怎么办?

某些人摄食过程中，有时出现一种特殊的嗜好，即进食一些不应食用的、无营养价值的异物，如墙皮、沙土、油漆及毛发等，这是一种病态。医学上称之为异食癖或嗜异症。吞食异物或污物，可造成严重后果，如肠道感染、肠梗阻、贫血及营养不良等。这是一种心理失常的强迫行为，常与家庭环境不正常有关，如家庭不和睦、父母离异等。常有一些患者幼年因无人照顾，擅自吞食异物，日久成为习惯，变成恒定的条件反射。也有人认为是由缺铁、锌等引起的；有的则是由于智力低下或肠道寄生虫所致。

异食癖的害处很多，必须及早治疗。

（1）改善家庭环境，和父母和谐相处。一旦发现这种现象及早向父母说明，多争取父母的关爱，并及时采取措施加以治疗。

（2）分析病因。①如是由于缺少微量元素而引起的要及时补充各种营养；如果是肠道寄生虫病要及时用药治疗。②如属心理失常，可采取心理治疗法。如：阳性强化法、惩罚法、矫枉过正法、转移注意法等。

（3）平时要加强卫生常识教育，不吃掉在地上或脏的食物，饭前便后要洗手。

11. 吃东西总爱挑剔，怎么办?

“我总是挑食，不爱吃这，不爱吃那，该怎么办?”

青少年时期生长发育所需的各种营养素，如蛋白质、脂肪、糖、氨基酸、矿物质和各种维生素都从饮食中吸取。如果偏食、挑食，将不能保证身体所需营养而直接影响生长发育。偏食大都是由于父母过于溺爱，使孩子任性，想吃什么就给什么造成的。时间一久，形成一种偏食心理倾向。怎样才能改变这一心理倾向呢?

（1）要认识偏食是一种不良习惯，要用实际行动调整好自己的心态。对于自己不爱吃的饭菜，应想到它具有一定的营养价值，是你生长所必需的，不吃会影响健康，要努力把它吃下去。

（2）可建议父母改良一下烹制方法。如果烹制的不好吃那就要改变一下做法，尽量把食品做得可口些，尽量适合口味。

（3）和父母共同制定一个科学的食谱，既做到饮食的多样化，又能摄取均衡的营养。

（4）有条件时可加入集体伙食，看到别人吃得津津有味，自己也会争抢着吃的。

12. 改不掉不吃早餐的习惯，怎么办?

不吃早餐就去上课对一部分学生来说已是习以为常，殊不知不吃早餐对身体健康的危害是很大的。这种不良习惯的形成，主要是惰性心理在作怪，具体表现是：不按时起来，快到上学时间时才匆忙起床，没有了吃饭时间。再者由于匆忙起床，肠胃还处于未苏醒状态，就会没有胃口吃饭。此外，对不吃早餐的危害缺乏一定的认识，也是一个重要原因。青春期是人体发育的重要时期，相对成年人所需要的热能和营养更多。如果经常不吃早餐就去上学，所需要的热能和营养得不到补充，上课时一定会萎靡不振，注意力无法集中，记忆力减弱，严重影响学习效果。同时也将影响正常的生长发育。

怎样才能改掉不吃早餐的习惯呢?

（1）坚持晨练，养成良好的生活习惯。每天要坚持早起床，不要等到吃饭时才起床。起床后要到户外做一些自己喜欢的运动，如跑步、踢毽子、打球等，或者读读书，这样使精神和体力得到调整，胃里的浊气排出体外，有腹空欲食的感觉。

（2）按摩腹部，并要持之以恒。起床前用双手在腹部按摩，顺时针和逆时针方向各做50次，增强胃的蠕动，促进消化，有利于进食。

（3）早饭要吃好。要保证高蛋白食物的供给，这是在为一上午身体的消耗提供能量。同时不要因为早晨上学时间紧就边走边吃或囫囵吞枣，这不利于消化、吸收，对身体是不利的。应该细嚼慢咽，这才有益于营养的摄取，有助于身体的健康成长。

13. 平时总是好动，怀疑自己患了多动症，怎么办?

活泼好动是青少年的天性，但一些人对此有错误的认识，认为只要孩子多动就是得了多动症。结果将许多正常活泼好动的青少年推入了多动症的行列，使他们心理上受到了压抑。

怎样克服这种心理困惑呢?

（1）正确评价自己。不要轻易认为自己好动就是患了多动症，要经过医院科学的检查方可作出结论。

（2）减少心理紧张刺激。多动症与环境不安宁而引起的精神高度紧张有关。协助家长创设和谐安宁的家庭气氛，促使自己情绪稳定，注意力集中，减少多动现象。

（3）药物治疗。如诊断清楚确为多动症，可采用中枢神经系统兴奋药，以增强注意力，减轻多动症状。

14. 控制不住挤眉弄眼做怪样的坏习惯，怎么办?

顽皮是儿童或青少年的天性，做怪样、恶作剧并不足为怪。然而，不自主地、无目的地、重复快速地挤眉弄眼，努嘴，扭脖子，耸肩，严重时出现污秽语言，这就不是顽皮或“坏毛病”了，而是近年来逐渐增多的，儿童精神科门诊常见的一种怪病——抽动障碍。

抽动症病因复杂，但心理紧张因素对该病的影响已得到公认。除及时发现，尽早予以治疗外，配合医生做好以下心理支持治疗，也是疾病早日康复的重要方面。

（1）心理转移法。临床观察发现，抽动症的症状在人紧张着急时加重，放松时减轻，睡眠时消失。因此，一旦发现自己抽动发作时，不要强制性控制，而最好采用转移法，如主动帮助同学、父母做些轻松的事情，通过减轻由抽动带来的紧张、焦虑和自卑感，通过肢体有目的的活动逐渐减轻和缓解抽动症。

（2）认知支持疗法。正确认识抽动症的表现，增强克服疾病的信心，消除自卑感，这无疑是促进疾病康复、避免心理受到影响的有效方法。

15. 患了“人来疯”，怎么办?

有的孩子一见有客人来家里，便欣喜若狂，向客人作自我介绍，问客人一大堆问题，在大人谈话时插话、唱歌、跳舞、翻筋斗、钻桌子等。这些行为俗话称“人来疯”。

“人来疯”产生的原因很多，主要有以下几个方面：

一是自我控制能力差，喜欢表现自己。

二是由于平时家里人少，一有人来，感觉新鲜、刺激，神经兴奋起来。

三是认为有别人在场，家长一般都不会批评，自己于是更加任性，毫无控制。

患了“人来疯”的毛病，我们要引起重视，该怎么办呢?

（1）要有心理准备。如果知道客人事先有约，在客人来临之前就应想到如何克制自己，使自己的行为有所收敛。

（2）加强日常控制。在日常生活中，要经常向自己提出要求，明白“人来疯”是一种对客人不尊重的表现，并且通过家长的指教知道应该怎样做。这样，才能使自己既不失天真活泼，又可避免“人来疯”的毛病出现。

（3）愿意表现固然是好事，但要适当注意表现的时间、地点、场合，一定要适当。

（4）对家长、亲友对你的“人来疯”的表现，无论是表扬还是批评，你都要想到这是他们在特殊情况下的一种无奈，千万不要因此而更加放肆。

16. 我在学校和家里的行为表现不一致，怎么办?

“老师和家长反映我在学校和家里的行为表现出明显的反差，在家像条“龙”，在校像条“虫”；在家任性刁蛮，在校和顺听话。我很想使自己的行为一致起来，该怎么办?”

上述双重行为产生的原因：①家庭成员宠爱形成的骄横任性。②学校严格要求难以适应。③家庭和学校的教育方式、方法不同容易形成多种行为。④认知上的错误。很多孩子的认知定式是：在校必须老实、听话，否则就挨批评；在家可以不听话，没人责怪。

这种双重行为表现是一种不良心态，应注意矫正。具体做法是：

（1）学校和家庭教育都是为了使你成才，因此，你要主动做好老师和家长联系的纽带，自觉接受双方的正面教育。

（2）可能家长对你过分溺爱，凡事顺着你，这时千万注意正确对待家长的宠爱，注意控制自己的行为不要养成刁蛮、任性的个性，同时在学校要正确理解老师的严格要求，必须注意约束自己的行为，防止出现行为上的"两面性"。要保持表里如一，在学校和家庭都具有良好的道德修养，做老师、家长都喜欢的好学生。

17. 做错了事没有羞耻感，怎么办？

一初中生说："我在班级里是个差生，各科老师都批评我，有时因上课表现不好，还被罚站。可不管老师怎样批评我，我该怎样还怎样，就是不改。有时老师挖苦我说：'你的脸比鞋底还厚。'其实我也想改变老师对我的看法，可怎么办呢？"

羞耻心是一种重要的思想道德情感，它是提高思想道德素质的基础，是对自己的言行、品质不符合社会道德准则、行为规范而产生的一种否定的情绪体验，是对自己违反道德行为的知耻、惭愧和悔恨。有羞耻心才会自爱、自重，做错事才会自责、愧疚并注意约束自己不道德的行为，才能促使自己痛改前非，将功补过。那么怎样培养羞耻心呢？

（1）充分认识到没有羞耻心的严重危害。因为羞耻心是道德发展的内部动力，所以若没有羞耻心，久而久之就会使你的道德标准降低，行为水准下滑。考试作弊，被老师批评不以为然；做了损害他人的事，不以为耻；逃避劳动不难为情……发展下去就会逐步走向犯罪。这样的后果还不能引起你的重视吗？

（2）分清真善美与假丑恶，提高分辨能力，懂得什么事是友善高尚的，什么事是卑鄙可耻的。要通过学习提高道德认识，通过阅读内容健康的书籍陶冶情操，利用反面典型，使自己从厌恶坏事到有羞耻感，把羞耻情感体验，变成一股激励向上的积极力量。

18. 克服不了懒惰的毛病，怎么办？

某校初一一名男同学说："我经常因不能按时完成作业而受到老师的批评，静下来仔细想想，主要是因为我懒惰。晚上回家后吃完饭就想睡觉，想第二天早上早起再完成作业，可到了第二天早上，又想多睡会儿，就这样今天拖明天，明天拖后天……欠的债越来越多，也就失去了信心。我是真想改掉这个毛病，可是怎么才能克服呢？"

不完成作业是缺乏意志力的典型表现。那么怎样才能提高意志力呢？

（1）树立远大志向，提高强化意志的自觉性。要把远近目标结合起来，长远目标要有概括性，短期目标要有具体性。当在实现目标的过程中遇到困难时，就去想象实现目标的快乐感受，这样会鼓舞自己为目标而奋斗。想象得越生动，越具体，奋斗的精神动力越强大。还可以把自己的奋斗目标公布于众，这样会加强别人对自己的监督，还会使你产生适当的压力，这种压力可以转化为坚持完成任务的动力。

（2）从小事做起，提高强化意志的坚持性。现实生活由一点一滴的小事积累而成，意志力也是从小事中培养出来的。因此，不应该忽视生活中的那些看似微不足道的小事，它可能会成为锻炼意志力的好机会。如坚持每天早起锻炼。不要以天气不好、身体不舒服为借口而中断。又如坚持天天写日记。长此下去意志力一定会提高，有了意志力，并付诸行动，也就克服了懒惰的毛病。

19. 总是忍不住要说谎，怎么办?

常见的说谎原因有：①自卫；②拒绝接受现实；③模仿；④自夸；⑤对现实的体验；⑥伙伴意识；⑦敌意；⑧谋利；⑨将错就错；⑩不受信任或误解的结果；⑪弄假成真。

那么，纠正说谎的坏毛病有什么具体方法呢?

（1）增强自我反省意识。当叙述某件事情时，首先重新认识自己的所作所为，哪些地方夸大或歪曲了事实，要正确讲述真实情况。

（2）树立正确的道德观。不能忽视撒谎的严重性，特别是最初在一些小事上偶尔说谎时，一旦意识到，就要及时改正。要认识到任何形式的不诚实都是不道德的，于己于人都是有害的。相互尊重和信任的基础是诚实。

（3）认清说谎不会成功，即使蒙骗过关，也不过是暂时的。而诚实会减轻对自己过失的惩罚，撒谎则会受到更严厉的惩罚。

20. 染上烟瘾戒不掉，怎么办?

一男同学说："由于看大人吸烟的样子很帅气，出于好奇，我偷偷地背着大人也尝试了一下，感到很好玩，慢慢地染上了烟瘾。被家长发现后，先是挨了一顿打，接着就是整天被看管着，受监督。即使这样我仍是很难戒掉烟，一有机会仍是想吸上一根。每当这时，我就想仅此一次，下次再不吸了，可是到了下次又是这样重复地想，总是这样迁就自己，以至于现在还没有戒掉烟。但是我心里很苦恼，说真话，我是真想戒掉它，但又没有好办法。"

吸烟的恶习不是不能除掉，只要你对吸烟的危害有所了解，又有坚强的毅力，就一定能戒掉它。现在就向你介绍几种戒烟的方法：

（1）加深对吸烟的危害的认识，消除侥幸心理。有人虽然知道吸烟有害，但是总认为"吸烟者并不会都死于肺癌，××吸了一辈子烟，还不是照样活着？我也会没事的"。这种侥幸的心理是对自己的不负责任。

（2）把戒烟作为锻炼意志的机会。意志力不能凭空提高，而要靠一系列的努力，戒烟正是锻炼意志力的良好机会。可以逐渐减少吸烟次数直到不吸。经过一段时间后，你不但可以改掉坏习惯，还增强了意志力，岂不是一举两得吗?

（3）进行想象练习。尝试想象自己由于吸烟，已进入肺癌晚期，父母、老师都来病房看望你，你恋恋不舍地向大家告别，感觉到人生中还有许多事没来得及做就要完了……通过这种练习能使你对吸烟行为产生厌恶情绪。

（4）改变环境。戒烟必须有一个恰当的环境。在戒烟过程中或戒烟之后，你应当尽量避免和会抽烟的人待在一起。这一时期，你可以去结识一些不会吸烟的新朋友，他们会支持你的戒烟行为。另外不要经常一个人独处，多参加群体的有益活动，这样就会逐渐忘掉吸烟。

21. 做事总是有头无尾，怎么办?

“我很爱做事，可就是有一个毛病，刚开始兴趣很高，可一种事情还没做完就又去做别的事情了。为此很伤脑筋，该怎么办?”

大多数孩子都有这个毛病，这是因为青少年的自我控制能力较差，注意力不集中，兴趣转移得比较快，他们往往对事情本身感兴趣，而不注意事情的结果。

要克服这一毛病应该做到：

（1）针对自己好胜的心理，可采取竞赛的形式和其他同学共同把事情做完。比如做家务可以和父母分工合作，比赛看谁先做完。这样，会把事情做得又快又好。

（2）明确做事情的目的。无论做什么事情，要明确应该达到什么目的，达到这个目的有什么意义，使事情做得有始有终，这样才会更深地体会到成功的快乐。

（3）要在生活中经常检查、提醒、督促自己做好每件事情，养成良好习惯，形成动力定型，做事自然也就有始有终了。

（4）用心听取别人各种激励的语言，并自我鼓励，认真完成任务。如你做得很好，相信你能把以后的事情做得更好！通过这种动力增强自己战胜困难的信心，把事情做完，做好。

22. 看别人吸烟很羡慕，怎么办?

一初中男同学说：“吸烟的危害性已众所周知，但我还是很羡慕吸烟，怎么办呢?”

据世界卫生组织一份报告指出，青少年吸烟的原因是：①受周围人吸烟的影响；②满足好奇心；③满足成长的意识；④不良心境的解脱。

了解青少年吸烟的原因，就不难找出解决这一问题的办法：

（1）创造和谐的家庭气氛，增加更多的乐趣，减少心理压力，可以到生活空间中寻找乐趣，创设良好的心境。

（2）当自己进入青春反抗期这一特殊年龄阶段时，要注意控制自己的不良情绪，积极参与适当的家庭管理，如父亲吸烟你应多提有益的意见和想法；看到同学吸烟一是制止，二是远离。

（3）不与坏孩子为伍。对青少年来说，开始吸烟的主要原因是由于同伴的压力。别人抽烟自己不抽，会被骂成“胆小鬼”、“假正经”。因此，避免落入抽烟的团伙中是防止抽烟的最好方法之一。

（4）要了解吸烟对自身健康的威胁，并意识到吸烟对周围人群的危害，严格地约束和控制自己。

23. 有贪睡赖床的习惯，怎么办？

由于惰性心理作怪，有的人误认为睡眠是多多益善，赖床不起。殊不知，贪睡赖床是一种不良的习惯，长此以往将有损身心健康。

贪睡赖床的主要危害有哪些呢？

（1）贪睡不起会扰乱人体生物钟的时序，导致机体抵抗力下降，诱发多种疾病。

（2）清晨醒来腹中空空，如果赖床不起，不吃早餐，势必打乱肠胃功能规律，容易诱发消化系统的疾病。早晨卧室空气较混浊，长时间待在室内，对呼吸系统有害。

（3）贪睡赖床，会使你的新陈代谢降低，能量消耗减少，造成脂肪堆积，肥胖就更加不可避免。现在医学研究发现，青少年身体过胖有较多潜在危险。成年后发生的心脏病、高血压病、糖尿病等均与此有直接关系。

怎样来纠正自己的不良习惯呢？

（1）自己可以利用闹钟，也可以请父母协助，做到早晨一听到钟声或父母的叫声，就立即起床。起床后，到户外跑跑步、打打球、做做健身操或者看看书等，按计划进行晨练。只要有坚强的意志，持之以恒，坚持不懈，就一定会成功的。

（2）明白克服贪睡赖床的不良习惯，是对自己进行的一项健康投资。“健康就是财富。”没有健康的体魄，就没有旺盛的精力，也就不能更好地学习和工作。因此，这项健康投资是很有价值的。

24. 我很缺乏自制力，怎么办？

某同学：“我在日常生活或学习中常常给自己制订一整套的计划，可是都由于主观原因而不能如期完成，本来下决心第二天干一件要紧的事（如突击外语），但到第二天这种劲头又消失了，所以很苦恼，不知怎么办好。”

一般认为，自制力属于意志力的范畴，因为意志力包括自制力、果断性、自觉性、坚持性四个方面。自制力就是能够控制自己的情感，使情感服从于自己的意志，而不是被情感牵着鼻子走。自制力的高低同样取决于目的性的明确程度。那么怎样培养自己的自制力呢？

（1）要树立正确的人生目的，只有明确了目标，才能一往无前，才能不半途而废。

（2）要培养自己高度的自觉性，不要老是在别人的监督下才能上进，总是处于被动状态，那样会一事无成的。还要树立从小事做起和从身边事做起的信念，切莫舍近就远，寄希望于不切实际的幻想。

（3）要勤于思考，善于总结，并借助一些伟人的事迹来鼓励和鞭策自己。

25. 不能执行老师的指示，怎么办?

“对于老师的指示不知所措，不能执行，以致学习和表现不能令老师满意，怎么办?”

注意力不集中是导致你不能执行指示的主要原因。不能执行老师的指示，应着重改善自己的注意力。

（1）调换座位。坐在前排位置，也可要求调坐在靠近老师的位置或者与爱叽叽喳喳讲话的朋友分开。

（2）目光接触。接受指示时，应该直视讲话者的眼睛。

（3）约定暗号。听清要求后向老师发一个无声的暗号，例如点点头或摸一下鼻子，通知老师自己已经听明白了。

（4）为自己选一位学习伙伴，向自己复述老师的指示，既可减轻老师的负担，同时也为自己提供了一个帮助者。

（5）建议老师放慢语速或减少发出的指示，逐渐提高自己接受连续命令的能力。

26. 经常狂躁不安，行为控制能力差，怎么办?

狂躁不安的具体表现：

（1）情绪高涨。表现为喜悦、欢笑、精神爽快、自我感觉良好，但情感体验肤浅，有时表现易激怒，为一点小事而大发脾气。

（2）思维活动异常。表现为话多，夸大自己的能力等。青少年常有思维联想加快，意念飘浮不定，注意力不集中，易受环境影响而分散的表现。

（3）行为控制能力差，易冲动兴奋。表现为顽皮、好吵闹打逗、惹是生非、恶作剧、举止轻浮、乱花钱、爱管闲事、寻求冒险、终日忙乱不知疲劳，严重时出现越轨行为。

（4）其他表现。食欲下降，体重减轻，睡眠减少。

若出现这些表现，就要及早找心理医生去诊治。因为兴奋狂躁，对人的身体消耗过大，易导致脱水或衰竭；另一方面，行为易冲动，易出现伤人或自伤，造成严重后果。其预防措施有：

（1）解除心理负担，改变价值观念，增强自信，调整与周围人的关系，和他们友好相处，减少和避免情绪冲动。

（2）如有不适的感觉，可及时告诉老师和父母，以取得老师和父母的关心和照顾，创造一个良好的治疗和康复环境。如果病情较重，应及时请心理医生予以矫治或去医院，以防意外事故发生。

27. 常常忍不住想和同学打架，怎么办?

青少年有交友的需要，然而有的孩子往往在家称王称霸，到了学校仍以自我为中心，稍不称心就极易发生同其他同学打架的行为。这种情况如不及时矫正，随着年龄的增长有很大的危害性。

常常想和同学打架，这是一种恶习，必须注意改变自己。

（1）加强自身修养，用心控制自己，尽量避免与人争吵、打架。

（2）少看或不看暴力或武打影视片。调查表明，孩子看了暴力或武打影片后，攻击性增强，打架次数增多。

（3）学习社交技巧和解决冲突的办法。采用友好和善、谦虚礼让的态度，而不是感情用事或以不正确的敌对态度去解决争端。

（4）寻找适宜的发泄怒气的渠道。如多参加游戏可以为自己提供发泄攻击性冲动的渠道；在玩闹中，可以满足某些现实生活中难以满足的愿望或冲动。

（5）培养利他主义精神，学会与他人和睦相处，友好亲善。

28. 疑心重，心情压抑，怎么办?

从心理学角度来看，猜疑是一种脱离事实的主观现象，是一种消极的自我暗示。突出的表现是先在主观上假定某一看法，然后把许多毫无联系的现象都通过所谓的“合理想象”拉扯在一起，来证明自己之看法的正确性。

针对猜疑产生的原因，可采取以下几种方法来纠正疑心重的性格弱点。

（1）培养心胸豁达的品质。猜疑心重的人多半是心胸狭窄、气量小、特别敏感、容易接受暗示。因此，加强自身修养，与人为善，逐渐消除过于敏感、斤斤计较的不健康的心态，就不难克服消极的心理暗示，达到“心底无私天地宽”的思想境界。

（2）认真查找误会产生的原因。如果发现是由于误会或者是他人故意搬弄是非造成的猜疑，就应该开诚布公地与对方交谈，消除误解。

（3）缩小自我。猜疑心重的人，大多以自我为中心，苛求他人。同学对自己讲话的态度冷淡了，班级的文体活动没有主动让你参加了，老师课堂不提问你了等，都可能使你产生猜疑心，实属庸人自扰。在人际交往中缩小“自我”，不以自我为中心，对别人计较就会少些，猜疑心也就会慢慢地消失。

（4）丰富自己的见识。古诗说：“曾经沧海难为水，除却巫山不是云。”一个人有丰富的见识，眼界就会开阔，就会有“宰相肚里能撑船”的气度。青少年可以经常读些心理卫生等方面的书籍，用知识丰富自己的头脑，不断矫正自己疑心重的不良性格。

29. 总是迷恋电视，怎么办?

一小学生说：“我特别爱看电视，放学后在电视机前一坐就是半天，两只眼睛只盯着电视屏幕，对其他什么都不感兴趣，父母都不高兴，可我摆脱不了，怎么办?”

这种现象属于“电视孤独症”，若持续下去对你的成长十分不利。应注意以下方面：

（1）严格控制看电视的时间，每天看电视的时间最好不要超过 1 小时，最好是在晚上 6 点到 7 点。

（2）选择适合青少年看的电视节目，其内容和自己的年龄相适应。

（3）看完电视后，可以向家里人做些适当的复述，这样既可尽快从电视中摆脱出来，又可培养自己分析问题、表达思想、判断是非及增强记忆等能力。

（4）增强自己的自控能力，安排好作息时间，以免时间久了，既影响身体健康，又影响学习和正常交往。

30. 总爱去老师那里告状，同学很反感，怎么办?

在幼儿园或小学里，常常有许多孩子爱去老师那里告状。告状的内容一般有两个方面：一是寻求大人的保护；二是通过“检举”他人，希望老师对自己的是非判断作出肯定。作为中学生或高中生那就不同了，往往不能排除有目的的故意行为。如果你的“告状”使同学反感，那就要认真考虑其中的原因，从而寻求解决的办法了。

（1）如果你是以积极、慎重的态度向老师反映情况，以求得问题的解决，这是应该提倡的，因为老师需要从同学中了解情况，及时发现问题，解决问题，以防止一些意外的事情发生。同学有反感，可以争取老师的支持，协助老师把问题解决好，从而强化自己发现问题、分析问题、解决问题的能力。

（2）如果是恶意伤害别人或讨好老师，去老师那里“打小报告”，那就是极不道德的了，如果发展下去，会导致你日后形成人格和心理上的畸形。你若存在这类性质的“告状”，一定要注意及时改正自己，采取妥善有效的办法，纠正这种不好的苗头。你应该有内疚感，主动向人家道歉。一个善良的、有同情心的人，岂能在造成别人痛苦后仍心安理得？内疚感和真诚的道歉正是良知的体现，只有化解矛盾，才能使双方的身心都能健康发展。

31. 不愿意午睡，怎么办?

有些住校同学不愿意午睡，老师让他睡觉，他说睡不着，也不让其他同学睡好。在夏季，如果不午睡，对下午的学习很不利。

不愿意午睡原因很多，主要是没有形成习惯，不能自我控制。那么应该怎么办呢?

正确的做法是：

（1）创设午睡环境。室内尽可能宁静，光线要暗一些，使自己保持一种平稳的心理。

（2）午睡前不能做一些娱乐性较强和比较剧烈的活动，以免引起兴奋不愿入睡。

（3）午饭切忌吃得过饱、过多，否则胃内不舒服，难以入睡。

（4）保持良好的平静的心态，要有耐心去适应。

32. 总爱搞小破坏，怎么办?

有些同学好动，淘气，平时对自己身边的物品总是有意或无意地进行破坏。比如拆坏玩具，撕坏书本，打碎家里的生活用具，或在墙上到处乱画，有时甚至损坏公物等。这种破坏性行为形成的原因是：

一是好奇心的驱使。这种现象在男孩子身上体现得比较多。

二是由于自身的表现欲比较强烈。存在这种心理现象的孩子大多数都有较强的自尊心和荣誉感。

三是纯属不小心，但也可能造成不小的损失。

产生了这种破坏行为应该怎么办呢?

（1）要尽量满足自己的求知欲和好奇心。了解一些感兴趣的知识，从而真正知道其中的奥秘。多订一些有关科普知识方面的书籍，认真阅读学习，破坏行为就会变成有计划的求知行为。

（2）应该有强烈的自尊心和荣誉感。不仅爱惜自己的物品，而且要爱护别人的或公共的财物，从而养成良好的行为习惯。

（3）对于自己一时的疏忽和不小心造成的损失，自己能够认识到，并从中引以为戒，不犯类似的错误。对损坏别人或公家的东西要及时按价赔偿，从而矫正爱搞小破坏的不良行为习惯。

33. 产生不道德心理时，怎么办?

生活中我们会经常听到“道德”一词，如“某某同学道德品质高尚，我们应该向他学习”、“这个人真不讲道德”等，那么，究竟什么是道德呢? 道德是用来调整人与人关系的行为规范和准则的总和，简单地说，就是规则。它规定人们应该做什么，不应该做什么。做了该做的就是讲道德，否则就是不讲道德。

如果有人认为规则的存在束缚了个人自由而对此有所反感的话，我们可以作一个假设：市场上取消商品交换规则，人们对自己所需的商品任意“取用”；街道上，取消交通规则，各种车辆任意行驶；社会上，取消法律，人们可以为所欲为……那么，这将是一个怎样的世界? 人们怎么共同生活? 因此，规则的存在是必要的，它不是用来束缚人的，而是为大多数人的利益服务的。为了人们能在社会上和谐相处，共同生活，我们应该自觉遵守各种规则。

明确了什么是道德，道德存在的必要性是什么，如果你还会经常产生不道德的想法，可采用“厌恶疗法”。每当你产生不道德想法时，就立即对自己说：这是不道德的，会遭人反感，受人谴责，令人厌恶，必须放弃这种想法。这样反复在心里默念两遍，同时设想这种想法一付诸行动便可造成不良后果，促使自己厌恶这种想法，从而将其忘掉。

当然，要从根本上避免这种“不道德心理”，就要努力提高自身的道德修养，道德高尚的人，当然不会有不道德的想法。

第四部　交往心理

1. 和同学开玩笑时，对方恼怒了，怎么办？

开玩笑在生活中是常有的事。亲朋好友只要觉得不见外，都可以逗逗趣，说个笑话的。但开玩笑一定要注意时间、地点、场合和对象，还要掌握好尺度。否则不分场合，或是话说过了头，或无意中触到别人的隐私或生理缺陷等，使人发了火，就会出现尴尬的场面，这时该怎么办呢？

（1）及时向对方道歉。无论你是有意还是无意，都要意识到这的确是自己造成的，一定要诚恳地认错，这样朋友才会在心里真正地原谅你，眼前的不愉快也会很快烟消云散。

（2）以后要引以为戒，不能得意忘形，或是心血来潮时，便无所顾忌，信口开河，全然不顾后果，要有调控自己的能力。

2. 发现有人在背后说自己的坏话，怎么办？

在背后议论别人，说人坏话，是一种不良习惯，对人对己都没有好处。

当你发现有人在背后议论自己并说一些坏话时，你要努力控制住自己。生气、愤怒、害怕、躲避，乃至争吵、对质等，都无济于事，都不利于问题的解决。你可以采取以下方法：

（1）自己要有"有则改之，无则加勉"的气量，如果别人说的的确是自己的弱点，就要听进去，好好反思一下，并努力加以改正。

（2）要有"不做亏心事，不怕鬼叫门"的坦然心态，对于那些无中生有的议论，大可不必为之生气，也不必急切地申明、对质。有时候，沉默是最好的态度。只管走自己的路，不用去理睬那些"闲言碎语"。这样，背后议论者自讨没趣，自然也就住了嘴。

发现别人议论自己，一时想不通，思想上产生压力，这很正常，不足为奇。不过，这种状态不要持续太长时间，否则不仅会影响你的学习，而且会影响你的身体健康，要及时地变压力为动力，通过反省，作出正确的判断、选择。这样才能有利于问题的解决，才能保持良好的同学关系。

3. 当同学屡次借钱总也不还时，怎么办?

王小刚是一名初中生，他向老师倾诉了一件烦心事：“同学张强经常向我借钱，可是借了却不还，向他要，他总是以种种借口拖延。为此我很烦恼，不知该怎么办。”

应该断定张强频繁向同学借钱且不能按时偿还，是一种不良行为，对这样的同学应该避而远之。

一时身边没带钱，因为要办非办不可的事，向同学借钱，这是情有可原的事。可是经常借钱，并且不还，这就是一个人的品德问题了。如果借钱数额较大，可以向老师和他的家长说明，求得他们的帮助；如果数额不大，就权当花钱买了个教训。通过这件事，你了解了他，以后不要与他过多交往，更不要借钱给他。这就是所谓的“吃一堑，长一智”。

4. 朋友欠我钱，却始终不还，怎么办?

朋友、同学之间互相借钱借物，应一时之急，这完全是正当的。但有时遇到同学借了你的钱不还，不要吧，不甘心；要吧，又难以启齿，确实是一件麻烦事，那么这时该怎么办呢?

先分析一下对方不还的原因。原因无非有这么三种：一是确实忘了，这时你应主动提醒他，他不但不会责怪你，反而还会感到很歉意。

二是近来经济紧张，的确偿还不上，而他也为此着急，没能实现诺言，他也感觉很窘，没有勇气主动和你谈。你不妨在适当的时机委婉地提醒他，这时，他可能会把实情告诉你。了解了实际情况，你的心里也就有了底。

三是对方可能爱贪小便宜，假装无事，得过且过。对于这种人，姑息迁就不得，你应该理直气壮地向他讨还，如数要回你的钱。

此外，要注意的是，无论你用哪种方法讨回你的钱，都不宜太张扬了，否则会引起别人对你的误解，从而造成朋友之间的感情破裂。所以，在向对方讨钱时，要用客气的语言、平稳的情感、真诚的态度去点拨对方，并且注意从对方的表现中判断他属于哪种情况，再作适当的决定，达到预期的目的。

5. 与同学发生争执后，该怎么办?

同学们在一起共同生活和学习难免出现矛盾，特别是中学生自控能力差，容易冲动，发生争执是在所难免的。但是，应该认识到争吵并不利于矛盾的解决，相反争吵中控制不住自己的愤怒情绪，出口伤人会伤害同学之间的友谊和团结，造成不必要的心理负担。那么怎样解决这一问题呢?

（1）主动让步。争执发生时即便是自己有理也要主动让步，这是一个人自我控制能力强、自身修养良好的一个表现。自尊心是人人都有的，特别是众人面前人们更要面子。当你主动让给对方一个台阶下，并给予必要的尊重时，对方也会作出相应的反应。这样就可以避免矛盾激化，从而结束争吵。

（2）听人劝解。常言道："当局者迷，旁观者清。"当争执发生时双方针锋相对很难转移自己的注意力，这时其他同学的劝解能起到很好的缓冲作用，能提醒自己冷静客观地处理问题，调整自己的情绪，为双方下一步的和解做准备。

（3）真诚和好。当冲突发生时双方都认为自己是正确的，得理不让人，时过境迁冷静下来认真地思考一下，就会觉得自己太鲁莽，后悔自己的所作所为。同学之间没有解决不了的矛盾，当事人要多作自我批评，真心诚意地与对方交换意见，消除隔膜，不要给人一种应付了事、走过场、毫无和解诚意的感觉。学会理智地驾驭情感，注重自我修养，养成良好的处事习惯，才能处理好与同学的关系。

6. 有的同学周围有那么多好朋友，而我却很少，该怎么办?

在班级中有两种人际关系。一种是组织关系，即班集体组织和团队组织。另一种是横向的同学自由组成的人际关系，主要靠个人的威望、互相的需要、共同的兴趣等来维持。那些身边有一群同学或朋友的人通常有以下几个特点：

（1）有特长。对有特长的人，周围的人会羡慕他、接近他，自愿与他交朋友。

（2）待人真诚，值得别人信任。

此外，他可能具有学习成绩过硬、善于表达、能说会道、脑子灵、思想活等特点。这些特点无论哪一个都会满足某些同学物质上、精神上的某一需要。自然他就会具有越来越强的吸引力。

从以上的分析中，你该知道怎么办了吧?

7. 在班级活动中不能与同学很好地合作，怎么办?

李琳同学学习成绩一直名列前茅，这令她很欣慰。但有一件事一直困扰着她，使她很苦恼，那就是在班级活动中她经常与同学发生矛盾，合作常常是不欢而散。

合作，在当前这个人际交往日益频繁的社会中显得越来越重要，它也是现代人必须具备的一种能力。作为一名中学生，有意识地培养自己的合作精神，完善自我，为走向社会做好充分的准备，实在是一种明智之举。合作能力的养成不是一朝一夕的事，必须经过自己长时间的不懈努力，不断提高自我修养，才能得以实现。

（1）尊重他人。在班级活动中同学之间的尊重与信任是合作的基础。所以，在活动中要主动征询其他同学的意见、想法和愿望，不能把自己凌驾于他人之上，轻视他人，使对方有被动、受支配的感觉。因为没有人愿意被命令行事。在尊重的前提下，同学之间的信任也是至关重要的。只有信任才能把大家的力量拧成一股绳，发挥每个人的聪明才智，使班级的各项活动顺利进行。

（2）宽以待人。在同学之间的合作过程中，应允许他人有不同的意见，特别是反对意见，而不应该是自以为是，独断专行。从同学们的不同意见中可以吸取有益的东西，而且要敢于承担责任，不能成绩属于自己，责任与自己无关，要做到心胸宽广。

（3）与人为善。在同学的交往中要养成和善、友好的交往习惯，不能自视清高，目空一切。既不愿意理解别人，又不愿意被他人理解，独来独往，拒人千里之外，这是一种不良的人际交往习惯。孟子说：“爱人者，人恒爱之。”这是对人际交往的最好诠释。

作为学生终将走上社会，与社会人交往。到时再去学习交往，学习处理与同事的关系，恐怕就很被动了。因此从学校生活开始，注重自我修养，培养合作精神，养成良好的交往习惯，将会终生受益。

8. 想做同学们喜欢的人，该怎么办？

某学生，从小爱淘气，学习成绩也很差，同学们总不喜欢他。想让同学们喜欢他该怎么办？

“同学们总不喜欢我”，这是初中生在同伴关系上的一种错误的自我认识，是自我评价过低的表现。这类同学往往认为别人聚在一起玩是有意疏远他；别人在一起说话是议论他；别人在一起讨论学习问题而不和他讨论或不向他请教是瞧不起他；看到别人放学时一起回家而不和他一起走是有意躲避他，讨厌他……他把种种现象归结为同学们都不喜欢他。

产生这种错误认识的原因在于自己的敏感和多疑，这种敏感和多疑会使你不自觉地把自己放在同学的对立面，自然会给自己带来诸多的烦恼和痛苦。

摆脱这种错误认识，使同学们喜欢和你交往的方法是：

（1）辩证地思考一下，全班同学都喜欢你，可能吗？全班同学都讨厌你，可能吗？

（2）做一次全面调查，结果你会发现，喜欢你的人还是多数，不喜欢你的人其实很少。

（3）如果真的有少数人不喜欢你，你应当查找一下原因，自己身上还有哪些缺点，要逐步改正，使自己尽量完美。

（4）你今后应当主动与同学交往，多为同学做好事，努力为班级争光。更友好更真诚地对待同学，不心存偏见。应当用自己的实际行动证明你的友好、真诚，使同学信赖你、喜欢你，更愿意和你交往。

9. 作为班干部，我特别想在同学中树立威信，该怎么办？

威信是一种客观存在的心理现象，是你的学习和工作在同学心里留下的良好印象的积累。它一旦形成，就具有极大的影响力。那么怎样树立威信呢？

（1）以德立威。这就要求你在工作和学习中加强道德修养，提高自己的思想境界，做到热爱集体，关心同学，以身作则，平等待人。

（2）以智立威。学生的主要任务是学习，因此对你来说好的学习成绩是树立威信的基础。好的学习成绩一定会让同学肃然起敬，羡慕三分，仅凭这一点你便赢得了同学的青睐，自然地你在同学的心目中便占有了一定的位置。

（3）以美立威。在与同学打交道时，要学会礼貌待人，说话要注意分寸、场合，要善解人意，多倾听他人的意见；衣着打扮不要刻意追求什么，但也要讲究仪表美等。

这样大家才会尊敬你，对你产生好感，你也就容易树立起自己的威信了。

10. 男女同学的正常交往得不到家长的理解，怎么办?

随着时代的发展，学生之间建立起了一种开放型的人际关系。他们喜欢和异性交往，借此发展自己的个性，促进自己的学业。这本来无可非议，但却常常被老师以及父母所担心，甚至阻挡。

当然，中学生正是生长发育的高峰阶段，这期间他们身体的急剧变化，势必会引起心理的变化。如果不正确地加以引导，很容易使之产生心理障碍。因此，老师、父母极为关注他们这段时间的言行举止，包括交往在内，这也是在情理之中的。因此，要解决问题，可以从两个角度入手：

（1）从老师、父母的角度，作为长辈，应该了解自己的学生或孩子，要相信他们，要尊重他们的想法，不能用过激的做法来约束孩子，更不能大惊小怪，无事生非。即使发现苗头不对，也要给予充分的理解，因势利导地解决问题，这样孩子的自尊心不会受到伤害，也就乐于接受意见了。

（2）作为学生，作为孩子，也要尊重老师、尊重家长，平时多与他们沟通，有什么想法，直言不讳地讲出来。这样，他们也就不必提心吊胆、胡思乱想了，甚至还会助你一臂之力，帮你解决交往中出现的困难，这样不是更好吗?

一旦与老师、父母的意见有了分歧，也不要固执任性，与之对抗，那样只能把关系弄得更僵，给你增添更大的苦恼。

总之，在与异性交往时，要有分寸，要多与老师、父母沟通，这样他们也就能够理解你了。

11. 我和同学玩，他的家长限制，怎么办?

有的同学说，因为自己学习不好，同学的家长不让他的孩子和自己玩，自己很苦恼，怎么办?

对同学家长的这一做法，应该正确理解，正确对待。家长之所以这样做完全是出于对孩子的爱，也可以说“爱之深，望之切”。家长对自己的孩子都抱有很大希望，盼望孩子学有所成，将来有出息，生怕荒废了学业，将来没有出路。“近朱者赤，近墨者黑”，家长怕你们在一起只顾贪玩，影响学习，再则怕跟你受影响，因为你学习成绩不好。要想让家长同意你们在一起，那么你们就要对玩的内容有所选择。假如你们一味地迷恋网络游戏或是从事其他不适合你们的活动，那么家长管得对，制止得有理，应该听家长的劝告。如果你们在一起谈的、玩的都有利于学习、健康、进步，那么同学的家长从中作梗，就是他的不对了。你可以在合适的时候向他说明这一点，我想如果是通情达理的家长，他会慢慢地改变以往的态度的。同时，你也要更加努力地学习，把成绩赶上去。做到了这些，任何一个学生的家长都不会限制你与他的孩子在一起，你说对吗？

12. 我总想找同学玩，不愿意和父母在一起，父母不高兴，怎么办？

一中学生问道："我特别喜欢和同学在一起玩，越来越不愿和父母在一起，常常惹得父母不高兴，训斥我越大越不懂事，不知怎么办才好。"

在人的一生中，青春期常被称作"心理古怪期"。这个时期的青少年，驶离了父母为之精心构筑的"避风港"，开始了生命中的独立航程。与此同时也一天天地拉大了与成人之间的距离。一些父母却希望孩子不管多大都能依偎在自己的身旁、停靠在自己温暖的港湾里。因此，形成了孩子与父母之间的矛盾。

那么，作为孩子，在与父母之间缺少共同兴趣和语言的情况下，怎样既能与同学保持交往，又能让父母高兴呢？

（1）要体谅父母，抽出一定的时间陪陪父母。因为，孩子大了以后，父母自然形成一种寂寞、孤独、怀旧等情感，需要子女的相伴和倾心相谈。尽管两代人存在一定的代沟，但作为晚辈应该利用一定的时间，寻找一定的话题和父母在一起交谈，可以问问自己想知道的过去的事情，谈谈自己在学校遇到的新鲜事，汇报和请教一下学习方面的事情等，尽量使父母高兴。

（2）要利用学习的闲暇时间，帮助父母做些力所能及的家务活，为父母分担一定的生活负担，减少父母的生活压力。

（3）要尊重父母的意见，不要伤他们的心。如果有时间了，想去和同学玩玩，一定要征得父母的同意，在父母允许的情况下出去玩，并且时间不要过长。

如果能做到这几点，父母是会满足你的实际需要，乐意你与同学进行正常交往的。

13. 常为一些小事跟父母吵架，怎么办？

"我很爱自己的父母，却又常为一些小事跟父母吵架，控制不住自己，怎么办？"

同学之间交谈，常有人问起这个话题。你的烦恼并非自己独有，拥有这种烦恼，恰说明你又在理解父母的道路上前进了一步。

处于青少年时期的你，正逐步走向成熟，拥有了自己的是非观念、处事标准，你渴望独立，而父母却时不时地、有意无意地束缚了你，你很恼火，于是便吵了起来，是吗？

俗话说："可怜天下父母心。"其意为父母竭力为子女着想，而子女却不能理解，不领其情。当你与父母发生矛盾时，你不妨向自己提出这样两个问题：自己的想法真的就对吗？父母的想法真的就不合情理吗？

思考这样的问题，会帮你克服急躁情绪，冷静下来。多听听他们的经验之谈，会使我们在成熟的过程中少走许多弯路，少付出许多代价。如果父母的意见真的就“不合情理”，那你不妨保留意见，然后默默地用行动证明自己。

其实父母也真的不容易，他们每天奔波于家庭、工作岗位和社会之间，如果我们能多为他们分担一点忧愁，少添一点烦恼，那父母该有多么开心！

14. 什么都得依赖父母，怎么办?

某中学生提出：“父母对我照顾太周到了，我觉得自己什么也不行，该怎么办?”

在家有好父母乃人生第一大快事，这竟然也能使年幼的中学生产生烦恼，乍一听使他们令人感到匪夷所思，仔细想来也很正常。

中学生已开始迈向成熟，产生了较强的参与意识和独立的欲望，然而父母过于周到的照顾，恰恰剥夺了中学生独立自主的机会，也使他们失去了锻炼的机会，长此以往，中学生便会觉得自己能力不强，产生依赖心理。然而随着年龄的增大，独立意识的增强，便又产生了烦恼。

自己什么也不行，这只是中学生的心理错觉。长期以来习惯于父母的照顾，你没有积极参与一些活动，又怎能断定自己不如别人？勇敢地去尝试吧，试着去做那些自己想做而又应该自己去做的事情。尝试虽然有失败的可能，但毕竟有成功的希望，如果不去尝试，那永远没有成功的可能。有过几次成功的尝试之后，父母会开心地对你说：孩子你长大了。

15. 不同意父母“关起门来读书”的观点，怎么办?

有些父母认为，将来的社会是知识化的社会，要想孩子在未来的社会上立得住脚就必须得有知识。而这些知识从哪里来呢？唯一的来源是课本。所以只要求孩子看书学习，不让孩子接触社会，甚至连看电视的时间也取消了。

这是一种错误的家庭教育方式。父母爱子心切，作为子女应该理解。但是，教科书虽然是孩子获取知识的一个重要途径，但课本里的知识仅仅是人类活动所需知识的一部分，而大量的知识是通过社会实践，从社会上获得的。所以，家长不让孩子接触社会，这实际上就是在阻碍孩子从社会上获得丰富的知识，这样做是十分有害的。而现实生活中有相当数量的家长还没有认识到这一点，还自诩对孩子管教得严格。要劝告采取这样不正确的教育方式的家长，一定要提高自身素质，从不良家庭教育的误区中走出来，为孩子创造机会，多接触社会，认识社会，在社会实践中获取知识，发展能力。闻一多先生曾对自己的子女们说过：“对功课太认真了是不好的，因为知识不全在课本里。”

作为子女不能对父母不正确的观点采取消极态度，产生抵触心理，而应该常与父母沟通，交换看法，共同讨论，达成共识。要相信父母是通情达理的，对于自己的正当、合理的要求是能够满足的。

16. 家长经常挖苦贬低自己，怎么办?

当前，对孩子期望过高是发生在独生子女父母身上的普遍现象。父母一旦对孩子期望过高，往往会不顾孩子的自身愿望和能力，一味地把自己的意愿强加于孩子。他们常常是“恨铁不成钢”，对孩子的不足采取讽刺、挖苦、贬低的方法，使孩子的自尊心受到伤害，是对孩子的一种精神虐待。

心理学家指出：“精神上受虐待的孩子，在成长过程中所遭受的心理伤害，可能比肉体上受虐待的孩子更大。”孩子年龄虽小，但也是有感情、有意识的生命个体，也需要必要的尊重。当孩子学习成绩不理想时，父母不能用“你真笨，简直是猪脑，将来只能去拾垃圾”这样的话来讽刺、挖苦、贬低孩子。这样做不仅不能产生良好的教育效果，反而会严重地损伤孩子的自尊心，使其产生自卑感，自暴自弃。在这种情况下，你要说服自己的父母，告诉他们，父母“望子成龙，望女成凤”的心情是可以理解的，但一定要运用正确的教育方法。在教育孩子的过程中要以鼓励为主。当孩子取得成绩时应该鼓励，出现错误时要帮助他们找出问题所在，采取正确的解决方法，鼓励孩子改正错误，战胜困难，给孩子创造一个宽松、温馨、和谐的生长环境，增强孩子对父母的信任感。

17. 放学后，父母让写完作业再玩，我不愿意，怎么办?

王宇同学希望每天下午放学回家后不是马上就做作业，而是等自己玩完了再做作业。但是，父母严格要求他必须在完成家庭作业后才能自由支配时间，对这一要求他很苦恼。

父母要求做完作业后才能玩的做法是对的。因为一方面放学后就完成作业可以对所学的新知识及时地复习、巩固，这是一个正确的学习方法。另一方面，完成作业后再玩，心理上有一种轻松感，玩起来会更投入，更愉快。这有利于心身健康发展。同时，父母对孩子的这种积极的学习态度也会大加赞扬，使相互关系更为融洽。

有人说“当积极的学习态度与科学的学习方法形成习惯后，不仅对人的学习，甚至对人的一生都会产生不可估量的作用”。所以以后完成作业后再玩，你将获益匪浅。

18. 妈妈爱唠叨，使人烦躁，怎么办?

王月很爱自己的妈妈，妈妈对王月更是关心备至。但是，有一件事让王月十分烦恼，那就是妈妈因一点小事总是唠叨个没完没了，吵得全家人不得安宁。

唠叨，就是翻来覆去、没完没了地重复同样的话，这是一种不良的行为习惯，属于家庭常见病，而且多出现在母亲身上。对于这种情况，首先要给予必要的理解。妈妈虽然爱唠叨，但动机是好的。她也许是关心过了头，时刻提醒孩子注意这，留意那，唯恐出现差错。当孩子出现错误时，又担心批评教育引不起足够的重视，不厌其烦地一遍又一遍地重复。其次，你可以及时而耐心地提醒母亲，让她意识到唠叨是家庭的噪声污染。家庭成员长期在噪声中生活，身心健康一定会受到损害。据心理学家研究表明："一个人说话的影响力，一般不在于说话的数量，而在于说话的重量。"所以，要相信科学，不要好心办错事，提醒母亲要认真地改正自己的不良习惯，创造一个和谐、安逸的家庭环境。使每个家庭成员都能乐得其所，在家庭中得到充分的休息，以便更好地学习和工作。

19. 爸爸不在家时，妈妈就拿我出气，这时该怎么办?

王丽是个很懂事的女孩。她向老师述说了这样一件令她烦恼的事：爸爸经常外出不在家，每当这时，妈妈就情绪不好，而且还拿她出气，她不知怎么办才好。

爸爸不在家，妈妈就因此生气，这种心态很不好；把气撒在孩子身上，这更是一种很不恰当的做法。作为子女，有责任帮助母亲调整这种心态，改正这种做法。

（1）如果父亲不是因公，不是非外出不可，应该劝他，让他尽量多陪陪母亲。子女应该成为父母之间的桥梁和纽带。

（2）当父亲不在家时，子女要从生活、感情上多照顾、体贴母亲，力所能及地帮助她做些家务，减轻母亲的家务负担。要比平常更听话、懂事，而且还要抽出时间多陪母亲聊聊天，陪她散步、看电视，减轻因父亲不在家而带来的孤独。而且还要悄悄地告诉母亲：这是父亲让我这样做的（其实是自己要这样做的）。这样母亲就会认为：虽然爱人没在家，但他是惦记自己的，为此，她会感到欣慰。

（3）子女还应该以"一个成功男人的背后，都有一个贤惠女人"这样的话劝说母亲，让她为爱人的事业做点牺牲，支持爱人的工作。

20. 妈妈有时不讲理，又不能与之争辩，怎么办?

初一学生小亮说："在家里，妈妈对他蛮不讲理，从来不让他申辩，总是她说什么就是什么，让孩子对她唯命是从。遇到这种情况怎么办?"

对大人的话，包括家长，敢于怀疑，不唯命是从，有自己的看法，这表明你已有了自己的主见，正在走向成熟。遇到家长对孩子不讲理时，绝不能针锋相对地与家长辩论，这样不但不能解决问题，相反会激化矛盾。正确的处理方法是：

（1）待家长消气后，心平气和时，与家长慢慢讲道理，要动之以情，晓之以理，让家长回味一下，他们当孩子时是怎样看待父母的，希望父母是什么样的人，这样会触动父母的感情，从而达到改变他们蛮横做法的目的。

（2）当父母一旦遇到别人不讲理，而且很生气时，你要先关心他们，并抓住这个难得的机会让他们领会、理解因家长不讲理而给孩子带来的烦恼。

（3）如果你觉得跟父母的感情很难沟通，你可以给父母写封信，以情感人，述说自己因父母不讲道理而产生的苦恼，让他们认识到你已经长大了、成熟了，不要再把你当孩子看待了。

21. 有些事和话不想对爸爸说，可他总是问个不停，怎么办?

李静是初中学生，她向老师述说了这样一件令她烦恼的事：“我已是初三的学生了，我心中的秘密不愿意告诉父母，可父亲追问个不停，真令我心烦。”

初中生随着身体和心理的发育，一种从未有过的体验——成人感越发强烈。随之而来的就是：你觉得自己不需要父母处处呵护和照顾，你想拥有一片属于自己的天空，心中藏起了小秘密。但是你应该对自己的成熟感有个正确的认识。如果你认为：我已经长大了，不再需要父母的呵护和照顾了，那这种想法是错误的，你的成熟是畸形发展的成熟。

首先要认识到，父母的追问是对你的关心，最了解、最关心你的莫过于你的父母，对他们不应有任何隐瞒。

其次，不妨做一点主动的尝试，以缩短与父母间的距离，加强与父母的沟通。尝试一下把你的秘密告诉他们一两个，然后看会有什么结果。他们的意见会给你有益的启示，因为他们的阅历毕竟比你丰富。

22. 父母打架，两人都把气撒在我身上，怎么办?

“我家父母经常吵架，他们一吵架，妈妈就说：‘都是为了你，不然我早就跟你爸离婚了。’爸爸也这样，把气撒在我身上，好像我是他们吵架的祸根。为此我非常生气，仿佛我是这个家中多余的人，如果没有我，可能一切都会烟消云散。有时还会产生要离家出走的想法。”

父母吵架是每个家庭都时常发生的事。既然是由于你的存在，他们才没离婚，你就要认识到你在这个家庭中的重要地位——是父母之间的纽带，是父母希望的寄托。既然你在这个家庭中如此重要，你怎么能出走呢？目前你要做好这样三件事：

（1）安心学习，以加倍的努力取得优异的成绩。只有掌握知识，拥有一技之长，才能增强独立的能力。

（2）不要小孩脾气，你要比平时更乖、更懂事，不给父母添乱，主动承担一些家务，减轻父母的负担，以减少他们发生争吵的机会。

（3）观察、寻找他们吵架的原因，然后分别给父母写一封信，表达你对他们吵架的看法，真诚地希望他们重归于好，避免家庭不幸。

23. 与母亲难以相处，怎么办?

芳芳同学自从上高中以来不知为什么越来越与母亲合不来。记得从前自己总愿意和妈妈待在一起，彼此有说不完的话，可现在对妈妈的一些要求、做法难以接受，对妈妈过多干涉自己的事情感到不满，特别是事无巨细一唠叨起来就没有休止，有时实在难以忍受就跟妈妈顶撞、吵嘴，妈妈说她变了，芳芳自己也觉得变了。可究竟是为什么呢？

芳芳和妈妈之间的矛盾就是人们常说的“代沟”。“代沟”是客观存在的，无论是以前还是未来，这种社会现象会始终存在的。尤其在青少年子女中表现得更为突出。那么，怎样才能避免或消除这种不利于青少年成长的“代沟”现象呢？

（1）父母要做子女的知心朋友。随着年龄的增长，进入青春期的子女独立意识不断加强，对以前父母的“你教我听”的家长式做法，不再是简单的服从。他们有自己的观点和看法。因此，父母必须自觉地放下家长权威的架子，学会同子女交朋友，平等地同孩子谈心，善于聆听孩子的倾诉，了解孩子的喜怒哀乐，帮助他们排忧解难，使家庭内父母与子女之间形成民主、平等的气氛和新型的亲子关系。同时对子女的教育要讲究方法，态度要温和。处于青春期的孩子，他们的自尊心很强，希望得到父母的尊重和理解。所以，父母不能用简单粗暴的教育方式，这样只能伤害孩子的自尊心，使他们产生不信任、不合作的逆反心理，达不到预期的教育效果。正确的教育方式应该是循循善诱，以理服人，这对一颗年轻的心灵是极大的抚爱，可以增加他们的信任感，减少他们的抵触情绪，这样他们对父母的劝告和限制才容易接受。

（2）作为子女要理解父母。父母与你之间毕竟是两代人，彼此的生长环境、价值观念、适应环境变化的能力、个体发展过程等方面都存在着差异，这种差异是客观存在的。所以没有必要去怨天尤人，抱怨自己的父母不理解，不支持。你不妨做一次换位思考，站在父母的立场看问题，就会理解父母的良苦用心。“可怜天下父母心”，谁的父母不是时时刻刻为子女着想？特别是中国的父母们更是如此。每一次劝告、每一次唠叨的背后都是父母对子女的执著的爱。因此，作为子女要对父母的一些做法给予充分的理解，要求大同存小异。另外要多与父母沟通，交换看法，相信他们是明事理的，对自己的一些合理的、正确的要求是可以满足的。一定不要用顶嘴、吵架、出走等消极方式解决矛盾，那样做是不明智的愚蠢之举，是极端有害的。

24. 遇到偏心的老师，怎么办?

“老师，您不该偏心。学习不好的同学犯点小错误，您就叫到办公室狠批一通，生怕别人不知道；学习好的同学，犯了错误也不批评，错了也不算错。老师，我们都是人，希望您能公平地对待我们……”

这是一个同学发自肺腑的一段话。“偏心”仿佛成了许多老师的通病，殊不知，同学们背地里常常为此而抱怨，而老师们却习以为常，浑然不知。

“偏心”是老师工作中出现的一种心理偏差，主要表现为偏爱学习好的同学，怠慢学习差的同学。这在很大程度上与当前的应试教育有关。应试教育片面追求升学率，而不是面向全体学生。社会衡量学校唯升学率，学校衡量老师唯升学率，如此，老师们怎能不偏心于学习好的学生？这种应试教育在科技和竞争迅猛发展的今天，已不适应社会发展的需要，必须向全面培养学生素质的素质教育转变。

作为学生，我们首先要理解老师曾经存在的失误，积极帮助老师纠正这种偏差，比如跟老师真诚地谈谈心，相信老师一定会诚恳接受的。

同时你必须严格要求自己，积极进行自我教育，促使自己在德、智、体、美、劳几方面都得到发展，即使你不能一下子达到出类拔萃，但你在不懈地为此努力，你就不失为一个有理想、有志气的好学生。如果你能做到这些，试想老师们还能“偏心”吗？

25. 有的老师上课板书不清楚，授课中说脏话，我有意见，应该怎么办？

在校学习，遇到一个不好的老师，的确很让人烦心。不过任何事情都是有原因的。有的老师的板书不清楚，是他不想好好写还是想写好却又写不好？老师说脏话，是经常性的还是偶尔某一天因心情不顺而没有管住自己？这需要进行具体分析。如果属前一种情况，那需向班主任或有关领导反映，如果属后一种情况，作为学生，不妨试试下面的办法。

我们应该相信，人都是有自尊心和进取心的，只是程度不同而已，你们的老师决不会例外。你可以利用某个节日，给老师送上一份贺卡，外带一本习字帖，赠上一句留言：“老师，愿您的字越写越好！”你也可以在老师发脾气之后，找个适当的机会，送上一封短信：“老师，您今天的心情不好，能告诉我是什么原因吗？让我一起分担您的痛苦好吗？我多么希望您能跟我们一起快乐地度过每一天……”

人非草木，孰能无情？相信你的老师会感动的。

26. 与老师发生误会了，怎么办？

生活并不总是平静的湖面，醉人的春天，它有时也会扬起阵阵迷眼的沙尘。学生与老师之间也难免发生误会。如果处理不好，会使学生陷入深深的苦恼之中。其实，师生之间不会有什么原则性的冲突，但是，由于师生双方所处的位置不一样，看问题的角度也不完全相同，所以产生误解在所难免。那么，应该怎么办呢？

（1）要尊重老师、信任老师。老师为了下一代人的健康成长，不辞辛劳，呕心沥血，我们应当感激他们，尊重他们。当我们的意见和老师不同时，要冷静地考虑一下老师的意见是不是有道理，切莫固执己见。即使真的是老师的意见不够完善，我们也要从积极的角度去理解，不要误解了老师的好心。

（2）要采取与人为善的态度。不要与老师闹了误会后，就采取不友好、不合作的做法。要记住，即使道理在自己这一边，我们也要从大局出发，维护老师的威信，妥善地解决好存在的问题。

27. 作为一个班干部，我总是不能让老师满意，怎么办？

楠楠同学说："我是一个班干部，老师交给我的任务我都尽心尽力去做了，可总是做得不完美，使老师不高兴。我也感到很烦恼，很想改变自己，我该怎么办？"

想改变自己的这种状况，最有效的办法就是改变自己的心态。中学生自我意识增强了，自尊心也很强，特别在意别人对自己的评价，今天有人表扬了自己，会一整天都开开心心，明天有人说了一句对自己不好的话，又可能一天都心情不痛快，这都是中学生们常有的事。

做事情力求完美，精益求精，严格要求自己，这并没什么不好，但世间并无十全十美，所谓"美玉无瑕"，只是人们的美好愿望而已。倘若不考虑自身的能力，盲目地苛求完美，那岂不是自寻烦恼？

作为班干部，你已经尽心尽力，尽职尽责，可谓问心无愧，相信你的老师不会再对你吹毛求疵。至于"老师不高兴"，这只是你自己的感觉，或许老师根本没有不高兴，只是没有表扬你罢了。不必过于在意别人的评价，不要总是期待别人的赞许。要善于对自己说"我是为自己而活着，我的价值并不依赖于别人的评价而存在"。

28. 受到老师惩罚后，总想向老师解释，老师又不听，怎么办？

这位同学的问题使我想起一个故事。一个孩子和爸爸一起走在河边，孩子不小心摔了一跤，站起来后天真地问爸爸："我什么时候能长大呀？"爸爸拾起一块石头，放在孩子的小手里，说："你一次次地跌倒，一次次地爬起来，到这块石头的棱角磨光的时候，你就长大了。"

人在旅途，哪能一帆风顺？从小学走路，哪有不摔跤的？学生时代人尚不成熟，偶有失误，挨批挨罚岂不正常？你也许感到很委屈，所以总想找老师解释，希望能通过解释重新唤起老师的好感，是吗？其实真的不必。只要你能认识到自己的不足，默默用行动证实自己就可以了，错已错过，也受过批评了，何必要更多的解释呢？跌倒了爬起来，继续前行，如果因一块石头绊住了脚，徘徊不前，岂不失去了成长的机会？

如果老师的批评惩罚对你是个误会，那么你必须礼貌地向老师澄清事实。如果老师没有耐心或没有时间听你诉说，你可以通过别的老师或同学侧面告诉老师，或者干脆给老师写封信，老师有时间时自然会看的。

29. 课堂上总想和老师作对，故意捣乱，明知不对又改不了，怎么办？

成长中的中学生，随着知识能力的不断提高和生理、心理机能的逐渐发展，成人感越来越强烈，自尊、独立参与意识也日益增强。但由于种种原因，常常在学校、社会和家庭中不被人理解、尊重和信任。如果这时头脑不冷静，不能理智地看待问题，就会产生感情失控、心理失衡的现象，就出现了逆反心理。例如，你在课堂上总想找碴儿和老师作对，故意捣乱等。

在通常情况下，逆反心理大多是消极的，有害的。它不利于中学生的身心健康，应力求避免和克服。

出现这种情况，一要注意控制感情，努力使自己头脑冷静下来。二要向自己尊敬和信赖的老师、父母、亲朋倾吐自己的心事，从中得到启迪。三要与同学友好相处，把充沛的精力投入到学习中去。四要平时注意培养自己的自控能力，善于把握自己的情绪，正确而及时地调整自己的心理状态。

30. 对某位老师既讨厌又害怕，怎么办?

某个学生，喜欢物理课，但就是不喜欢物理老师。因为物理老师总“挑”他的毛病，还当众让他出过丑。对物理老师既讨厌又害怕，怎么办?

该生存在着认识障碍和情感障碍，心存偏见，表现出复杂的矛盾心理。喜欢上物理课对物理老师却既讨厌又害怕，认为老师批评他是有意与他过不去，对老师产生歪曲的认识，这是极端有害的，应予以矫正。方法是：

（1）正确看待物理老师的批评。老师批评自己，一定是自己有哪一些方面做得不够，没有达到老师的要求。老师的批评是善意的，是一位老师对学生的极端负责，是具有高尚师德的表现，应予以正确理解。不要认为老师对自己严厉些、批评几句，就是有意挑你的毛病、出你的丑，如果因此而讨厌老师就更不应该了。不负责的老师才不是一位好老师呢!

（2）要抓住自己喜欢物理课这一契机，培养和物理老师的感情。可以找老师谈心，解开疙瘩，使师生关系融洽，不可心存芥蒂。俗话说“爱屋及乌”，如果一味固执，讨厌老师，逐渐地也会讨厌起物理课来的，那才是得不偿失呢!

（3）努力去做好。出色完成老师布置的任务，达到要求，把物理学好。这样物理老师就会对你很满意，你也不会觉得老师“挑你毛病”了。渐渐地，你会尊敬物理老师，这也会有利于你对物理的学习。试试看。

31. 朋友之间关系不能持久，怎么办?

“我和朋友的关系老是时好时坏。好时亲密无间，情投意合；疏远时话不投机，甚至彼此互相躲避，不愿意看对方一眼，遇到这种情况时，心中很不是滋味，我该怎么办?”

生活中，这种现象不乏其例，屡见不鲜。其原因固然很多，有主观的，也有客观的，但有一点值得注意：作为朋友，愿意彼此多接触多沟通，如此，关系会越来越近，感情也越来越融洽。这样，在不知不觉中也会提高对对方的要求，稍有不如意，便会觉得不对心思。同时，因为是朋友，举止言谈可能会更随便些，甚至会不拘小节，无意中伤了对方的自尊，自己还一无所知。久而久之，小的误解可能会成为感情隔阂的导火线。这也就给我们提了醒，在生活中有好朋友是好事，但要倍加珍惜这份友情，要不断地施加养料，使之更加坚固，天长地久。具体的方法是：

（1）对朋友要以诚相待。不能欺骗朋友，他有缺点要及时指出来并帮助他加以改正；他取得了成绩，要真诚地为之祝贺，让对方感受到友谊的温馨。

（2）要宽厚，善解人意。俗话说得好："人无完人，金无足赤。"朋友如果处事不周，你要能够谅解他、理解他。千万不能斤斤计较或是得理不让人，那样只能把事情搞糟。

（3）要加强个人修养，己所不欲，勿施于人。说话办事，要注意场合，分清对象，要注意细节，不能出言不逊。

总之，要和朋友长期友好地相处，愿望不错，但更重要的是要有相应的行动。这方面马克思与恩格斯为我们做出了榜样，这两位伟人的纯真友谊一直为世人所传颂。我们要向他们学习，把友谊建立在一个共同的奋斗目标上，并且齐心努力，共同奋斗。这样朋友之间的友谊也就得到了有力的保障。

32. 对势利眼的人看不惯，怎么办?

势利眼者在现实生活中大有人在。这样的人一般来说急功近利，有用的就友好相待，无用的就冷若冰霜，这是一种极不可取的处世态度。为人应该诚实、正直，如果单单以利取人，可能会使他获得一定的物质利益，但却会失去宝贵的友情。

与这种人相处时，要通过一定的方法对他予以纠正。不可表面上横眉冷对，而要巧妙地纠正他们不正确的处世态度，用自己的诚心去待他们，日久见人心，他们也会喜欢上与诚实的人交朋友。当他们接受你以后，你可委婉地提出一些他需要改进的意见，以自己作为他的一个榜样，纠正他的这种不良的处世态度。从而使自己身边的人际关系更加和谐。

同时在与这种人相处时，要善于发现他们身上的优点和值得自己学习的地方，这对自己的成长是极为有利的，既锻炼了自己待人处世的能力，也使自身的修养得到进一步提高。切不可对他横加指责，那样会使人际关系非常紧张并影响工作及学习。

33. 当别人用脏话侮辱我时，怎么办?

一初中学生讲文明，懂礼貌。她有一件苦恼的事：她的一个同学经常用脏话侮辱她。她不理睬他，他还扬扬自得；想要回敬他几句，却不知说什么好。

语言能反映一个人的修养，听了不文明的话有反感，但不与他一般见识，这正说明你是讲文明、讲礼貌的学生。遇到这类现象，应当这样做：

（1）绝不能有"以其人之道，还治其人之身"的想法。你对说脏话的同学如此厌恶，难道你愿意成为和他一样的人吗?

（2）当同学说脏话侮辱人时，采取不予理睬的态度也是不对的。这样做无异于在助长他的威风，应与之讲道理。此时，正是锻炼你辩论能力的好机会。还可以多找几个同学，群起而攻之，让他在众目睽睽之下，感到难为情。发动全班同学向他施加压力，让他认识到说脏话是可耻的，是所有人都厌恶的。

（3）在他心平气和时，多与之接触，在交往中让他认识到自己的缺点。这种交往反馈，有增强自我认识的作用。

（4）如果面谈觉得不方便，还可以采取写信的方式，论述说脏话的害处。

34. 不会与人沟通，怎么办？

人的交往能力不是与生俱来的，而是在生活中逐渐锻炼而形成的。你可以从以下几个方面着手去实践：

（1）以诚相待。信任是建立友谊的桥梁，只要你付出真诚，友谊就不会拒绝你太久。

（2）尊重、关心他人。要学会尊重他人、关心他人。以自我为中心，我行我素，不关心别人的喜怒哀乐，就难以与人沟通。

（3）正确运用笑的艺术。笑能表达对人真诚、友好、尊重和敬仰的感情，在交往中笑能起到奇妙的作用。“相逢一笑泯恩仇”，笑是一种积极的交际手段。

（4）善于聆听。少说多听，努力做个好听众，了解对方才能找到话题，彼此方能愉快地交流。

（5）充满自信。在人际交流中自信是非常重要的。一个意气风发、信心十足、勇于进取的人，人们是乐意接受他的。

（6）学会赞美他人。马克·吐温说：“只凭一句赞美的话，我就可以活上两个月。”可见人们都希望得到别人赞美，赞美的词语是最容易入耳的话语。

（7）拓宽知识面，有幽默感。一个知识渊博、兴趣广泛、懂得并善于发挥自己幽默感的人是最受欢迎的人。

35. 和同学总是处不好关系，怎么办？

究竟怎样才能与同学处好关系呢？以下几点建议可供参考：

（1）关心别人。友谊不是单方索取。因此，要主动关心别人，特别是在别人需要帮助时给予必要的、热情的帮助。孟子说：“爱人者，人恒爱之。”一旦彼此相互关心，同学关系也就必然密切了。

（2）宽以待人。古语说：“水至清则无鱼，人至察则无徒。”这告诉我们，对待别人不要苛求，要宽以待人，看到别人缺点时，更要看到他的优点，相互欣赏、相互赞美，会把两颗心拉得更近。

（3）主动交往。《诗经·大雅·柳》中有两句诗：“投我以桃，报之以李。”这是人们被动交友心理的体现。别人先投桃，我才会报李，不愿主动与人交往。如果能反其道而行之，主动地与同学交往，那么，对方也一定愿意与你交往，因为在交往中有互报效应。

（4）完善自己。如果你在与同学交往中经常出现问题，你就一定要反省一下自己，是不是自己的性格、习惯方面有不能被接受的地方。如果一旦发现问题是在自己身上就应努力去改正，不断地完善自己，这也是密切同学关系不可缺少的一点。

36. 应聘时要给人一种信任感，应该怎么办？

取得招聘者的信赖是谋职成功的重要优势之一。那么，如何才能让人相信自己呢？

（1）表现自己，但并不是故意推销自己。故意推销会使对方倒胃口，看不起你。正如国外一家杂志的广告经理说："推销是一种你不会在朋友面前那样表现的行动。当你推销一项产品的时候，你要对方买下来，你应使对方把你看成一个诚实、真挚的人。经常地，当你说到'推销'的时候，你跟他们之间，就出现一道无形的鸿沟。你必须使对方相信，你有一种特殊的东西，是他们所需要的。"

（2）自信是可信的依据。一位心理学家说过："你愈练习得好像对自己很有信心，就愈造成一种很行的气氛。你必须感受到很自在。"自信是求职者成功的第一秘诀。一旦具有担任某项职务的能力，你一定要认为你有资格担任那项职务。你的一言一行都要给人以可信的感觉，使对方深信你是可靠的人。

（3）说话内容不要单刀直入。你在与对方谈话时，不要只自己夸夸其谈，要详略得当、恰如其分地配合，以防陷入尴尬的局面。心理学家研究表明，一个人谈话时适当点缀些与自身利益相反的内容，会增加求职者的可信度。

（4）说话时言之有据，必要时提供一些例证。为了增加可信度，事先深思熟虑，做些准备也是必要的。

37. 同学不愿与我交往，怎么办？

某校一初中生说："我非常羡慕别人有那么多好朋友，更羡慕同学们在课余时间一起玩耍，嬉戏。于是课余时间我也愿意凑热闹，想跟他们一起做游戏或聊天，可是同学们看我凑过去，就立即散开，没有一个人愿意理我。我不知是什么原因，心里特别苦恼，有时对同学我还会产生怨恨感。"

同学不愿与你交往，这一定是你身上有着令人难以接受的缺点。你应该冷静地想想，多从自己身上找找原因。

这里向你介绍几种与同伴沟通的技巧，你不妨试试看：

（1）同伴交往以言语手段来体现，所以要注重言语沟通技巧。当众人在一起聊天时，你不要急于插嘴，要注意聆听别人讲话，而且聆听时要注意态度要谦恭、虚心，不能表现出傲慢、不屑一顾的神态。在听话时要不时地用"哦"、"是这样"等话语来表示你在注意倾听，以鼓励对方继续讲下去。这样善于聆听别人的话，将会受到同伴的喜欢。

（2）当你与同伴交往时，如果有了你讲话的机会，你要用心选择话题，巧妙构思对话。要选择大家感兴趣的话题，谈话内容要文明、健康，既要有知识性，又要有趣味性，切忌那些冗长、无味、低级的话题。讲话要尊重对方，不能总是压人三分，更不能盛气凌人。即使是开展批评也不能措辞严厉，而要委婉，可以把称赞摆在前面，要给对方留面子，这样也许同伴逐渐会愿意与你沟通。

38. 同学间不知怎样交往，怎么办?

新时期的中学生一方面交往愿望强烈，另一方面又不知道怎样交往，心中常常矛盾不已。要想学会交往，就必须懂得交往的一些知识。

下面介绍几种人们在长期的交往实践中总结出来的原则和方法，供青少年朋友们参考：

（1）要主动热情。主动，就是你与人相逢见面时，要主动问第一声好，主动打招呼，主动伸出你热情的手。热情，就是说话要客气，态度和蔼、亲切。热情又是一种较强烈而深厚的情感体验，在交往中，热情能使人产生亲密感和友好感，增加交往双方的吸引力。主动热情是一种礼貌，主动热情是一种尊重，尊重又是相互的，如果你尊重别人，同样也会得到别人的尊重。

（2）平等待人。平等是交往的第一原则。平等是尊重交往的对方，尊重对方的人格、感情、习惯、兴趣和爱好。另外，待人要真诚，讲真话，讲实话，办实事；对人要信任，讲信誉，守诺言；关心他人，爱护他人，同情和体贴他人。

（3）慎重择友。“近朱者赤，近墨者黑”，青少年学生必须要慎重选友，择良友而交。

你若注意坚持这样几条原则，相信你会拥有越来越多的知心朋友。

39. 与他人交往总是畏首畏尾，怎么办?

有些孩子不愿主动谈话，总感到自己不行，与他人交往显得非常拘束，甚至不敢抬头，说不出一句话，表现得消极、胆怯。

消极、胆怯是自我评价能力差的表现。一般消极、胆怯的青少年，往往很少得到家长、教师的表扬、鼓励，受到的多是批评、指责和冷淡，使其产生一种惧怕和“我不行”的心理。应该怎么办呢?

（1）多参加对家庭、集体生活中的大事的讨论，即使自己的意见与别人不一致，也应注意倾听。

（2）创设一定的表现自己的机会，注意大胆地通过表现自己而增强自信心和激发积极向上的精神。

（3）坚持多与大多数人接触。长此以往就会改变这种畏首畏尾的现象。

40. 我分不清爱情和友情，怎么办?

一初中女同学来信咨询："我和我班一男生同住一个小区，每天都能看见他，我很喜欢和他说话，也很关心他，他有什么困难我都想尽办法帮助他。有的同学说这就是爱情，可我却感觉这是友情，到底是爱情还是友情我也分不清了，不知怎么办。"

有许多青少年同学有十分相似的地方，即他们在与异性同学正常交往中遭到非议，甚至被自己的父母、亲属所误解，以至于"痛不欲生"，最后自己也搞不清到底是友情还是爱情了。就友情而言，那是一种建立在共同理想、共同事业上的同志或朋友间的深厚感情。在青少年同学之间，无论是同性或异性，由于朝夕相处，朝着一个共同的目标奋进，因此产生或存在着友情，那是完全正常而无可非议的。至于爱情，那就完全是另外一码事了。爱情的产生严格来说是一种本能，但必须受到社会规范的制约。我们说友情是广泛而不排他的，而爱情则恰恰相反，它的显著而突出的排他性区别于前者。这就是说当两性间存在的只是友情时，那么他们彼此都不受约束，并乐于和更多的同性或异性交往。反之，如果两性间出现了爱情，那么任何一方都会对对方的行动或暗中为对方继续与他人交往而苦恼嫉妒。如果弄清这一点，你就会不言自明了。

41. 不知初中生能否结交异性朋友，怎么办?

初一一名女学生说："我上初中后，跟邻居家的一个男孩分到了一个班，于是放学我们时常结伴一起回家。尤其是下了晚自习，天黑后，我就让他等我一会儿，没料到这引起了老师和同学们的非议。班主任找我，说我思想复杂，这么小就想交男朋友，并且命令我不许再和那个男生在一起，家长知道后还打了我。难道初中生就不能结交异性朋友吗?"

异性交往在初中阶段是一个非常敏感的问题。老师、家长、同学都很关注这个问题。主要原因是异性交往很有可能发展成恋爱关系。一旦出现这样的结局，就注定影响学习，甚至是影响将来的前程。那么是不是不能结交异性朋友呢？不是。关键是初中生异性交往要注意遵循以下几个原则：

（1）健康、文明的原则。在同异性同学交往中，说话要文明，举止要大方，要尊敬对方，以礼待人。积极与同学参加文明、健康的活动，如春游、运动会等。

（2）恰当、适度的原则。与异性同伴接触要在班级、学校等场所，不要在校外偏僻的场所接触，注意谈话的内容应以学习生活为主。要理智地控制自己，避免一些不当行为的出现。

（3）保持一定距离的原则。异性同学彼此间出现渴望接近的愿望之后，都比较注意显示自己和吸引异性。因此男女同学交往要保持一定的距离，这是一种礼貌，也能防止越轨行为的发生。

42. 总是回避集体活动，怎么办?

“我平时在家有说有笑，可是在学校却不愿举手发言，集体活动也从不积极参加，总是采取回避的态度，怎么办?”

这种表现属于社交性退缩，其原因是：①性格腼腆胆小；②由于某种挫折体验而产生自卑；③由于在幼年时处于相对封闭的状态，受父母过分保护，缺乏与同伴交往的实践，因而不知如何交往。

建议有这种表现的同学不妨试试以下方法：

（1）创设一个开放式的环境。走出家门接触和广交朋友，体验更多的人际交往环境。

（2）在集体活动中满足强烈希望与同龄人交流、沟通的社会需求。

（3）给自己寻求获得成功体验的机会。在集体活动中，享受并积极参与平等的表现机会。应根据自己的特点，有针对性地在集体活动中表现自己，从中获得成功的体验，强化“我能行”的意念，乐于与人交往。

43. 由于父亲社会地位高，我有优越感，和同学关系总是不融洽，怎么办?

某同学说：“由于父亲社会地位高，我在学校和同学们相处不好，关系不融洽，同学说我高傲，有架子，不愿接触我，使我总感到被孤立，怎么办?”

一个人的社会地位高低，只是一种社会分工，没有贵贱之分，你父亲社会地位高，说明他对社会、对人民做了一定贡献，党和国家赋予他一定的权利，为此你产生一种优越感和同学们关系不融洽，这是一种虚荣心理。由于这种心理问题的驱使，你在行为上往往不能由理智来控制，而更多的是受感情的驱使，控制与调节能力薄弱，表现为自高自傲，自认为高高在上。然而，你却没有认识到你父亲的地位又怎么能说明你的身价呢？这是一种不良的心态。

要克服这种心理问题，首先你应该摆正位置，放下“小公主”、“小公子”的架子，主动和同学们交往，对同学们的态度要和蔼。父亲地位高，并不等于你在同学面前就高人一等，因而盛气凌人。毛主席的女儿李讷在念书的时候，老师和同学谁也不知道她是毛主席的女儿。其次，多关心同学，多帮助生活困难的同学，要拥有爱心，多和同学们交朋友，增进友谊，久而久之，和同学的关系就会得到改善，相处就会融洽。

44. 自己不能成为自由、奔放、洒脱、受人欢迎的女孩，怎么办?

晓晓的内心十分渴望友谊，非常想成为一个自由、奔放、洒脱、受人欢迎的女孩，但总是远离别人，同时又感到自己很孤独、离群、力不从心，不知该怎么办。

晓晓这种情况形成的原因，一是过于自卑。认为自己某些方面不如他人，在交往中唯恐别人看不起自己，非常怯懦。二是过于自我封闭。不是主动、自觉地与他人交往，而是被动、消极地等待他人走近自己，单方面地得到他人的关怀、理解。或者坚持以自己的标准来衡量评价他人，只要不合乎自己的意愿，就拒人于千里之外。

解决这个问题有以下几种方法：

（1）增强自信，悦纳自己。自信是和他人平等相处、自如往来的前提。客观、理智地对待自己的优缺点，不因他人的优秀而贬低自己，才能悦纳自己。只有能接受自己的人才会是一个快乐的人，而人们大多喜欢快乐的人。

（2）开放自我，积极参与。积极主动地走近他人，参与集体活动，让大家有机会了解自己。要相信人群是你最重要的阵地。多和他人沟通，善于倾听，乐于助人，以诚相待。

（3）学会宽容，学会欣赏。对人不能苛求，要宽以待人。在接纳他人优点的同时，也要接纳他人的缺点，明白“金无足赤，人无完人”的道理；同时要学会欣赏、赞美他人，因为人人都希望得到别人的赞美。不要吝啬自己的语言，多发现别人身上的闪光点，诚心诚意地加以赞美，也一定有助于提高你的社交能力，最终使自己走出孤独的困境，成为一个受欢迎的人。

45. 别人不了解事实真相，误解了自己，怎么办?

在生活中，别人不了解事实真相，错怪了自己的情况是时有发生的。那么，当误解发生时自己应该怎样对待呢?

（1）换位思考，冷静对待。要对他人充分理解，换位思考，站在他人的立场上看问题，就能使自己心理平衡，并以冷静的态度对待他人的误解。

（2）暂时离开，避免冲突。别人指责自己都是有原因的。当他们没有了解事实真相，认为是你的错误时，就会非常气愤。有时会因情绪过于激动，而大发雷霆。这时就要想办法离开，免得与其发生正面冲突。这样可以使自己无法申辩、感到委屈的心情得以平静，也可以使对方的怒气逐渐平息。

（3）及时解释，消除误解。当双方心情平静时，要主动找对方把事情说清楚，相信对方是通情达理的。当他们认识到是自己误解了你时，就会感到歉意。这样双方之间心平气和地把问题解决了，和谐、融洽的气氛也自然会再现。

46. 改不掉孤僻的毛病，怎么办?

某校一女同学说：“从小学到初中，我几乎没有好朋友，不管是上学、放学，还是课间，我都愿意独来独往。老师说我性格古怪，同学说我不合群。我不明白独来独往也能引来非议，这又算什么毛病呢?老师找我谈，让我多与同学来往，可我一时又改不了这孤僻的毛病。”

这位学生的表现，是比较典型的性格孤僻。孤僻的产生有下面两点原因：①有自卑感，认为别人不会喜欢自己。②缺乏与人交往的愿望。若想改掉这一毛病，可采取以下措施：

（1）发自内心地关心别人。把减轻别人的烦恼作为自己的责任。时时提醒自己："我能为他做些什么？"

（2）主动创造交往的机会。你可以通过向同学借东西或请教问题等方式来创造交往机会。许多友谊就是从这样微不足道的小事开始的。

（3）受到别人的帮助后应该真诚地表达感谢，不应该只把"谢谢"两个字藏在心里。

（4）规定自己每天要帮助同学做一件事。如果你仔细观察，会发现身边有许多可以做的事。如帮助同学捡起掉在地上的笔，帮助值日生擦黑板……这样可以表达发自内心的善意，也会得到同学的欢迎。

（5）培养自己多方面的爱好。当你和别人有共同的兴趣之后，才会产生相互交流的愿望或共同活动的机会。

47. 同学之间产生误会，影响了团结，怎么办？

当误会发生后应该尽快地消除误会，重建友谊，可以这样去做：

（1）冷静，宽容。产生误会不要因一时感情冲动，当面指责对方或拳脚相施。要采取冷静的态度对误会者宽宏大量，不必斤斤计较，睚眦必报。常言道："不做亏心事，不怕鬼叫门。"谎言终将被戳穿，误会也终将能消除。

（2）寻找根源。当误会发生后，必须理智地查找造成误会的原因，如果造成误会的责任在自己，就要主动地、实事求是地检讨自己的过错，以求得对方的谅解；如果造成误会的责任在对方，也不要着急，相信随着时间的推移，事情终会真相大白。

（3）对症下药。对言行不当或无意中造成的误会，与误会者心平气和、诚心诚意地交谈，以消除误会达成共识。或者请"第三者"出面调解，消除误会，相互原谅。

48. 与寝室长合不来，关系紧张，怎么办？

教室、寝室、食堂三点一线是住宿学生的生活特点。寝室是学生们的休息场所，在这里，一个寝室同学的关系是否融洽就显得尤为重要。毛×在这个问题上就有自己的苦恼，原因是这学期调寝室，王××成了寝室长。以前不住在一起彼此间关系还说得过去，现在朝夕相处接触得多了，每个人的性格缺点都暴露出来了。毛×认为王寝室长轻视他人，爱耍小聪明，自认为博学多才，无法接受他。因此时不时地因为一点小事闹矛盾，关系紧张。但是毛×内心却渴望良好的人际关系，希望友好地与同学相处。

大千世界，芸芸众生，每个人都有自己的性格特点，不能以自己的好恶来衡量他人性格的优劣。那么，怎样对待这个问题呢？

（1）能够客观、理智地采取"学人家之长，补己之短"的态度。这样就会逐渐对他人的看法由不顺眼转为顺眼。并且有意识地去学习他人的优点，弥补自己的不足，是一定会有所受益的。

（2）珍惜友情。在自己学生时代能够和几个同学同住一室也是一种缘分。如果说现在你能恰当地主动地与寝室长和好，并努力学习他的优点和长处，你们的关系就会很快缓和。常言道：“退一步，海阔天空。”况且彼此间并不存在不可调和的矛盾。只要你付出真诚，友谊是不会拒绝你太久的。

49. 总觉得班主任在以一种防范的心理对待我，很反感，怎么办?

初中学习期间，我一直是班里的后进生，多次失败的经历使我自己也看不起自己，觉得低人一等，自卑感很强。但是，自己又唯恐别人对自己嘲讽，极力维护自己的自尊。这种矛盾的心理使自己变得很敏感、多疑，哪怕是班主任一句不经意的批评，也会耿耿于怀，认为老师不理解、不信任自己，贬低自己，似乎在以一种防范的心理对待自己。

为了缩短师生之间的心理距离，改善师生关系，需要架起一座心灵之桥，除了教师要倾注真诚、付出爱心之外，你自己应该注意以下两个方面的问题。

（1）纠正不良认知。教书育人是老师的职责，老师不会对学生放任自流，毫不关心的。事实上不理解、不信任是来自你对老师的误解。只有纠正自己的这种认知，才能主动走近老师，逐渐建立起和谐的师生关系。

（2）主动与班主任交往。师生关系也是一种人际关系。班主任老师每天的工作比较繁忙，不要等班主任来找自己做思想工作，而应该在学习之余主动找班主任谈心。如果能和老师心灵相融，一切隔阂都会迎刃而解，使自己心情愉快地投入到学习生活中去。

50. 初次与人交往，想给对方留下良好的第一印象，该怎么办?

两个素不相识的人第一次见面所形成的印象，在心理学上称为“第一印象”。第一印象十分重要，直接影响到交往是否继续进行。人们的交往大多是从良好的第一印象开始的，有了良好的第一印象以后，就会产生愿意交往的心理。如果你初次会面给人留下一个极差的印象，交往便难以进行。给人留下良好的第一印象，应注意以下几个方面：

（1）要注意仪表。仪表一般是指一个人的外貌及外表的修饰。初次见面，外部形象很重要。衣着得体，整洁大方，会增加别人对你的好感。

（2）言谈举止要讲文明礼貌。谈话中不抢话，不打断别人的谈话，认真聆听别人的讲话；当对方的话题你不感兴趣时，应委婉地将话题引开；听别人讲话时，不能翘二郎腿；交谈中多使用礼貌用语“请”、“谢谢”、“对不起”、“你好”等。

（3）要真诚。世间真诚最感人，谁都愿与真诚的人交往，你的真诚会增加别人对你的好感。

（4）待人要不卑不亢。既不卑躬屈膝做出一副讨好、巴结的样子，也不能傲慢自居。不论同谁交往，不论对方地位高低、条件优劣，都应一样对待。

（5）不要去问自己不必知道或别人不愿讲的事情。那样做会使别人感到尴尬，也显得自己不够高雅。

总之，在与别人交往时，最关键的是要注意自己的修养。要注意提高自己的文化和心理素质，在此基础上不断提高与人交往的技巧，才能使自己更有风度，才能给对方留下良好的第一印象。

51. 只愿自己玩，不愿到陌生环境中去，怎么办?

“我自幼温顺，平时喜欢一个人在家看小人书，玩玩具，不愿出门，与他人接触显得紧张、不自然，更不愿到陌生环境中去，该怎么办?”

这种现象属于“退缩行为”，造成退缩行为的主要原因是家长对孩子过分封闭，不让与其他孩子接触，使孩子面对难以适应的新环境采取逃避的态度。改变这种行为要做到：

（1）培养自己适应多种环境的能力，学会自己管理自己，相信自己的力量和能力，培养自己的勇敢精神，甩开处处依赖别人的“心理拐杖”，独立行走。

（2）积极参加各种集体活动，多方面创设条件，能和其他朋友一起玩耍，一起游戏，逐渐克服孤独感，与伙伴建立和谐的人际关系。

（3）打开自己的生活空间，增加自己的社交活动范围，以便适应各种场合。

（4）不要过分依赖父母，不要害怕与人接触。相信父母，也要相信周围人，相信你们通过交往都会成为朋友的。

52. 父母说初中生不该结交朋友，我很迷惘，该怎么办?

“我是初二学生，有时约几个要好的同学到家里来玩，等他们走后，妈妈就教训我一顿，说‘学生时代不许交朋友，只把学习搞上去就行了，交朋结友耽误学习’，而且还给我约法三章，不许带同学到家，不许去同学家……我不知道妈妈的话究竟对不对，难道初中生就真的不该结交朋友，只能独来独往吗?”

初中生也该有正常的人际交往——结交朋友。因为良好的人际交往，有助于形成努力学习、遵守纪律、团结友爱和积极进取的优良品德。但是结交朋友必须注意以下几个方面，否则就会耽误学习。

（1）注重选择交往对象。初中生结交朋友一定要有选择性。那么择友的标准是什么呢？①忠厚老实；②学习刻苦；⑧关心同学；④热情开朗；⑤兴趣广泛；⑥尊敬师长。只有跟这样的人结交，才有助于培养自己高雅的情趣、良好的品德，否则就有可能学坏。所谓“近朱者赤，近墨者黑”就是这个道理。

(2) 注意掌握尺度。初中生交朋友，不能学大人的样子，今天在一起喝酒，明天在一起打牌……不要过于亲密、形影不离，更不能搞江湖义气那一套。古语说得好：君子之交淡如水。真正的朋友不是酒肉朋友，也不是物质上的交易。只有以社会公德为准则，以互相帮助为前提，以共同进步为目的，才是真正有意义的朋友。

53. 刚入学校感到很孤独，怎么办?

刚刚进入学校的新生，不论是男生还是女生都不同程度地有孤独感。刘×同学说：“自己感到周围的一切都是陌生的，孤立无援，常有想大哭一场的感觉。”

新生之所以会产生孤独感，其原因是：

(1) 更换环境，自我封闭，产生孤独。

(2) 学习的内容、方法及授课的方式不同了，一切都是陌生的。

(3) 想到离家前父母的反复叮咛，处处小心谨慎，时时紧张设防。彼此心存戒备，同学之间难以互相沟通。

(4) 多数独生子女，生活自理能力差，这种住校生活搞得他们心烦意乱，无所适从，更加感到孤独。

怎样才能尽快地消除这种孤独感呢?

(1) 调整自己的心态，适应环境，主动、热情地与新同学交往，建立真诚的友谊。正如有人说的那样：“展现自己是克服孤独的最佳药方。”而总是设法隐藏自己内心世界的人，则只能在孤独的路上越走越远。

(2) 培养兴趣，充实自己，“享受”孤独。你应当把自己每天的活动都安排得井然有序，丰富多彩，心理一定会豁然开朗，使孤独无机可乘。另外，应该学会“享受”孤独。诗人布洛克说得好：“一个懂得孤独或至少在孤独中思考过自己的人，才会更加心胸坦荡，也更能理解别人不能理解的事情。”

(3) 了解自己，充满自信。应该对自己有充分、客观的了解，没有必要悲观失望，自己瞧不起自己。歌德曾说过：“只要你能够自信，别人也会信你。”因此，了解自己，充满自信地投入到学习生活中去一定会有所收获的。

54. 经常感到孤独，又不知道怎样和同龄伙伴相处，怎么办?

这是一个小学生的心声，同时也反映了当代青少年尤其是独生子女在建立交友关系方面的共同问题。其问题形成的主要原因是：

(1) 一般从4岁开始，儿童在一起游戏的时间增多了，可是有家长怕孩子把新衣服弄脏，怕被别人欺负，甚至怕传染疾病等而限制孩子出门，剥夺孩子的游戏和交友需要，使孩子孤独，难与别人相处。

(2) 辨别是非能力弱，随着接触社会层面的扩大，父母不引导交友，很容易与坏孩子为伍。

怎样才能使青少年建立正常的交友关系，与同龄伙伴愉快相处呢？

（1）创造合适的环境，选择合适的游戏内容。有位儿童心理学家从加入社会这一观点把游戏分成6类：①无目的的活动；②单独游戏；③旁观行为；④平行游戏；⑤联合游戏；⑥协同游戏。你可以结合实际恰当选择。

（2）应分辨好坏，提高识别能力，正常交友。

（3）从小培养高尚的道德情操。青少年思想单纯，不稳定，爱犯冷热病，要不失时机地学习社会知识及待人接物的准则和道理，要和朋友真诚和睦相处，要培养先人后己、多为别人着想的高尚情操。

（4）增加社会交往的选择性。听从家长的积极引导，分清友谊与帮派、团伙的界限，发展真挚、健康的友谊。

55. 我很内向，不喜欢跟别人交往，担心得孤独症，怎么办？

孤独症多见于男孩，目前病因不明，但多与遗传、代谢、围产期损伤或神经心理障碍等有关，表现特点是：

（1）社会交往障碍，主要表现为极度孤独，难与周围人交流感情，对环境缺乏兴趣。

（2）言语交流障碍，约半数患儿有言语缺陷。

（3）兴趣范围狭窄，行为刻板重复，有时多动、易怒、咬手和有睡眠障碍。

（4）感觉异常，对外界刺激近似视而不见和听而不闻。

（5）智能障碍，孤独症外貌无明显呆滞，适应行为能力明显落后。

一般性格的内向，不喜欢交往，不属于孤独症，不必担心，但要注意改变这种状况。

（1）注意培养自己基本的生活习惯、自助能力。

（2）加强言语练习和运动技能学习，改善和提高自己的社交适应能力，锻炼自己主动与人交往的能力。

（3）向医生寻求帮助，根据情况施以药物治疗。

（4）多参加集体活动，尽量和同学们融合在一起。

56. 回答招聘人员的提问时特别紧张，怎么办？

高中和职业学校应届毕业学生，有的面临应聘，有相当一部分同学在回答招聘人员提出的问题时特别紧张，谈吐失常，通常有以下几种表现：一是“茶壶里煮饺子，有口倒不出来”；二是见到陌生人就心跳脸红，不知说什么好，勉强说几句又词不达意；三是当问到不常见、不熟悉的问题时结结巴巴，露出窘态。

造成临阵怯场的原因主要是：①缺乏社交能力，缺少交际技巧。②心理负担过重，自己认为同用人单位的第一次见面非常重要。③缺乏应试经验，现场应变能力差。

④自我控制能力差，一激动或紧张就难以平静。

要解决临阵怯场这个问题，使自己走好跨入职业社会的路子，应该从以下几个方面着手：

（1）注意锻炼提高自己的社交能力。据美国卡耐基理工学院对10 000人的记录进行分析，得出的结论是：15%的成功者是由于技术熟练、头脑聪明和工作能力强，85%的成功者是由于具有成功地与人交往的能力。所以，在竞争与合作并存的全球化市场经济时代，积极地锻炼一个人的交往能力显得尤为重要。

（2）学习和把握应试技巧，做好应聘前的准备。主动向老师请教有关的应聘技巧，可以观摩本校或他校组织的供需见面会，向参加过应聘的同学请教，听听他们的切身体会等。正所谓“有备无患”，自己做好充分的准备，一定会减少应聘时的心理压力。

（3）消除自我意识中的消极意识，用积极的心理暗示为自己鼓劲加油，充满自信地参加面试。美国前总统罗斯福说过：“记住，只要您不承认自己有自卑感，谁都没有办法使您有自卑感。”所以，消除消极意识，把自己的心理调整到最佳状态，临场一定会有最佳的表现。

57. 与人交谈不知怎样注意谈话技巧，怎么办？

一职业学校学生来信咨询：“我毕业准备去应聘，但不知道怎样注意谈话技巧，怎么办？”

与招聘者面谈，几乎是所有求职者都会遇到的。然而，谈话结果却不尽一致，有的成功，有的失败，为什么呢？这就涉及谈话技巧的问题。那么，应聘时，怎样注意谈话技巧呢？

（1）应意识到谈话的责任不只是把心中想的表达清楚就行了，而是要考虑怎样才能使对方感兴趣，能理解，并根据对方的各种反馈意向来调整自己讲话的方式和内容，使自己的讲话符合对方的心意。

（2）注意自我介绍要适度。那就是既表示谦虚，又要恰当地展露自己。有人喜欢先作一番自我贬低式的介绍，以示谦虚和坦诚，其实大可不必。因为人家招聘的是人才，有能力的人。你既然什么都不行，人家自然也就不屑与你一谈了。当然，也要避免一开始就炫耀自己的博学多才。要实事求是，要恰当得体地摆出自己的优点，才能给人以有能力、可以胜任的印象。比如你想去外贸部门工作，最好用外语来交谈，介绍自己，这样既展示了自己的口语水平，又显得活泼、愉快、灵活，给人以良好的印象。

（3）注意讲话要有信心，要大胆，即使你讲错了，也比吞吞吐吐强。对于知识性的问题，不要怕人家说你知识面窄则不懂装懂，这样，反而会给人留下更不好的印象。

（4）要注意对话，形成共鸣。交谈应该是相互应答的过程，防止自己喋喋不休。

交谈中适当利用和重复对方的内容，可起到让对方感觉你们有共同语言的作用。

（5）要注意听对方谈话，用心理解并积极反应。对方谈话时，你要不时地表示听懂或赞同的声音。如果对方说话你不太感兴趣，出于尊重要表现出耐心、虚心的态度。

58. 应聘时，想给对方留下较深的印象，应该怎么办?

应聘中，在自我介绍时应注意给对方留下良好的第一印象，这对求职择业十分关键。人往往在30秒内形成对对方的第一印象，即自己的仪表、举止言行、音容笑貌及表情给对方留下的印象。应聘时怎样做才能给对方留下良好的第一印象呢?

（1）穿着要落落大方，体现个性，与应聘的职业协调一致，不能不修边幅。

（2）注意礼节。与对方接触时，要有良好的文明习惯，由始至终，保持礼貌文雅。

（3）言行举止要得体。要把自己的基本情况明确而又艺术地表现给对方，谈话时要大胆而庄重，活泼而不失文静，充分显示自己的能力，必要时可呈上在校时的获奖证书。切忌只说不听或只听不说。最后要谦虚礼貌地结束谈话。

59. 担心呆板的表情动作会影响应聘怎么办?

“我是一个表情动作很呆板的人，十分担心将来应聘时因不能给对方留下一个好印象而落聘，怎么办?”

人的表情包括面部表情、体姿表情和语言声调表情，它反映着人内在的情绪、思想。所以，职业学校的学生在求职应聘与对方谈话时，要注意改善自己的表情动作，以给对方留下一个好印象。可以从以下几方面训练自己：

（1）呼应表情要协调。眼睛凝视着对方，表明你对他的话感兴趣，不能东张西望，那样则显得心不在焉；不能频繁地看手表，那将意味着听得无聊。你的表情呼应与对方的神情和语言要协调。当他说出幽默的话时，你的笑声会增添他的兴致；他说得紧张时，你屏住呼吸会强化庄重的情境。表情反应要自然坦率，要符合对方的年龄、性别、特点。假如你动辄大惊小怪的，或翘起二郎腿不停地抖动，以及挖耳孔、抠鼻孔等，都会使人觉得你缺乏教养、俗气、无知。

（2）面部表情要端庄。正眼看人显得诚恳；躲避视线，显得心虚；乜斜着眼，则显得轻佻。不仅眼睛能传神，眉毛、鼻子、嘴部的活动、变化都能表达一定程度的心理活动。

（3）体姿表情要正确。人的身体姿态、动作也可以反映其心理活动。说话的声音、语调、节奏、速度以及弦外之音，也是判断和表达情感的主要标志。所以，与对方谈话时，要注意坐、立、行姿势的正确与雅观。“坐有坐相，站有站相，走有走相”，会给人以有气质、有教养、懂礼貌的良好印象。

第五部　个性心理

1. 受到老师歧视，很痛苦，怎么办?

学生张志光：“我是初中二年级的学生，个子矮，学习成绩一般，没有什么出众之处，性格又内向，常感到孤独。最使我苦恼的是，老师不仅不关心我，还瞧不起我。上学念书对我来说是痛苦的，我该怎么办?”

根据你介绍的情况，从气质、性格类型上看，你属于抑郁质、内向型性格。你感觉的痛苦是由于自卑感和多疑心理过强所致，如果继续发展下去，有可能导致心理和生理上的疾病。你可以这样自我矫正，试试看：

（1）自己要认识到个子矮不是缺陷，拿破仑、列宁个矮，是伟人，明星潘长江个子矮，他的小品不是很吸引人吗？有观点还认为个矮长寿呢，不要因个矮自卑。

（2）人们的关系是靠交往接触建立起来的，你总是独来独往，别人还以为你高傲，目中无人呢，你感觉没人关心，那么你关心帮助过别人吗？不妨在心里换个位置想想，在实际中做做，你多多地关心别人，你也会受到别人关心的。

（3）你感觉老师歧视、瞧不起你，是不是多疑了？假如你多做好事，多关心别人，努力学习，老师会重视你的；假如你这样做了，还感觉个别老师歧视你，最好的办法是对此不予理睬，谁也不是为别人怎么看而活着的。

要自己看得起自己，要有勇气同老师交心，用实际行动改变自己在人际交往中的被动局面。

2. 走不出“自卑圈”，怎么办?

某同学，体育成绩差，想偷偷赶上去。于是他暗地里加强训练。但结果还是不如别人，于是他的自卑感更强了，应该怎么办?

该同学自我认识产生了偏差，对自己的能力估计过高，认为别人能做到的事，自己也应该做到；别人能做好的事，自己也应该做好。通过一段时间的努力，结果还是技不如人，事与愿违，于是就陷入了烦恼和痛苦之中，越来越自卑了。

摆脱自卑的方法：

（1）正确地认识自己，认识他人，将自己摆在一个正确的位置。俗话说：“金无足赤，人无完人。”每个人都有自己的长处，每个人也都有自己的短处。这是人与人之间的差异，是很正常的事。要想让自己的各个方面都赶上甚至超过强者，那才是不可能的，也是极不现实的。毕竟世界上只有一个徐悲鸿，一个刘翔。

（2）学会自我欣赏，你一定有比别人强的地方，试着表现一下，会使你对自己充满信心，从自卑中解脱出来，变得开心、满足。

（3）努力锻炼身体，增强体质，提高体能。对自己有可能达到优秀的项目侧重训练，就有可能赶上别人。即使真的一项也赶不上别人，也不要太强迫自己，跟自己过不去。只要有强健的体魄、健康的身体就是胜者，这足以使人感到欣慰了，为何还要自卑呢？

3. 常常一件事做不成，就认为自己什么都不行，怎么办？

人的一生，并不是一帆风顺的，俗话说："不如意事常八九。"生活中不可能没有烦恼，失败也常发生。对于一个人来说，一生要做的事很多，并不是每件事都能很顺利，有时要经过许多坎坷，甚至失败。"失败乃成功之母"，失败时要坚定意志，树立正确的人生目标，认识到人生道路不是平坦无碍的，要朝着明确的目标，一往无前，百折不挠地攀登。只有具备了艰辛曲折的思想准备，才能在风浪面前，在困难堆里毫不动摇，巍然屹立。一定要树立坚定的信念，坚持从小事做起，从身边事做起，切莫寄希望于不切实际的空想。只有这样，才能在人生的道路上勇往直前，取得更大的成绩。

4. 因为家庭生活困难，我很自卑、苦恼，怎么办？

学生张倩："因为我家生活困难，在同学面前常有一种矮人三分的感觉，尤其是在集体活动像社会实践、运动会中等，因为身无分文，与同学们花钱随便相比，更感到难堪，我很苦恼，该怎么办。"

在我们国家里，人与人之间是平等的。在同学之间，就更是平等的。你感觉比别人矮，是你自卑感在起作用，自己瞧不起自己。人贵在自信，把金钱、地位看得淡些。事情总是在变化着，穷未必永远穷，富不一定终生富。穷和富是相对的，你没钱买零食，就觉得穷，觉得比人矮三分，还有的人连饭都吃不上，比你要穷，你在他面前，不是很富有？

即使很富有，也不应当挥霍。随便乱花钱，不值得让人佩服、羡慕。你不随便乱花钱，怎么会矮人三分呢？

你所缺少的不是钱，而是辨别是非的能力、远大的志向。人与人比是对的，但要明确比什么，要比学习、比能力、比志向、比对社会贡献的大小，不在生活中的区区小事上比，就不会有烦恼了。

5. 觉得什么都不如别人，怎么办？

这是一种错误的自我认识，属于自我评价过低的表现，是一种自卑心理。有自卑心理的人，看不到自己的优点，只知道拿自己的缺点与别人的优点相比；只看到自己的侧面，不能全面正确地认识和估计自己。

改变这种心理有如下方法：

(1) 去阅读一些伟人的传记类书籍，当你知道了他们也有缺点，你将因此而受到巨大鼓舞。

(2) 经常总结自己的优点。不妨把它们列成一个单子，然后将单子保存好，每隔一段时间重新总结一次，看看单子上的条目是否有所增加。

(3) 友好地对待自己，当自己获得了小小的成功时，别忘了奖励自己。

(4) 从自己的学习方法和努力程度方面入手，查找成绩不好的原因，逐步改变学习状态，把学习搞好。

(5) 培养自己多方面的兴趣和爱好，加强多方面的修养，当你做到这一点时，你会信心百倍，也不会有不如别人的想法了。

6. 因学习不好而感到低人一等，怎么办?

一中学生说："我的学习不好，不愿意和较好的同学在一起，因为和学习好的学生在一起总觉得低人一等。"

这种情况是自卑的心理在作怪。自卑是认为自己不如别人时产生的一种惭愧、羞怯、畏缩，甚至灰心的复杂心态，即自己看不起自己。中学生自卑心理的形成首先来自自我认识不足和低期望的影响。具有自卑感的中学生对自己的能力过分低估，常用自己的短处与他人的长处相比较，结果越比越泄气，以致"不如别人的心理不断膨胀，进一步强化了自卑心理"。内向的性格也是形成自卑心理的重要原因。具有自卑心理的人大多都多愁善感，敏感多虑，觉得别人瞧不起自己。

你不妨尝试从以下几方面努力：

(1) 要对自己树立信心。要有不服气的精神，比如可用自己的某一优点与他人的缺点比一比，来增强自信心。

(2) 向学习好的学生请教学习方法，看看他们的学习方法有哪些优点，在对比中，不断改变自己的学习习惯和方法。

(3) 制订符合自己的学习计划，并付诸行动。

(4) 收集警句、名言当座右铭鞭策自己，提高自身的修养。

总之，人无完人，因为学习不如别人就觉得低人一等是没有志气的表现，万万要不得。

7. 老师、同学都说我笨，还嫌弃和欺负我，怎么办?

学习中，虽然都是一师之徒，却常常有好、中、差之分。成绩差的原因有很多。比如基础不好、学不得法、兴趣不浓、功夫不到等，都会影响学习成绩。为此，老师、同学说你笨，你不能盲目地认同，应该认真地审视一下自己，看问题究竟出在哪里。然后有针对性地加以改正，下一番苦功，用实际行动证实自己的能力，这是最有说服力的。

如果事实证明自己的确很笨，那也无须自卑，既要勇敢地面对现实，又要努力地完善自我。不灰心、不气馁，为自己的理想不懈地奋斗，功到自然成。我想，久而久之，老师、同学都会理解你，并且会改变以往对你的看法，甚至还会成为你的好朋友，助你一臂之力的，你或许也会因此取得成功，到达理想的彼岸。

8. 总觉得老师不器重我，怎么办?

一初中生说："我从小不爱说话，成绩又不太好，所以老师不器重我，我很自卑。我怕老师知道这种心理，一见到他就躲开，这样做对吗？应该怎么办?"

离老师远点，就是跟他拉开物理距离。心理学研究表明物理距离与心理距离之间是有关系的。随着物理距离的拉大，你与老师的心理距离也会拉大，这样会使老师更不注意你的存在，不利于自卑感的消失和师生关系的改善。

其实在你心中，对老师存在两个相反方向的"力"，一种是远离他的力，一种是接近他的力。正确的做法是：用后一种力反拉前一种力，缩短与老师之间的距离。你可以想"我知道接近老师后，他会看出我更多的优点，也会发现我的缺点"。你这样做下去，很可能会惊喜地发现师生关系亲密了，这将有助于改正你的缺点和不足，推动你的进步，自卑感也就逐渐消失了。

9. 我的学习成绩不好，感觉老师瞧不起我，怎么办?

现今的升学制度决定了学习好的可以升学，学习差的就会被淘汰。这就导致了老师把精力放在成绩好的同学身上，而置成绩差的学生于不顾，甚至歧视他们。这种做法显然是不对的。这种做法，不仅挫伤了部分学生学习的积极性，影响他们的学习成绩，而且也不利于他们心理的正常发展。

那么针对这种情况，学生应该怎么对待呢?

（1）要尽快地提高自己的成绩。这对你来说困难可能会很大。但是你要知道，如果现在不好好学习，不多积累点知识，将来走向社会，你面临的问题会更多，困难会更大。所以无论是为了现在，还是为了将来，你都应有决心、有毅力，发奋苦读，迎头赶上。

（2）切忌破罐子破摔、自暴自弃，那样你就注定永远地失败了。只有自强、自立，充满自信，不怕困难，勇往直前，你才能获得成功。

（3）可以找老师谈一谈，把自己的心情和想法如实地向他倾吐出来。我想老师会理解你的，更何况他对你也不见得有什么成见，也许是疏忽了你，也许是对你恨铁不成钢，对此，你也要予以理解。

10. 总觉得老师冷落自己，怎么办?

小丽同学，从小不爱说话，表现又不突出，所以见到老师就赶紧躲开，觉得老师也很冷落她，怎么办?

这是自我认识片面的表现，是典型的不健康的自卑心理。自己从小不爱说话，觉得同学冷落自己；认为自己各方面都不突出，不好意思面对老师，觉得老师也冷落自己。

摆脱困境的方法是：

（1）全面地分析自己，作一次重新的自我评价。每个人都有自己的优点，当然也有缺点。任何缺点都没有的人是不存在的，同样，没有优点、一无是处的人也是不存在的。应善于发现自己的优点、长处、过人处，并找机会在同学和老师面前加以展现。让同学和老师认为你也行，对你另眼相看。你自己也就因此增强了自信心，得到了心理平衡。

（2）应善于与同学和老师交往，克服畏难情绪，积极参加各种活动。要通过多种渠道增加彼此的感情，增进了解与理解，建立融洽的师生关系，从而改善躲避老师和遭冷落的状态。

（3）努力提高自己各方面的能力，包括学习，培养自己多方面的兴趣和爱好。这样，你便会喜爱上各种活动，并能在其间崭露头角，提高自己的“知名度”，形成自己与老师间互相了解与理解的良性循环，彻底摆脱苦恼。

11. 对周围的同学很羡慕，总是自愧不如，怎么办?

一初中生说：“张鹏做起题来思路特别清楚，脑袋就是好使；陶乐篮球打得好，姿势特别漂亮……我比他们差多了，在班里只能算个三流人物，因此形成了较强的自卑感，怎么办?”

看到别人的优点这是正确的，有利于你更好地去向别人学习，提高自己，并不是让自己相形见绌，自愧不如。你应该把握这一原则。产生自卑感在于对别人优点有高估的倾向——看到别人的字，常觉得比自己的端正；看到别人解题，常觉得比自己聪明……受到这种夸大的形象影响，就很容易形成压抑、自卑、自惭之感。其实客观现实并非如此，而且当你赞赏别人优点的时候，别人也以同样的心理在赞美你。知道了这个道理，当你在评价别人的时候，也要坚持二分法，既要看到他的独到之处，又要适当地打折扣。对自己也是如此，这样就会减少自卑感。

12. 胆子小，怎么办?

某同学，过去胆子很大，最近一位同学被毛毛虫吓着了，他的胆子也变得小起来了，害怕很多东西，怎么办?

这是一种常见的不良个性心理品质——胆小。别人被毛毛虫吓着了，自己也被吓了，所以胆子也小起来，害怕很多东西——这是一种条件反射，即所谓的“一朝被蛇咬，十年怕井绳”，是心理承受能力低的表现。

改变的方法是：

（1）正确地认识事物。有些事物是不值得害怕和恐惧的。一则无毒，二则不具备攻击性，不会对任何人造成伤害。所以也就不必害怕了。

（2）消除条件反射。条件反射是后天建立起来的，是一种暂时性的神经联系。当长时间地不用刺激物刺激加以强化时，便会自动消退。只要改变了认识，注重锻炼自己的胆子，逐步适应和习惯化，就不会做出害怕的反应，此条件反射也就消失了。

（3）加强胆量的训练，提高心理承受能力。因为足够的胆量和勇气也是良好心理素质的重要内容，是应有的心理品质。

13. 不愿上体育课，怎么办?

某同学害怕上体育课，希望能生病就好了，因为这样自己就可以不上了。因此体育成绩不好。知道这样不对，但又控制不住自己，该怎么办?

我国目前正在努力推进素质教育的实施进程。素质教育要求学生德、智、体、美、劳等各方面全面发展，使学生成为“合格 + 特长”的人才。而这位同学认为体育课可以不上，甚至希望自己找到一个逃避上体育课的正常理由，这是他没有认识到体育课的重要性，产生了认识上的偏差，应予以改正。

（1）正确认识体育课的重要性。通过体育课可以提高学生对体育运动意义的认识，可以促进学生自觉进行体育锻炼，达到强健体魄的目的。只有具备健康的身体条件，才能以旺盛的精力投入到学习和工作中去。

（2）要消除上体育课的恐惧心理。首先，在课上可以加深师生或同学间的感情，培养团结互助精神和集体主义荣誉感，增强体质；其次在课上只要自己尽力去做，尽管成绩不如别人也没有什么大不了的，因为自己尽力了，没有什么可怕的，老师和学生都不会指责的。

（3）要树立自信心。要相信自己通过努力，体育成绩也能上去。要有顽强的毅力，坚强的意志，要持之以恒地进行体育锻炼，注重技巧和体能训练，最终把成绩提上去，使自己有可能成为一个全面发展的中学生。

14. 我谁都不相信，怎么办?

一初中生说：“我不想和任何一个人说出我的心里话，包括我的老师、家长，因为我谁也不信任，怎么办?”

这是处在青春期的青少年的一种正常心理。青春期的青少年，常常生活在渴望理解又封闭着自己的矛盾中，他们本应把父母看成朋友和参谋，但是这个时期正是他们摆脱父母获得独立的时期，他们对父母的认同感比儿童期大大减弱，父母的管束使他们产生一种厌烦和对立情绪，这时他们向父母敞开心扉几乎成为不可能。

少年毕竟不是成人，很少反省自身，他们对别人，特别是对成年人——父母和老师，总是提要求而很少反省自己做得怎样。他们期望理解，但又不愿向别人敞开心扉。他们不知道，理解不是单向的，而是双向的，若要求别人理解你，你也应该理解别人。怎样做到相信别人呢？首先你应该理解别人，站在别人的角度考虑问题。其次，尝试着与家长、老师或同学说一些你的心里话，体验一下，看看他们值不值得你信任，那样你也许会有意外的发现。其实老师、家长、同学们都需要真情的沟通和交流，会对你以诚相待的。

15. 我常和同学闹矛盾，又不愿谅解别人，怎么办？

曾经有一位同学这样问我："我和同学常闹矛盾，师长们常说让我们互相谅解，为什么人与人之间要互相谅解呢？"

互相谅解是互相原谅、互相理解之意。人生在世必然要与人接触，有接触必然会有摩擦，产生矛盾。让我们来做一个假设：如果人与人之间缺乏谅解那会怎样？

在学校里，同学交往频繁，一起学习，一起玩耍，几乎天天接触。由于学生时代尚未成熟，处事单纯、幼稚、好冲动，就容易产生矛盾。如果你不谅解别人，那么每当你与别的同学闹一次矛盾，你就会失去一个伙伴，长此以往，你会陷于孤立状态，成为不受大家欢迎的人。而由于你过于斤斤计较，心情总是处于矛盾之中，总也找不到快乐，必然会影响学习。

同样道理，在工作岗位上，同事之间如果缺乏互相谅解，会经常钩心斗角，纠纷不断，影响事业的发展。

家庭生活中的事情琐碎繁多，谁也不能把每件事都做得完美无缺。夫妻之间如果缺乏互相谅解就可能经常吵架，失去家庭的和谐。

如此看来，人与人之间不能没有互相谅解的美德，善于谅解别人，你的心灵世界会开阔得多。

16. 常听人说"人难得有个好性格"，可我的脾气不好，怎么办？

生活中我们不难看到，人的性格千差万别。有的外向活泼开朗，有的内向孤僻沉默；在人际交往方面，有的真诚友善，有的虚伪狡诈；在对待生活态度上，有的乐观进取，有的悲观失望；在情绪表现上，有的变化无常，有的稳定持久；在处理问题上，有的果断坚毅，有的犹豫怯懦等。由此可见，每个人的性格都具有鲜明的个性特征。

但是，鲜明突出的性格不等于是完美的健全的。

心理学研究表明，完美健全的性格并不是这些性格的机械总和，而是把许多良好的性格特征有机地融合在一起的结果。

那么，怎样培养自己的良好性格呢？

（1）要有广泛的兴趣，要乐于与人交往，善于与人和谐相处。兴趣广、爱交往的人能够学到很多知识，有益于良好性格的形成。但与人交往时要特别注意择友，切忌与品德不良的人交往。俗话说："近朱者赤，近墨者黑。"与别人相处时要注意互敬互谅互让，注意尊重别人，多学习别人的长处，这样在和谐的气氛中可以培养自己良好的性格。

（2）善于在不利的环境中磨炼自己。一个人在生活中不可能是一帆风顺的，当遇到困难时或周围的环境对自己不利时，既要以积极的态度正视它，做到不责怪、不抱怨、不垂头丧气，想尽办法改造它，又要学会适应环境，在不利的环境中磨炼自己。适应环境的过程也就是陶冶自己性格的过程。

（3）遇事冷静，善于分析。青少年通常火气大、急躁，如不注意控制自己，久而久之形成习惯，可能会形成一种暴躁的性格。因此，遇事要冷静，善于动脑思考，最好在讲话之前先数10个数，这样可以在这一两分钟内认真动脑思考，同时也可以使头脑冷静，避免发火，这是磨炼自己性格的一个好办法。

17. 内向的性格使我很苦恼，怎么办?

一中学生说："我是一个不爱说话、一说话就爱脸红心跳的人，平时特别怵与别人说话，更不敢与人争论，只是独自一个人学习，时间长了，我很苦恼，怎么办?"

首先你的这种性格是可以改变的，而且是必须要改变的，因为一个人不能离开群体而生存，你总是不与别人说话、交流，你的思维视野一定狭隘。萧伯纳曾说："如果你有一个苹果，我有一个苹果，而我们将会交换这些苹果，那么你和我仍然各有一个苹果；但假如你有一种思想，我有一种思想，而我们彼此交流这些思想，那么我们每个人将会有两种思想。"所以你应当时常注意与同学交流思想。

再有，只凭你个人的独自钻研，而没有同学之间的交流、探讨，你的进步一定是很慢的。古人云："独学而无友，则孤陋寡闻。"在与同学交流的过程中，持不同见解的往往各执一端，据理力争，旁征博引，滔滔不绝。这样，在争论中既锻炼了思维能力，调动知识储备，完善和修改个人观点，同时也会使你发现思维的弱点和观点的偏颇疏漏之处，使之得以完善，从而学会把思考深入一步，可谓获益良多。

总之，希望你抱着坦诚开放的心态与同学多交流、多讨论，将个人融进集体中，培养自己开放的心态，你的烦恼就会不见了。

18. 有的同学太自私，不响应班级号召，怎么办?

一中学班干部说："我是一名班干部，我班有的同学对集体和他人的事不闻不问，只管学习，认为只要学习好就行了，动员他们为'希望工程'捐款他们也不捐，怎么办?"

一方有难，八方支援，这是中华民族的优良传统。在班级中，培养学生集体主义、爱国主义精神，是学校思想教育的重要内容。你们班里有的同学存在的对集体和他人的事不管，只管自己学习的行为是一种自私自利的表现，你作为一名班干部，为此而产生为难心理，可以理解，同时也说明你对工作有责任感。我建议你不妨找老师、班干部研究一下，在班里开一次班会，让同学们讨论班里出现的这些现象，采取集体教育和自教育相结合的方式，让他们真正认识到不仅要刻苦读书，而且要关心时局，关心国家的命运。也可举一些例子，比如历史上，当异族入侵、敌寇犯境时，读书人多以投笔从戎报效国家，所谓“宁为百夫长，胜作一书生”，“覆巢之下，安有完卵”等；再如明代东林书院中的读书人以对联“风声雨声读书声声声入耳，家事国事天下事事事关心”自勉，留下了令人钦佩的一页。古人尚能如此，我们新时代的中学生难道不为连起码的助人为乐的精神都没有而羞愧吗？从而让他们懂得，“两耳不闻窗外事，一心只读圣贤书”的自私自利的做法对当代青少年的成长是十分不利的。认识提高了，我想，他们会自觉地去为灾区人民献爱心的。

19. 无论谁的哪方面比我强，我都嫉妒，怎么办？

嫉妒是面对他人的某种优势而产生的不愉快情感，它俗称“红眼病”，是对别人的优势以心怀不满为特征的一种不悦、自惭、怨恨、恼怒甚至带有破坏性的负面感情，是一种不良个性的体现。

你既然已经认识到自己现在面临的心理问题，相信你能够正确地面对它。下面提出理智地处理嫉妒心理的方法，你可试一试。

（1）正确地看待人生价值，树立自己的人生追求。这样，你就会摆脱一切私心杂念，从而变得心胸开阔，不计较眼前得失，更不会花时间和精力去嫉妒他人的成功了。一个埋头于自己事业的人，是无暇顾及别人的事的。俗语说“无事生非”，正在于此。一个人没有理想，胸无大志，无所事事，就会挑别人的刺，寻别人的短，自己不进取，却去阻碍他人前进，唯愿众人都平庸无能，彼此相安无事。

（2）发挥自我优势。尺有所短，寸有所长，每个人自有自己的优势和长处。追求万事超人前既无必要，也不可能。某些方面自己不如人，但却可能在另外一些方面做得更好。所以要学会全面地认识自己，既看到自己的长处，又看到自己的弱点，扬长避短，发现并开拓自身的潜能，不断提高自己。

（3）培养达观的人生态度。人生本来就是一个大舞台，每个人都有自己适合的角色，都会“各得其所”，各有归宿。要有勇气承认别人有比自己更高明更优势的地方，从而重新认识、发现和创造自己。这样就能从病态的自尊心和自卑感中解放出来，从嫉妒的泥潭中自拔出来。

20. 出现“闭锁心理”，怎么办？

所谓“闭锁”是指人的心理活动具有某种含蓄、内隐的特点，是进入青春期的青少年的心理特点之一。这一时期，青少年失去了童年的天真烂漫和直爽，不再像童年时那样有什么话都愿意说出来，喜欢静静地思考，独自行动，即使对父母也很少吐露真情。这种自我封闭的原因是：

（1）青春期的变化使青少年经历了前所未有的心理体验，有许多问题得不到解答，内心的困惑不知该不该向别人说，想说又不敢说，也不知怎么说，内心世界变得越来越古怪，所以就把自己封闭起来，独自苦思冥想。

（2）他们觉得自己长大了，对成人开始怀疑，因此，有些话也不想对他们说，常常写日记，在日记中倾吐自己的内心秘密。他们往往希望有单独的房间，有能上锁的抽屉，把日记和属于自己的“小秘密”锁起来。这反映了青少年走向成熟、走向独立的特殊心理状态。

青少年如果不能很好地处理闭锁心理，会对自己的健康产生不良影响，那么怎样防止闭锁心理产生的消极后果呢？

有这样一句话：“敞开你的心扉，生活中你将拥有很多朋友。”是的，人与人的相知相交关键在于理解。相信你的父母和老师，把你的心里话告诉他们，因为他们都是爱你的。多交一些正派的朋友，多参加一些有意义的文娱活动，感受集体的温暖，不要囿于个人生活的小圈子里，想入非非。对于老师和家长来说，他们会正视你的这一正常心理现象，尊重你的“小秘密”的。

21. 有多疑的毛病，怎么办?

一女同学说：“每当老师不点名批评学生时，我总认为老师说的是我，因而心里不舒服。每当同学们小声议论时，我也认为是在背后议论我，因而怨恨同学们……由于经常这样犯疑，所以整天闷闷不乐。”

克服多疑的毛病，应注意以下几点：

（1）树立“不做亏心事，不怕鬼叫门”的观念。平时做事行为端正，光明磊落，这样不管老师和同学说什么，你也不会起疑心。一个头脑清醒的人是不会无休止地想那些毫无意义的事的。

（2）与不良性格斗争。“犯疑”纯属“神经过敏”，有这种毛病的学生大多性格内向，谨小慎微，敏感多疑，其直接诱因是与想象内容有关的强烈的精神刺激。所以要克服这一倾向，就要努力克服性格中的某些缺陷。

（3）采取转移注意力的方法控制这一倾向。当老师或同学说某件事时，你可以不思考这件事，而是把注意力转移到其他方面，如心里默背课文、公式等。还可以采取强制思维中止法，即当不由自主地想象某件事时，有意地采取强制措施，迫使自己中止这种想象，坚持一段时间，一定有效。

22. 总是沉湎于幻想之中，怎么办?

一高中学生来信说：“我升入重点高中后，总是浮想联翩，常常沉湎于各种幻想之中，如已经升入名牌大学，准备遨游太空……明明知道不符合自身实际，却又难以摆脱怎么办?”

幻想是一种没有现实根据、不切合现实的想象。产生这种心理的原因是不能正确地认识和评价自我。

一个人认识客观事物、认识他人要比认识自己容易。认识自己主要通过他人对自己的态度、评价及在生活中不断地总结经验和教训来实现，需要一个长期的过程。人不能认识自我，常常表现为过高或者过低地评价自我，过高评价自己时，就容易形成某些不切实际的幻想。

认识自我包括对自己身体状况、心理体验、知识、才能、思想、感情、意志的认识，包括对自身与外界关系的认识和体验，如自己的地位、威信、力量、作用及人际关系等。

作为高中生刚刚开始新的学习生活，要全面正确地认识自己，必须做到以下几点：

（1）要善于分析自我。古人云“吾日三省吾身”，“君子博学而日参省乎已，则知明而行无过矣”，就是告诉我们要经常分析自我，了解自己的长处和不足，不要盲目去想和去做不符合实际的事。

（2）要善于比较。没有比较，就没有鉴别，认识自己也是如此。比较可以同时选择多种对象，如选择高手可以看到自己的不足；选择弱者，可以发现自己的长处和优势；选择居中的对象，可以准确找到自己在群体中的位置。从而避免给自己不恰当的评价。

（3）借助他人认识自己。“旁观者清，当事者迷”，要重视他人对自己的评价，虚心听取别人的意见，并加以科学的分析，才会有比较明确的认识。

一个人过高评价自我，就会盲目骄傲，停滞不前，处于各种幻想之中；若过低评价自己，又会悲观失望，无所作为。因此，为了完善自我，为了未来的成功和发展，必须丢掉幻想，努力认识自我。

23. 我平时总是表现得很霸道，怎么办?

孩子的霸道行为，主要表现为为所欲为，想要怎样就怎样，要什么就必须得到什么，恃强凌弱，不顾及别人，抢占别人的东西，甚至打人骂人等。

孩子霸道行为产生的原因，第一是由于膨胀的自我观念和占有欲造成的。第二是因为没有满足自己的心理需求。第三是无意识地抢拿别人东西的行为没有及时得到制止，造成孩子占有欲和霸道行为的发展。第四是家长教育方法简单、粗暴，对孩子的霸道行为不是采取说服教育的方法，而是训斥打骂，使孩子产生强烈的逆反心理，而固执地坚持错误的行为。第五是家长的娇宠、溺爱，使孩子养成在家庭中说一不二，在群体中称王称霸等恶劣行为。

孩子的霸道行为是培养良好个性的障碍，矫正的主要方法有：

（1）创设友爱、民主、和谐的家庭气氛。对父母的娇宠和给予的任何特权，都要正确理解和对待，不能为所欲为。

（2）出现占有欲萌芽的时候要注意及时克制。如一旦拿了别人的东西，要及时退回；欺负了别人要诚恳地道歉。

（3）你的家长对你的霸道行为如果不予迁就，对你的不合理的过分要求不予满足，你应予以理解其中的道理；你抢占别人的东西，对你进行批评教育，有时给予一定的惩罚，这些都是对你极端负责的表现，应正确理解和认识。

（4）在群体当中，要多一些关心，平等相待，把他人的利益放在第一位，你就能逐渐克服称王称霸的不良行为习惯了。

24. 我很愿意模仿别人，甚至不分好坏，怎么办？

“我是一名初二的女学生，特别喜欢模仿别人，远的我模仿电影明星，近的我模仿同学或老师，看见别人穿什么戴什么我都喜欢模仿，甚至模仿别人谈恋爱、交朋友，看见别人吃安眠药，我也喜欢去模仿，我也知道不对，但又不知怎么解决才好。”

据中学生心理问题调查，无论在男生还是女生中，都有类似你这样爱模仿别人的现象。初中阶段，是青春期的初期，随着年龄的增长和生理的变化，中学生的“自我定式”和“独立性”开始增强，如觉得自己长大了，不希望父母长辈再把自己当作小孩看待，迫切要求摆脱成人的监护等。为了表明自己确已长大，便处处模仿成人的举动，以树立自己成人的形象。也有一部分同学出于对什么都好奇的缘故，比如谈恋爱、抽烟、喝酒，都企图尝试。进入这一时期的中学生还有一个比较突出的特点就是求新、求奇、求美、求异。他们追求新奇刺激和时髦的东西，喜欢模仿影视明星的穿着打扮，甚至模仿某些电视剧里的人物的言谈举止。所以在中学生中才会出现琼瑶热、武侠热、格格热等现象。以上现象的出现，一方面是青少年正处在向青年、成年人的过渡期，要求独立的意识日益增强；另一方面毕竟尚未成熟，缺乏自我克制和分辨是非的能力，因而良莠不分，表现出种种幼稚可笑的举动。应该看到中学生爱模仿也不完全是坏现象，它有一面是勇于探索，激起求异思维的正常现象，作为成年人不应全盘否定，加以斥责，而应正确引导。中学生本身，应该模仿那些先进的、积极向上的东西，而不应模仿消极的、落后的甚至颓废的东西，同时要虚心听取师长的指点，使自己的青春过得更有意义。

25. 我重义气，好冲动，事后又后悔，怎么办？

李×是一名初中二年级的学生，学习成绩中等，但就是有个爱打抱不平的习惯，遇到好友被欺辱，就不问青红皂白，“拔刀相助”，可是当打坏了人之后，就后悔不应该那么做，但再遇到此类事情时，头脑一热、毛病又犯了。

从生理、心理发展来分析，青春期阶段正是各种腺体分泌旺盛时期，其中有甲状腺分泌的甲状腺素、肾上腺分泌的肾上腺素、性腺分泌的性激素等。在这些激素类物质中，特别是肾上腺素，它的增多，促使人感情剧烈波动，这就是青少年情绪动荡不安，被称作“急风骤雨时期”的缘故。从心理学上分析，一种要求伙伴承认并接受自身的倾向常能驱使青年人在任何场合表现出勇敢、坚定而不甘退缩的行为。另外，处于青春期的青少年常常表现为情感特别丰富，多数人呈现出疾恶如仇和崇尚正义的特点，往往能在关键时刻挺身而出，舍生忘死。因此，这一时期要珍惜爱护自己的生命，及时和心理老师进行沟通，使老师能够正确地引导你走向统一的道德规范之中，分清哥们儿义气和团结互助之间的差别，了解“义”是一种封建社会中遗留的含糊的概念，切勿混淆了“正义”和“私情”的界限。

26. 自己常有爱占便宜的想法，怎么办?

显而易见，“爱占便宜”者往往是把别人的或集体的东西据为己有，且以此为乐，仿佛自己比别人“多了心眼”而扬扬自得。故此有“得取便宜卖乖”之说，而这一切都是自私心理在作怪。得便宜者沾沾自喜，失便宜者闷闷不乐，把自己的快乐建立在别人的痛苦之上，这是多么的不道德！况且“路遥知马力，日久见人心”，“爱占便宜者”必然遭到周围人的反感而因此失去朋友，陷于孤立。你愿意自己孤立无援吗？那就请你重新确定一种思维方式：“不是自己的东西坚决不要。”

如果只是占点小便宜，遭受舆论的谴责也就罢了；倘若发展为对物质的贪欲，恐怕要酿成大错。这里有一个令人深思的故事：

某女士是国家干部，每天乘公共汽车上下班。有一天她突然觉得自己的挎包比往日沉了许多，贪便宜的心理使她没有声张。回到家打开一看，竟是四沓崭新的人民币。意外的财富使她惊喜，也使她疑惑。但她还是心存侥幸地把钱收藏了起来。一周后仍无人询问这笔钱的下落，她开始大胆地使用这笔钱。一个月后，她突然收到一个陌生人的电话：“××小姐，钱已收到了吧？现在需要你跟我们合作，事成之后，将再付×元的酬劳费。不然的话，我们将控告你……”她意识到了问题的严重性，然而她没有勇气拒绝金钱的诱惑，更没有勇气去揭发自己。于是她第一次盗窃了国家机密，后来又有了第二次、第三次……案发后她被送上了法庭，追悔莫及。

看了这个故事，你还敢有爱占便宜的想法吗？“贪小便宜吃大亏”的道理就在于此。

27. 常常有嫉妒心理，怎么办?

“我平时不允许自己的父母亲近别人；见到别的孩子有比自己优越的条件，受到大人的宠爱，就仇视；或者别人玩的玩具比自己的好，穿的衣服比自己的漂亮，就生气。该怎么办?”

这是一种嫉妒心理在作怪，是心理发展的一大障碍。引发产生嫉妒心的原因很多，主要有：

（1）父母或老师可能有偏袒行为，使你心理不平衡。

（2）家庭教养方式不当。平时得到的温情较少，更多的是严厉的惩罚，无力表达自己的情绪、想法，久而久之，产生嫉妒心理。

（3）平时别人有意无意的语言暗示，刺伤了自己。如谁谁比你强，我喜欢谁等。

有嫉妒心并不可怕，只要注意调整自己的心态，是能够克服和矫正的。

（1）在各方面都多做努力，使自己成为一个受人喜欢的孩子。父母或老师有时可能因你某些方面的不足而对你评价较低，对此不要过于介意，只要你努力改正不足，他们会转变看法的。

（2）多参与一些群体活动，和小伙伴和谐相处，努力克服嫉妒心理。嫉妒是进步的敌人，更多地学习别人的长处才能进步。

（3）父母有时亲近别人家的孩子，要把这种情况看作是正常的现象，不要“吃醋”。父母永远都是爱自己的孩子的。

（4）要尽可能帮助父母创设一种民主、和谐的家庭气氛，学会处事，消除那些不必要的嫉妒心理。

28. 克服不了好冲动的毛病，怎么办?

一名初一学生说：“我在学校里经常因为一点小事就跟老师和同学发生纠葛，究其原因，都是怨我。我这个人只要有一点小事不对我的心思，马上就发火。如老师排座位，把我排在一个我不喜欢的女同学边上，我立即就火冒三丈，顶撞起老师来，并且坚决不到那个座位去坐。事后我有些后悔，可是遇事我仍然改不了好冲动的毛病，同学们都说我属火的，一点就着。”

好冲动，遇事不冷静，就是脾气暴躁。暴躁产生的原因是缺乏自我克制能力。如果你想彻底改掉暴躁的毛病，你可以尝试一下以下几种做法：

（1）把你受别人的不公正对待当作提高自己修养和耐性的机会。每次要发火之前，请对自己说：“好极了，提高修养的机会来了。”

（2）有人惹你生气的时候，设想一下：“如果我是他会怎么样呢?”经常这样换位思考问题，就会理解对方的所作所为，而就此消火了。

（3）在你大发雷霆之前，只需完成以下三个简单的任务，就能避免发怒：降低说话的音量；放慢说话的语速；抬头挺胸。

29. 有自傲的心理，怎么办？

青少年中的自傲心理现象，主要表现为一种自我优越感、自我满足感、自高自大、自感超人、孤芳自赏等。在同伴中经常流露出“看我的”、“你能和我比吗”、“我什么都行”等自傲情感。

这种自傲心理产生的原因，往往与家长不正确的教育方法有关。比如：家长经常当众炫耀孩子的优点，当面夸张、恭维和过高评价孩子，使孩子感到自己与众不同，高人一等，自命不凡；有的也和优越的家庭条件、家庭地位有关；有的也把别人的夸奖作为自己骄傲的资本。

克服这种不良心态的办法有：

（1）必须注意正确对待家长的夸奖，特别是能力强、完成任务不需要特别努力的孩子，对自己要高标准、严要求。

（2）要客观地作自我评定，积极参加小伙伴的集体活动，善于发现同伴的优点，感受到自己在群体中的位置，知道自己不是完人。平时要注意在肯定自己优点的同时，还要注意谦虚谨慎、不骄不躁。不能表现出居功自傲的个性和盛气凌人的态度。

（3）对人要豁达。

（4）努力向优秀的同伴学习，克服自己的傲气，以自己的良好形象去影响别人。注意严格要求自己，做一个永不满足、谦虚上进的人。

30. 个性太强，常与别人争吵，怎么办？

有些青少年同学个性特别强，总认为自己什么都对，什么事都要以“我”为中心，有时不分事情大小，动辄与人争吵不休，有时甚至大动肝火，大打出手，结果与同学、与家人的关系搞得十分紧张，有时还严重影响学习。

个性是指一个人稳定的心理特征的总和。它是一个人的性格、气质、兴趣、能力的集中表现。个性的个体差异是十分明显的，如有的人热情活泼，有的人沉着冷静，有的能说会道，有的沉默寡言。个性太强，主要表现为主观、任性、急躁，对自己的能力估计过高，好胜心强，听不得不同意见。

要想改变自己个性太强的状况，有以下几种办法：

（1）认识个性强的危害。个性强不是一个人有能耐的表现，恰恰相反，由于个性太强，容易激动和失去理智，容易与别人发生争端，因而伤害别人的自尊心与感情，于己于人都是不利的。

（2）养成凡事“三思而后行”的习惯。不要认为自己总是正确的。当听到不同意见甚至是反对的意见，或者是老师的批评以及不顺心的事时，要冷静地先想一想，心平气和地加以分析，要克制自己。俄国著名作家屠格涅夫曾劝告那些个性太强善于争辩的人：“在开口之前，先把舌头在嘴里转 10 个圈。”这对于缓和激动情绪是有益处的。

（3）自我暗示。当你遇事情绪激动时，可自言自语道：“冷静，冷静！”“息怒，息怒！”“发怒不会有好结果！”以此平静心态。

（4）转移和消解。当自己遇事不高兴即将发怒时，立即离开自己发怒的环境和场所，暂时回避一下，即可摆脱烦躁激动的心境，避免矛盾激化。

（5）学会忍耐。要养成“无故加之而不怒”的气度，坚持以理服人，得理也让人三分，采取理智妥善的办法加以解决。

31. 性格内向，不适合所学专业，担心影响就业，怎么办?

性格与所学专业以及将来准备从事的职业是有一定关系的，但这种关系不是绝对的不可改变的，因为性格具有可塑性，是可以改变的。有的同学认为自己性格内向不适合某些专业，即便是现在已经学习了这一专业，将来就业也会遇到困难。事实上这是没有根据的担忧。那么，对于性格内向的同学来说应该如何纠正性格缺欠，以便使性格与所学专业相得益彰呢?

（1）善于自知，增强自信。性格内向的同学不要紧紧盯住自己性格弱点的一面不放，认为自己一无是处，作茧自缚，终日走不出自卑的囹圄，应该变自卑为自信。只要充满信心地认真实践，别人能做的，你经过努力也一定能够做到。

（2）扬长避短。常言道：“金无足赤，人无完人。”对于自己性格中的优点要尽量去发挥它，对于缺欠的方面则要用顽强的意志去弥补它。正所谓扬长避短才能完善自我。

（3）主动进行交流。主动与同学交流，在交往中锻炼自己的交际能力、交际技巧，为将来的职业生活做好准备。

（4）多向别人学习。榜样的力量是无穷的。要善于观察和学习性格外向的同学怎样在众人和外人面前侃侃而谈，怎样与陌生人打交道，怎样迅速地和别人沟通感情，从中受到启迪，增强自己的交际和活动能力，从而为今后的就业奠定一定的基础。

32. 平时为一点小事就容易愤怒，怎么办?

达尔文曾经这样说过：“脾气暴躁是人类较为卑劣的天性之一，人要是发脾气等于在人类前进的阶梯上倒退了一步。”愤怒常表现为：情绪暴躁，言辞过激，大脑皮层处于兴奋状态，此时思维狭窄，对别人的善意劝告不能入耳，心理失去平衡，甚至行为失去理智。为此，我们应当努力控制这种不良情绪：

（1）拓宽心理容量。俗话说：大肚能容容天下难容之事，笑口常开笑天下可笑之人。心理容量和怒气的爆发是成反比的，心理容量越小，就越容易怒气填胸，而心理容量较大的人，却能经受较强的刺激而不动怒。

（2）要树立远大的生活目标，改变为眼前区区小事计较得失的习惯，更多地从大局，从长远去考虑一切，只有这样，才能宽以待人，有较大的肚量。也就不会被微不足道的小事绊住，而妨碍对理想事业的追求了。

首先，要加强文化知识的修养，培养高尚的人生情趣。有较高文化知识修养的人，思想和情趣的境界一般比较高，看问题比较开通，不易发火。

其次，要注意在生活的点滴小事上培养容人之量，凡事多一分宽容，少一分计较，也就会少一分气恼。

（3）学会制怒。如果怒气已经产生，就要想办法将它控制住。可采用以下方法：①情景制怒法：将“制怒”等文字写下来贴在墙上，用它时时提醒自己，控制情绪。②音乐制怒法：国内外的名曲均以优美和谐的旋律著称，它能使你烦躁不安的情绪得到疏导。③即情制怒法：美国第三任总统杰弗逊曾这样告诫他的孙儿：“当你生气时先数到十，然后再说话；假如怒火旺，那就数到一百。”还可用中国的气功疗法：闭眼默念“静、静、静……”怒气会自消。

33. 每做一件事情总是感到不满意，怎么办？

一初中生说：“我发现自己总是干不好事情，常常是在事前想得很好，事后又很不满意，以致现在每做一件事，连想都不敢想了。有时我在想是不是我的能力有问题呢？怎样才能使自己做的事情更加圆满呢？”

追求完美是对的，但凡事都达到内心的完美标准是不可能的。在别人看来，你的事情已经做得很好了，那就说明你基本达到目的了。但自己还认为不满意，那么这就是你在苛求一种十全十美的结果，而不是自己做得不好，更不是自己的能力有问题。你认真考察一下世界上的各种事物，就会发现十全十美的事物在客观世界中是没有的，人的理想与现实之间总是有差距的，因此，你在事前尽可以将目标和结果想象得相当完美，并且在这种热情的鼓舞下去努力实现它，但是事情做完之后则应该接受现实，及时总结经验和不足，这对今后能达到完美的结果有积极的作用。只要取得了初步的成功，十次努力能有五次成功，你也应该感到满意，切不能因此而失去信心。

34. 购买物品时，总想依赖他人的判断去选择，否则就不放心，怎么办？

初二学生刘语丝说：“不管买什么物品，总想依赖别人判断，别人说好，我才认为好，才敢放心地买。如果没有别人的参谋，我就拿不定主意，怕买了以后别人说不好。”

你的这种行为是一种典型的缺乏主见、怀疑自己价值的行为。导致这种行为的心理是：我自己的看法无足轻重，别人的看法才真正重要。你无形之中把自己的价值同他人的评价联系起来，即情愿别人的评价来主宰、支配自己。实际上，你应该有自己的观点和审美标准，在你放弃了自己的审美标准和判断权利的同时，你已经失去了自我的价值。

当你去购买物品时，你要认真观察，从三方面来选择商品：一是质量，二是款式，三是价格。三方面都合适了，你还要多走走看看，在同类产品中选择物美价廉的。买到手，只要自己喜欢，无须听别人的评价。“走自己的路，让别人去说吧。”

35. 做事总是信心不足，怎么办?

有的孩子无论做什么事都觉得自己做不好，也没有信心做好。这种缺乏自信心的原因：一是性格脆弱；二是别人过低的评价；三是自身能力差或有生理缺陷、心理自卑。

自信是战胜自卑的一种可贵的品质之一。一个人有坚定的信心，才有顽强的毅力去克服困难，取得事业上的成功。所以，从小必须树立自信心。具体做法是：

（1）要充分相信自己，创造条件让自己做一些力所能及的事。

（2）要善于发现自己身上的“闪光点”，并努力表现出来，使自己觉得自己能行，很棒。

（3）相信自己的力量。由于知识经验少，可能经常做错事。对于成人的语言刺激，诸如“你真笨”，“什么也不是”之类的话，不要过于介意，要正确理解他们这是对自己孩子能健康成长的一种急切心理的表现。应争取父母积极的帮助和各种方式的鼓励，就不致沮丧，丧失信心。

（4）让父母协助自己做成一些事情，从而产生一种成功的体验。自己哪怕有一些微小的进步，也要认真对待。做事有困难时要争取得到及时的指导和帮助，完成任务，从中尝试到成功的喜悦，才能越干越有信心。

第六部 需求心理

1. 父母说如果考试成绩不好，就不满足我的任何要求，怎么办?

初一（3）班李倩文说："期中考试，我的成绩不理想，父母很不高兴，过了一段时间，我向妈妈要一双旅游鞋，妈妈沉着脸说，考试成绩那么差，还有脸要新鞋，以后考试不好，什么也不能买。鞋没要来，还遭到一顿训斥。学习不好就什么也不能买吗？我真想不通。"

首先，父母的说法和做法是不对的，应该从你生活实际需要出发，决定该不该买东西。同时，你也应当理解父母望子成龙、望女成凤的心情，他们是想通过施加压力的方法，让你学习有所进步，你不妨设想自己是父母，你会怎样对待孩子呢？这样想过后，你就会理解父母的良苦用心，正确对待这个问题，消除不良情绪。

如果你能把家长对你施加的压力变为学习的动力，发愤读书、刻苦学习，你的成绩一定会有所提高，到那时，不用你向父母提什么要求，父母就会问你有什么要求。

作为学生，不要把主要精力放在吃穿上，而要全身心地投入学习，这样就不会向父母提什么要求，也就减少了因父母不满足要求而带来的烦恼。至于穿什么、吃什么，父母会对你负责的，你不必为此担心。

2. 家中常有父母的朋友来玩，我没地方待又没地方去时，怎么办?

初二（4）班郝光家里住房很紧张，一家三口挤在一个房间里。家里常有父母的朋友来玩，尤其是父亲的朋友，有时玩起麻将，一直到晚上十点钟，弄得他写作业、看书也没有个安静的地方，为此他十分苦恼。

想要寻求一个安静的学习环境，这说明郝光是个好学上进的学生。可是各家有各家的情况，家庭条件不允许，也不能向家长提出为你准备个单间的苛刻要求。根据同住一个房间的条件，可从以下几个方面着手解决这个问题：

（1）首先用平和的语气规劝父母，让他们少带朋友到家里玩。主要应从没有安静的学习环境对你的危害方面规劝，让父母认识到这样下去会耽误了孩子的前途，从而改变他们以往的做法。

（2）如果你父母无论怎样规劝也无济于事，那也不能因环境不好而放弃学习，你要在这种环境下锻炼自己的毅力。贝多芬说："卓越的人的一大优点是：在不利与艰难的遭遇里百折不挠。”毛泽东年轻时，为了锻炼自己的注意力，有意到闹市去读书。如果你能培养自己在喧闹的环境下安心读书的能力，那么你的注意力就会高于一般人。这样家庭条件的不利因素，或许会变成有利因素，造就出一个卓越的人。

3. 我想买新衣服，家长不但不给买，还说衣服让我穿都浪费了，我很想不开，怎么办?

初一（2）班王晶说：“我看班上同学都穿红色的夹克衫，我很喜欢，也想买一件，就向妈妈提出了这种要求。妈妈非但不给买，还说衣服让我穿都浪费了。我很生气，也很想不开，不知该怎么办。”

首先你该认真分析一下，妈妈为什么说衣服让你穿都浪费了。是因为你贪玩，学习成绩不佳，还是因为平时你不听父母的话，经常顶撞父母？总之，一定是父母对你平时的某种行为不满才说这话的。经分析找到原因后，你就不会怪罪父母，也就不会生父母的气了，并且你要及时改正你的不良行为，以达到令父母满意的结果。

其次，虽然“爱美之心，人皆有之”，但是不能为了赶时髦，而不顾家庭条件，向家长提出各种过分的要求。该买的衣服不用要，家长也会给你买；不该买的，你要，家长也不能买。

4. 我没有钱，可在朋友面前又总想摆阔，怎么办?

初一（3）班的关伟家里条件一般，并不算富有，可是在朋友面前，却经常摆阔，如请朋友吃饭，赠送较贵重的礼物，将只吃了一口的面包随手扔掉等。看到这个样子，别人都认为他家相当富有，可是内心的苦衷只有他自己知道。他为了在朋友面前摆阔，只好向父母要钱，可常遭到拒绝，因此也经常与父母发生矛盾。

没钱却又想摆阔，这是不正常的心理。这种心理的产生主要来源于对有钱人生活方式的羡慕。这是一种非常危险的心理。如果父母给不了钱，有可能采取不正当手段，如诈骗、偷窃等，就可能导致犯罪。所以必须立即改变这种心理。

首先要树立节俭光荣的观念。节俭不仅是经济问题，而且关系到一个人的品质。著名爱国华侨陈嘉庚很富有，可他生活节俭，把省下来的钱捐给国家办学。有钱人都能节俭，把钱花在刀刃上，没钱人不是更应该节俭吗？节俭光荣，浪费才是可耻的。

其次，改变摆阔的生活方式。根据自己家里的经济状况，该花的钱花，不该花的钱就不花。让你的朋友知道你家里的真实情况，这样做，可能会有一些“朋友”疏远你，可是“君子之交淡如水”，这样更能看出哪些人是你真正的朋友。这样你就会感到活得轻松、生活得实在。

5. 休息时，我想随父母上街玩，他们却不允许，我很失望，怎么办?

初二学生王丽红说：“每天除了上学就是看书、写作业，累得喘不过气来。星期天我想随父母上街玩，可他们却说：‘在家老实待着看书，你现在哪有时间上街？’我很失望，父母上街了，我在家也没学进去。”

学习累了，想要玩玩、休息一下，是正常的心理，无可厚非，更何况只有劳逸结合，才能学得更好，但是不一定非得上街玩，这不是最好的休息方式，因为上街可能会分散你的学习精力，玩过后，很长时间难以把注意力集中在学习上。所以父母不让你上街玩，这是对的。作为学生应该少涉足繁华、娱乐的场所，这些地方不太适合中学生。你可以通过踢球、跑步、跳绳、唱歌等方式休息。

心理学家认为：自制力是取得成就的重要条件，你现在需要做的就是培养自己的自制力。要记住：中学生只属于静静的校园，可是如果不能控制贪玩的欲望，那就会影响学业。

6. 我学习很好，却没有什么业余爱好，怎么办？

有的同学认为，只要学习成绩好就行了，没有必要去发展什么业余爱好。甚至有的同学认为，培养业余爱好，会分散精力，影响学习成绩。

这些看法是不对的。生活本身是五彩缤纷的，倘若我们满足于单一式的生活，那么实在是一种遗憾。另外，一个人有点业余爱好，不仅能丰富自己的生活，多方面地体会生活的意义，而且也会从中学到不少知识，增长才干，进而提高自身的整体素质。

那么，怎样培养自己的业余爱好呢？

（1）要端正态度，要善于发现自己的优势加以培养。多一个爱好，就多一份才能。爱好广泛、多才多艺，不仅使你的生活更富情趣，而且也有助于你智力的开发，更有助于你将来的工作。既然如此，何乐而不为呢？

（2）要积极参加集体活动。不要不屑一顾，也不要自卑，贵在参与。班级活动需要你也需要我，无论是谁，都应有全局观念。活动之中，你的潜能可能就会被挖掘出来。

总之，人要有广泛的兴趣爱好，要一专多能，这样才能适应未来发展的需要。

7. 缺乏一种荣誉心，怎么办？

李娜说：“我的学习成绩一般，各方面的表现在班级都是中等水平。受表扬的没有我，被批评的也没有我。看到哪个同学赶在我前面，我也不着急，老师说我缺乏荣誉心，那怎么才能有荣誉心呢？”

甘居中游正是缺乏荣誉心的一种表现。缺乏荣誉心，就没有上进心，而没有上进心，前进就没有动力。不思进取，又怎么能进步呢？学习如逆水行舟，不进则退。一个人缺乏荣誉心，将来就没有竞争意识，那么结果只能是被社会淘汰。所以你要认识到荣誉心的重要性。有无荣誉心是决定你能否进步的关键问题。

要增强荣誉心，就要从小事做起。做事要有一个目标，目标的制定宜小不宜大。目标定大了一旦实现不了，容易对自己失去信心。目标制定要合理，既要能实现，又要有一定难度，应达到这样的效果：跳一跳能摘到。当实现目标后，你要尽情地体会胜利后的喜悦。经常这样做，就会增强荣誉心。

8. 想自我表现，但又缺乏勇气，怎么办?

每个人都有自我表现的欲望。有的同学在自我表现中受到了锻炼，显示了才华，发展了能力，得到了承认。但也有一部分同学故步自封，始终无法走进自我表现的舞台，其中一个重要的原因就是缺乏勇气和胆量。

应该看到作为一名学生现在面对的只是老师和同学，将来走向社会面对的将是上司、同事、朋友以及与工作有关的各种人。到那时若是胆怯，势必会对工作和生活造成不利的影响。特别是在当今这个充满竞争的社会，不能充满自信地去表现自我、展示自我、推销自我，那就会丧失立足之地。

那么怎样才能克服胆怯心理呢?

首先，消除自卑、树立自信。自卑可以吞噬一个人的勇气和才能。自信才是获得成功的保障。如果自己都不相信自己，别人谁还会相信你呢?所以，中学生要努力消除自卑感，树立自信心，从而完善自我的人格与形象。

其次，有备无患，大胆实践。要想自我表现，就必须做好充分的准备工作。常言道：要想人前显贵，就得人后受罪。比如说准备参加学校组织的五四演讲会，就必须查阅大量的资料写出演讲稿，然后经过反复的演讲训练，请老师指导等，这样在正式演讲中才能保证良好的发挥。“实践出真知”，这是一个千真万确的真理。把自己的计划付诸行动，在实践中受到锻炼，才能逐步消除胆怯的心理。

最后，要敢于面对失败。表现自我，战胜胆怯，这需要一个相当长的过程，而且要敢于面对失败。不能经历一两次失败就认为自己无法摆脱困境，从而成为一个抱残守缺的懦夫。正确的态度应该是不要过于注重事情的成败，而是要学会在每件事中看到自己的进步，只要目的不动摇，并且持续努力，最后一定能够获得胜利。

9. 我家太困难，交不起学杂费，心理负担很重，怎么办?

初二学生王雷说：“家里经济拮据，母亲常年有病，父亲下岗一年多，至今还没找到固定的工作。每当开学初，学校收学杂费时，我都不能按时交。这时我心情就很沉重，过重的心理负担使我整天闷闷不乐，以致影响了学业。”

你要敢于面对家里生活困难这个现实，不要回避这个问题，更不该把困难当作耻辱，瞒着老师和同学。有必要时可以通过老师向学校反映你家的情况，我相信学校了解你的情况后，一定会为你想办法的。学校可以减免你的学杂费。另外，现在国家的“希望工程”就是救助家庭困难学生的，你可以申请救助。

受到帮助后，不要把学校、社会的资助当作应该的，而要把对学校、社会的感激变为激发学习的动力，用优异的成绩回报社会。

有道是：自古英雄多磨难。家庭困难是一种不幸，如果你能正确对待，珍惜这来之不易的学习机会，比其他同学更努力，你一定会取得优异成绩的。

10. 由于生活困难，总对父母发脾气，改不掉，怎么办?

学生王梅花说："由于家庭生活困难，我在同学中有自卑感，觉得父母无能，回家后，时常顶撞父母，有时父母一言不发，有时也骂我几句。事后我十分后悔，但又改不掉这个毛病，怎么办?"

应该不客气地指出，你因生活困难总对父母发脾气，是你的虚荣心在作怪。你的虚荣心理引起你的自卑感，你的自卑感引起你的情绪不好，表现为顶撞父母，发泄你的不良情绪。天下父母，哪有希望孩子受苦的?你们家庭生活困难，也可能是由多方面原因造成的。你应当体谅他们，与此同时你要为父母分忧。父母一言不发，不是因为没有给子女带来幸福而理亏，而是父母原谅你年龄小，不想把痛苦发泄给子女，他们在默默地难过。

你事后后悔，也说明你并不是没有感受到一点父母的苦衷，所以以后不要与别人比生活，即便差些，也不要自卑。每当脾气要发作时，马上离开不愉快的场合，多想父母的恩情，或者尽情忘我地帮助父母干活。

11. 我家有困难，但又不想让别人知道我没钱，怕别人瞧不起，怎么办?

初二学生李娟说："我父母双双下岗，家里经济很困难，可是我不想让别人知道我家没钱，怕人家因我家困难而瞧不起我，于是为了顾面子，就经常做打肿脸充胖子的事。如兜里仅有的两元钱是妈妈给我买文具的，可是当同伴们都买自己喜欢的小食品时，我也硬撑着随大家一起买，而事后又很后悔。我经常受这种煎熬。"

家里有困难，不想让别人知道，这是一种虚荣心；怕别人瞧不起，这更是一种错误的想法。这主要是你看问题不正确，把家庭困难当作了耻辱。有位哲人说：人生最大的耻辱是无知。经济上贫穷并不等于知识贫乏。人生应该追求的是做一个对社会有用的人。另外，家庭困难并不是因为你或家长游手好闲造成的，没什么丢人的。你应该面对这个现实，更加刻苦勤奋，学有所长，将来做一个自食其力、对社会有用的人，这样才能改变你家的现状。而那种打肿脸充胖子的做法，只能满足你一时的虚荣心，却不能改变贫困，相反还会增加烦恼。你可以试着把你家的困难告诉同伴，看看他们会有什么反应，一定不会像你想象的那样——瞧不起你。这样你也就不必伪装自己，不会为此而烦恼了。

12. 我不愿接受别人的怜悯和资助，该怎么办?

学生赵福说："我家人口多，父母都下岗，生活困难。同学们同情我，为我捐钱，给我衣服鞋子。我很不好意思，心里又不是滋味。不接受，对不住同学的一片好心；接受吧，又感到耻辱。我该怎么办?"

你的父母下岗，造成了家庭生活的困难，对你来说是个挫折。别人对你的同情、资助，你不仅不想接受，还有一种耻辱感。你的这种心理有积极的一面，有志气、顽强，也有消极的一面，会使你孤独、离群。

你应当面对现实，家庭生活困难是事实，同学们主动帮助你是事实。在你遇到困难的时候，同学们没有幸灾乐祸、袖手旁观，你应当感到集体的温暖和同学之间的友情。如果你不想给别人增加负担，应该说明苦衷、委婉谢绝，切不可伤了同学们的心；如果你再三推辞不掉，同学们执意资助，你可以接受一部分或全部，表示接受这份深情。当别人有困难时，你再慷慨相助。不要再感到不好意思，同学之间、人与人之间就应该互相帮助。

13. 都以为我有钱，向我借，而我又的确没有，因此得罪了人，怎么办?

学生宋凯说："我的家长经常给我钱，我身上总带个十元八元的。偶尔因为换衣服或交什么费，也有没有钱的时候。赶上这时，同学向我借钱，我没有或满足不了他借的数额，先后有几人翻脸，以为我不借，怎么解释也没用，我很苦恼，怎么办?"

你得罪他们的原因，是因为你没有满足他们借钱的需要，他们认为你平日有钱，向你借，你没借给他；也可能你借给别人而没借给他，他们心理不平衡。我看关键是两点：一是平等待人，二是实事求是。你做到了这两点，就不怕得罪人了，即使得罪了也是暂时的，随着时间的推移，以后坦诚相处，大家都会理解的。问题是你看人决定借还是不借，有远有近，这一定会得罪人；或者有钱不借，同样也会得罪人。说到这里自然我也告诉你应该怎么办了。

14. 我很想有所作为，可客观环境不利，怎么办?

一初中生说："我很想有所作为，可我身处一般学校的差班，学习环境较差。我自制力又差，有时又也跟同学一起瞎闹，有时对前途感到迷茫，为前途担忧。我并不想做一个平庸无为的人，我想让您拨开我心中的迷雾，唤醒我，请告诉我应该怎么办。"

处在青春期的青少年，对自己抱有很大的希望，但由于各方面条件的制约，十几岁的少年不可能有更多的发挥自己能力的余地。在视野扩大的过程中，自己思考问题和生活还要受制于人，因而深切地感到没有真正的自我。但又寻找"真正的自我"，在这一过程中，由于自制力差，而无法战胜困难和面对困难，从而产生更多的烦恼和孤独感。为此，你应想办法努力克服自制力差的缺点，树立一个目标——要在差班中力求各方面表现突出。为了这个目标，一旦有人找你瞎闹时，控制不住自己的你，就要提醒自己：一个有所作为的人，首先应该是能克制住自己的人，应该是一个不断追求、不断进取的人。这样反复提醒自己几次，你就会克服这个缺点，朝着你的远大目标而奋斗了。伴随你成功的同时，你的目标离你越来越近，就不会有莫名其妙的迷茫了。

15. 父母怕影响我学习，不让我做家务，怎么办?

生活中有相当数量的父母，不让自己的孩子做家务活，唯恐影响了学习。他们常说的一句话是：什么活也不用你做，学习去吧！殊不知，这种做法不仅不是对孩子的爱，相反却是在剥夺孩子培养生活能力的权利。父母们应该明白，让孩子适当做一些家务活对他们的健康成长是十分有益的。当你遇到这情形时，一方面可主动做该做的活，另一方面应向父母讲清做家务活的好处。

（1）可以培养自理能力。家务劳动是自我服务性的劳动。自己的事情自己做，管理好自己的饮食起居，这是每个学生应该做到的。如果事事都要父母代劳，衣来伸手、饭来张口，一旦走出家门必定会成为一个生活的懦夫。

（2）可以增强责任感。孩子是家庭中的一员，父母以学习累为由不让孩子做家务活，长此以往孩子就会对家务劳动视而不见。因此，要为孩子留出为家庭尽义务的机会，这样可以增强孩子的家庭责任感。

（3）可以培养良好的生活习惯。适当做一些家务活，不等不靠，付出一时的辛苦可以换来生活环境的舒适安逸，提高生活质量。如果对家务劳动得过且过，养成懒惰的坏习惯也必将影响孩子的进取心。

相信父母们在了解到家务劳动的好处后，就一定能改正自己不让孩子干家务的错误做法。

16. 我想变得更加自信些，该怎么办?

一中学生说道："我做事总是缺乏信心，认为别人能干成的事情自己干不成，我想，这可能是对事实的反映。实际上自己确实比不过别人，这样一来，我的自卑感更强了。我怎样才能变得自信一些呢?"

自卑就是轻视自己，认为什么都无法赶上别人。自信则是相信自己的价值和能力。这些都是主观的心理活动，是对自己的价值和能力的反映。你缺乏信心的原因很可能是在看待自己时存在偏见，或是低估了自己，并不是你的本事真的比别人低，真的不能干好事情。所以，只要认准应做的事情，你就要想方设法去做，而且相信自己通过努力，完全可以获得成功。

17. 我太瘦了，吃了不少好的东西都胖不起来，怎么办?

一中学生问道："我太瘦了，平时父母为我买了许多各式各样好吃的东西，但不知为什么就是胖不起来，我该怎么办?"

像你这个年龄胖不起来的原因不在于饮食，主要原因可能是由于紧张的学习生活而忽视了体育锻炼。人体躯干主要由骨骼和肌肉两大部分组成，前者犹如灯笼的架子，后者附着其上，形成了各种体型。但是，骨骼和肌肉虽近在咫尺，又处处相依为命，而它们生长发育的过程却截然不同。骨骼的大小取决于遗传基因，当然后天的营养、锻炼也有少许作用。而肌肉并非如此，只要合理锻炼，便能日渐增粗。反之，倘若不加锻炼，那么不论位于何处，不论哪块肌肉都会萎缩、退化、消瘦下去。不少家长和同学往往会盲目地从休息和营养上寻找办法，有人多吃多睡或是人参、蜂王浆、补品一起上，结果收效并不理想。纵然少数人胖起来，也是皮下积聚脂肪，徒有虚胖。

那么怎样才能健壮起来呢？一是加强锻炼；二是注意营养，多吃些高蛋白、高热量和有丰富维生素的食物，如鱼、肉、蛋、牛奶、豆制品及新鲜蔬菜；三是消除心理上的一切干扰，保证充足的睡眠和良好的情绪。只要做到上述这些，那么你自然就会胖起来的。

18. 我平时最爱吃甜食，可又怕得糖尿病和龋齿，怎么办？

得糖尿病与体内过多地吸收糖分无关，但吃甜食后糖分滞留于牙齿表面，便于细菌滋长，也极易引起蛀牙。过多地摄入甜食还能引起机体的其他疾病，所以害处很大。俗话说：美味不可多用。再好吃的东西也应有节制。

如果你能养成良好的吃甜食的习惯，也就不必担心生病了。

你可以试试下面的办法：

（1）养成良好的口腔卫生习惯，每次进食后必须认真漱口，临睡前不吃甜食。

（2）严格控制甜食的摄取量，每天多吃蔬菜，少吃含糖多的食品。你一定很喜欢吃糖吧？如果你每天都有吃糖的机会，那么一定要告诫自己，每天只许吃一块糖，每坚持一周，就奖励自己一块糖，如果做不到就在日记上画一个丑八怪的面孔作为对自己的惩罚。

（3）每当你嘴馋想吃糖时，你可以想象得糖尿病和龋齿的痛苦，这样会帮助你战胜自己。

19. 我不想在家里生活，觉得没什么意思，想自己独立生活又不可能，怎么办？

俗话说："在家百日好，出门一日难。"柴米油盐酱醋水火电等一系列饮食起居的所需都得自己谋划料理，饥饱冷暖均需自己把握，谈何容易？拥有一个完整、和睦、温暖的家庭是多少人向往的！看过《三毛流浪记》吗？上海滩的一个孤儿，流落街头无依无靠，以捡垃圾为生，有时不得不乞讨，饱受世人凌辱，尝尽人间疾苦，他多么希望能有一个家呀！还有因父母离异遭到抛弃，这些孩子虽然还不至于流浪街头，但他们缺少母爱、缺少亲情，没有一个完整的家。为什么远航的水手总是期盼归航？为什么天涯的游子总是思念家乡？因为家是他们避风的港湾，是他们心灵的归宿。而你，拥有一个温馨的家却不能很好地珍惜，真是"身在福中不知福"啊！难道你想体验一下无家可归的恐惧和孤独无助的凄凉吗？

究竟是家的平静让你感到"没意思"，还是你自己思想空虚？中学生正走向成熟，渴望独立，不愿被别人支配，这并不是坏事，而且人也应该有这种意识。但走出家庭未必就能自立，到了你能够独立支配自己的时候，家人会让你独立的，而且你必须独立，因为父母不可能跟随你一辈子。

20. 都说人应该活得有价值，可我不懂到底人怎样才能活得有价值，我该怎么办?

这位同学提出了一个非常深刻而严肃的问题：人应该怎样活着？这是千百年来人们一直在探讨而又很难找到统一答案的话题。

大千世界，芸芸众生，他们在社会上扮演着各自不同的角色。各自的生存条件不同、生活能力不同、思想修养不同、人生追求不同，生活方式当然不同。不能说只有像伟人那样叱咤风云才算有价值，也不能说普通人平凡的一生就没有价值。到底怎样才能活得有价值呢?

对于人为什么活着，或者说人要这生命做什么，法国著名作家罗曼·罗兰的回答是，为的是来征服它。他的话是非常含蓄的，我们可以这样理解：人活着就要努力拼搏，不断征服生活中的艰难险阻，从而不断向前迈进。因此那些向困难屈服的人受人耻笑，为逃避人生的磨难而自寻短见的人，人们对他们除了一点同情外没有丝毫佩服。只有那些敢于向困难挑战、苦苦求索、不屈不挠的人，才能深得人们的敬重，成为人们学习的榜样。苏武牧羊矢志不渝，越王勾践卧薪尝胆……都被人们传为佳话。

人应该有崇高的信仰、健康的追求，不只是为自己，也要为社会乃至整个人类的发展作出自己应有的贡献。如果你想的只有自己，那么你的空间会变得狭小，头脑会变得空虚，人会感到无聊。而只有当你发现自己的存在能带给别人快乐和幸福时，自己才会感到由衷的快乐。哪怕你能给予这个社会的只是一点点，只要尽了自己的努力，你就可以无愧地说：我已经努力做了自己能做的事，不枉此生了。

21. 父母总限制我出去活动，怕出事，我觉得太不自由，怎么办?

成熟感的出现，使你更加渴望独立。同时，因为你尚未完全成熟，还有着幼稚和依赖的一面，因此父母往往对你的独立能力缺乏足够的信任。父母总是希望你能在他们的呵护和照顾下少遭遇一些挫折，少受到一些伤害，于是他们总是不厌其烦地在你的耳畔再三叮咛，不放心你独自出去做事。可你却不愿一直藏在父母的翅膀下生活。随着年龄的增长，你更加向往外面的天空，渴望去闯一闯外面的世界。这也正是你感到不自由的原因。

你的这种感觉是许多同学共有的。只要你和父母之间多一些沟通，多一些理解，这种感觉会逐渐消失的。

（1）你应该相信父母对你的限制是出于对你的爱护，能这样想你就不会抱怨父母了。

（2）你要增加活动的透明度，主动告诉父母你活动的时间、地点、内容和形式等，让父母了解你的活动是健康的、有益的，父母也就会对你多一分放心和支持。

(3) 你必须努力锻炼自己的独立能力，无论是在家、在学校，还是社会上的人际交往，如果你都能处理得恰如其分，在父母眼里你是个独立能力很强的孩子，那么他们怎么能不放心你独自到外面去呢？

22. 常听人讲“心理健康”一词，我怎样才能做到“心理健康”呢?

关于什么是心理健康，迄今为止心理卫生学界尚没有一个确切的标准。这是因为异常心理活动是一个非常复杂的现象。目前，对于心理健康的标准问题，美国心理学家马斯洛和迈特尔曼的阐述很受推崇。他们经过长期研究，几经修改，制定出下列十条标准：

(1) 有充分的安全感；

(2) 充分了解自己，并能对自己的能力做恰当的估计；

(3) 生活目标、理想切合实际；

(4) 与现实环境保持接触；

(5) 能保持个性的完整和谐；

(6) 具有从经验中学习的能力；

(7) 能保持良好的人际关系；

(8) 适度的情绪发泄和控制；

(9) 在不违背集体意志的前提下能适度地发挥个性；

(10) 在不违背社会道德规范的前提下能适当地满足个人的基本要求。

在1998年世界卫生组织提出的人体健康十条标准中，有三条对心理健康的要求：

(1) 有足够充沛的精力，能从容不迫地应付日常生活和工作的压力而不感到过分紧张；

(2) 处世乐观，态度积极，乐于承担责任，事无巨细不挑剔；

(3) 应变能力强，能适应环境的各种变化。

上述标准适用于所有的人。而对于青少年学生来说，心理健康标准主要应该有以下七条：

(1) 智力正常。智力正常与否是衡量一个人心理健康的最重要的标志，一个智力低下的傻子、白痴的心理不可能是健康的。

(2) 心理特点与年龄相符。一个人的举止言行应符合其年龄特点。青少年每天老气横秋、暮气沉沉，老年人像孩子一样活泼好动，都是心理不健康的表现。

(3) 乐于学习。有强烈的求知欲望，乐于学习，而且不把学习当成负担，这是学生心理健康的标志之一。

(4) 情绪稳定，心情愉快。能保持稳定的情绪、愉快的心情；生活有规律、学习效率高，说明心理比较健康。相反，如果情绪忽高忽低，经常苦闷、焦虑或者抑郁，有可能是出现了心理障碍，应该到心理门诊去检查一下。

（5）善于与别人相处。善于与别人相处是心理健康的重要标志。要与别人相处得融洽，能够了解别人，也被别人了解，很少与人发生冲突；在家庭和集体中比较受欢迎，有自己的好朋友。

（6）善于适应环境。环境变化了，能很快适应。对环境的变化不惧怕，不因环境变化而苦恼。

（7）善于控制自己的感情。善于自我心理调节，能控制自己的感情，能摆脱心理困扰，避免冲动，处理问题比较理智，这也是心理健康的重要标志。

你了解了心理健康的标准以后，应该加强自己的意志锻炼，注意培养自己的良好心理品质，使自己的心理能够得到健康发展。

23. 我的生活自理能力很差，怎么办?

任何一种能力的形成都是长期锻炼的结果，只要有自立自强意识，生活自理能力的形成要比其他能力容易得多。

首先你必须坚持一个原则：自己的事情自己做。尽管父母很疼你，怕你受累，而甘愿为你做好一切，你也要有勇气对父母说：谢谢你们，我自己的事情自己做。

你也必须培养勤劳的品质和积极参与的意识。主动帮助父母做一些力所能及的家务，这是你自我锻炼的好机会。如果你有些事情自己还不会做，要善于向父母请教，虚心听从他们的指导。

也许你第一次做某些事情时感到并不理想。例如，第一次叠被子，叠得不很整齐；第一次洗衣服，洗得不很干净；第一次做饭，做得并不可口等。即使如此，你也应该感到自豪，因为那是你自己做的。

也许你感到每一次尝试都会有不足，但也要看到每一次尝试都会有收获，因为你每次尝试都在努力弥补前一次的不足，弥补了不足，就意味着进步。

这样不懈地锻炼自己，你的自理能力一定会不断增强。

24. 对上大学信心不足，担心以后不分配，怎么办?

当前有相当一部分中学生，不，岂止是中学生，有相当一部分家长，甚至是老师，都有这样的顾虑，仿佛国家不包分配，上大学就没有用，学知识就没有用似的。

其实不然！

上大学、拿文凭、包分配，捧个“铁饭碗”，于是终生无忧，这是长期以来在人们心目中形成的心理定式。然而随着商品经济大潮的涌动，企事业单位严重超编，大批职工纷纷下岗，这种分配制已不符合社会发展的需要。当前的趋势是，人才自由流动，自谋职业，生存竞争将逐渐走向激烈化。“铁饭碗式”的分配制由于统得过死，已严重影响了生产力的发展，改革人才分配制度，恰是政府部门的一项进步之举。

试想国家分配的单位月收入仅2000元，而自己凭真才实学找到的单位月收入3000元，你选择哪一个呢？

也许有同学会说：那是有能耐的人，我恐怕……能力是锻炼出来的，不努力学习，不积极参与社会实践，坐井观天、枉自空叹，何时能有长进？所为大智大勇，乃知识之力量也。抛开等待分配的念头，带上你那富有智慧的头脑，还有一双勤劳的手，勇敢地迈开大步，闯一闯，一旦你迈开了步子，你便会茅塞顿开——外面的世界原来如此精彩！

25. 在择业之前感到很迷茫，怎么办？

职业学校学生面临着人生的一大选择——就业。职业学校学生虽然在校学习一些专业知识和技能，但由于他们对社会了解甚少，对自己缺乏恰当的估计，对职业的要求往往不切实际，导致就业的被动和盲目。因此，如何择业成为他们和他们的家长普遍关心的问题。职业学校学生应坚持的择业原则是：

（1）要克服职业偏见，树立正确的择业观。在旧社会，剥削阶级把体力劳动和一些服务性职业标为“下九流”，形成鄙视体力劳动和服务性职业的社会现象。在现实生活中，各种职业的社会声誉也并不相同，在积极竞争的同时，应树立社会主义职业的平等观，尊重平凡岗位的劳动。

（2）把国家、社会的需求与自身条件有机结合。在选择职业时，要从自身的具体条件出发，发挥特长、学有所用。假设不考虑自身条件，只从兴趣出发，见异思迁，“干一行，厌一行”，非但自己的聪明才智得不到充分发挥，甚至会给事业带来损失。

（3）要正确处理个人利益与国家需要的矛盾。择业时，当个人利益与社会需要发生矛盾时该怎么办呢？正确的态度是树立全局观念，自觉地维护社会利益，接受社会的挑选。根据行业工作的需要，在实践中培养新的兴趣和志向，学习新的知识和技能。干一行，爱一行，专一行，既乐业又敬业。

26. 我的独立性差，怎么办？

方华自述：“我一直想自己独立做事，可妈妈什么事也不让我做。我都十多岁了她还天天接送我上学。这么大了，离开妈妈我就什么事也不敢做，我该怎么办？”

这位同学的这种需求心理是十分可取的。那么她产生依赖心理的原因是什么呢？一是由于家长包办代替太多，不放手让孩子独立尝试做事，从而使孩子缺乏独立性；二是还缺乏自我尝试的意识。

实际上，孩子在三岁左右就有了独立性的要求，以后随着年龄的增长，孩子的独立性要求进入了更新的阶段，如果大人限制这种独立性就会使孩子形成依赖的心理。但孩子又想自强自立，应该怎么办？

（1）放开手脚做力所能及的事。能做的事就一定要自己去做，并努力让大人放心。

在做的过程中遇到困难，让家长给予启发帮助，不要让家长“包办代替”。

（2）把自己当作一个有独立人格的人看待，即使有时做的事在大人看来很可笑，大人可能会嘲笑、贬低你，甚至放心不下，都不必太在意，要争取保护自己独立做事的积极性。

（3）十几岁的孩子独立性差并不可怕，只要努力尝试着去做，独立性会逐渐增强的，并且可以怀着喜悦的心情成功地去做各种事情。

27. 班级的学习风气不正，我很着急，应该怎么办?

张同学说：“我班的学习氛围一直不浓，风气不正，我很着急，不知道怎么办。”

班级的学习气氛不足是有很多原因的，其主要原因：一是有的同学家庭条件好，讲吃、讲穿、追求名牌，好吃懒做，不爱学习，学习态度不端正，怕苦、怕累。二是有的学生学习基础差，厌学、逃学，有的想学又学不会，而且新知识又不断增加，日积月累，学习跟不上，也就不想学了。三是有的学生和社会上不三不四的人混在一起打架斗殴、谈恋爱等，造成学习分心等。

首先，针对以上种种表现，要追根寻源，配合老师做力所能及的工作。

其次，自己要端正学习态度，树立正确的人生观、价值观，树立正确的奋斗目标，为周围同学做出榜样，强化自己正确的学习目的，树立远大的理想和必胜的信心。

再次，应培养自己坚韧不拔的学习精神。班级学习风气不正，不能随波逐流，自暴自弃。应该坚定信心，刻苦学习，摆正位置，从我做起，排除各种干扰，并积极帮助表现差的同学共同进步。

最后，多向班主任老师和班干部提一些合理化建议，通过共同努力，班风会逐渐好转的。

28. 家庭经济困难，无法满足自己的需要，怎么办?

梁同学说：“我家十分困难，我有很多需求都满足不了，心中很苦恼，怎么办?”

作为父母，如果在经济条件好的情况下，都会满足子女的正常需求，除非是生活窘迫，经济条件差，才不能满足子女的需求。比如，我们经常听到、看到由于生活困难，有很多优秀学生念不起书，甚至考上了大学因为没有钱也不得不放弃。《实话实说》节目讲述了一位母亲由于丈夫去世，供不起两个女儿同时念书，不得不让她们抓稻草，谁抓住长的稻草谁就念书，以此改变了两个女儿的命运。试想，这位母亲难道不愿满足两个女儿的需要——上学吗？而她实在是供不起两个女儿同时读书。所以，你和她们相比，你是幸运的。今天你能读书，就是父母对你的最大满足。你的这种苦恼，是一种不实际的需求心理，是需要调整和控制的。不要再给父母增加负担，应该多体谅父母的苦衷。需要是无止境的，从实际出发，根据家庭的实际条件学会节俭，以养成良好的勤俭朴素的生活作风。同时还可以利用寒暑假勤工俭学来减轻父母的负担。

29. 需要朋友帮助，但不好意思开口，怎么办？

每个人都有需要别人帮助的时候，因为我们没有一个人是万能的。正如当我们去帮助别人时是愉快的一样，我们需要别人帮助时也应怀着平和的心态很自然地向别人求助，没什么不好意思的，这是人类社会再正常不过的现象。当然，我们在向别人求助时应注意一些问题：

首先，应在开口前想一想：这个要求是否合理？有无必要？不合理的要求就不要提，别人较难办到的也要慎重考虑后再决定是否求助。只要要求合理，就用不着不好意思；只要别人不难办到，就不必担心被拒绝。但是，一般的小事，自己能办的，就不要事事求人，不然就会养成爱依赖别人或坐享其成的坏习惯。

其次，开口求人也要讲究方式方法。一般来说，要注意求助对象与自己友情的深浅。好朋友之间，可以直截了当提出请求；一般朋友或同事、同学之间，则应该注意向对方说清自己的困难，而且要确有一定把握，认定对方是有可能且愿意帮助自己的。对于刚刚相识彼此极少了解的人，不应开口求助，否则对方会感到唐突而产生不悦。除了好朋友外，一般求助时要委婉些，并给对方留有余地，比如说“我想来想去，也许只有您能帮助我了”，“也许”两字就给对方留下了余地。“如果您能帮忙，我是太高兴了，假如您有困难，只管直说，没有关系……”“实在不行就算了，不要为难”，都会使对方觉得你是善于体谅人的。

求助于人时，不管是否得到帮助，都要向对方表示谢意。一个不懂得感激和尊重的人，下次求助就很难得到谅解和帮助。

30. 生活中缺少幽默感，怎么办？

生活需要幽默，需要欢乐。幽默是精神的缓冲剂。幽默可以淡化矛盾，消除误会，使不利的一方摆脱困境。幽默是社交场合的润滑剂，它可以使人们的交往更顺利、更自然、更融洽。幽默又是健康生活的调味品，当出现一种不协调或对一方不利的气氛时，超然洒脱的幽默往往可以使窘迫尴尬的场面在欢声笑语中消失。倘若缺乏幽默感，则往往会使不和谐气氛加剧，也会使生活缺乏乐趣。那么，缺少幽默感该怎么办呢？

（1）应对生活抱以积极、乐观的态度，培养乐观向上的情绪和性格，善于从烦恼和忧愁中解脱出来。

（2）应开拓较宽广的知识面，培养较丰富的想象力。许多幽默常依靠丰富的想象力来实现，而想象力又与知识面紧密相关，只有知识面宽的人，想象力才会丰富，才能创造出巧妙、合理而又丰富多彩的幽默来。因此，幽默是有知识、有修养的表现，是一种高雅的风度。

（3）培养敏捷的思维能力。许多幽默素材，就潜在于我们的生活中，只有思维敏捷，观察细致的人，才善于捕捉、提炼并加以合理运用，创造出适合不同场合的幽默，令人耳目一新。

（4）熟练地掌握夸张、比喻、影射、双关、讽刺等手法，巧妙地加以运用，才能使幽默有较强的感染力。

（5）多听多看幽默作品，是获取幽默的重要途径。看得、听得多了，幽默神经就会活跃起来，从不自觉到自觉地捕捉生活中幽默的瞬间。

性格比较内向，做事过于认真且呆板的人，要学会欣赏别人的幽默，在社交场合上，尽量让自己轻松、活泼，尽可能地把话说得机智、委婉、逗笑。当然，开始尝试会感到不大自然，但只要坦率、豁达，不断实践，幽默感就会变得自如，往往油然而生，使人际间的交往情趣盎然。

31. 对自己的前途与未来总是担心甚至焦虑不安，怎么办？

对自己的前途与未来的担心是正常的，一旦出现焦虑不安，那就要究其原因，尽快排除这种不正常心理。心理学所说的焦虑不安，有以下两种表现：一是经常疑惑忧虑，惶惶然如大难将至；二是经常怨天尤人、自忧自怜，无缘由地悲叹不已。有这两种表现的人，往往不能像正常人那样，应付自如地适应正常的生活环境。

现代精神医学从临床诊断中已经查出，造成青少年焦虑不安的个人历史原因可以归纳为两个方面：有些人在童年时期缺少温暖和必要的照顾，导致他们缺乏安全感，造成了他们日后的焦虑。相反，有些人由于童年时父母过于溺爱，导致他们日后缺乏独立生活能力，表现为思想行为幼稚化、成熟程度不足等，这样，也成为焦虑的潜在因素。

心理学家的研究结果表明："能正确对待自己的前途与未来，克制心理紧张，是保证身体健康的一个重要部分。""能妥善处理日常紧张事务的人，活到55岁仍很健康；但那些身处紧张状况而又觉得压力很大的人，衰老的程度要比前者快得多。"为此，在日常生活中，我们不要总是精神紧张，给自己增加一些不必要的担心。

有两种办法，可以帮你消除过多的焦虑不安：一是勇敢面对焦虑。你可以冷静地问自己：这件事最坏又能坏到什么程度呢？当你答复了这个问题后，你的焦虑就会消失。二是制订一个行动计划来代替你的焦虑。比如当你规定出一个有意义的奋斗目标，并全力以赴地使它实现时，你就会很快地把全部精力转移到这件事上，也就无暇焦虑了。

32. 向家长索要东西，家长不高兴，怎么办？

生活中常有这样的事：孩子看上某一样东西，向家长提出了索买要求，如果遭到拒绝他会先是哀求，如果不奏效，他会大哭大闹，使得家长左右为难，十分生气。

这种情况，往往是因为小时候家长经常无原则地满足你的索买要求，向你让步，使你形成了这种贪得无厌的不良习惯。这种习惯确实需要改正。那么，该怎么办呢？

（1）不断克制自己的索买要求，人的欲望是无止境的，不仅要考虑家庭的实际生活状况，而且要从小养成节俭的好习惯。

（2）不要用哭闹、发火来威胁家长。总觉得“爱哭的孩子有奶吃”，这种想法是很不理智的，对父母也是不体谅的表现。

（3）如果你索买的东西确属必需的，可耐心向大人讲清道理。若家长不同意买，也要理解她（他）不买的道理。

（4）你的索买要求一旦遭到拒绝，你可以暂缓要求，待和大人耐心地协商好解决的办法，再予购买。

33. 父母对我进行教育时要求不一致，我不知该听谁的，怎么办?

有很多家庭在教育孩子的问题上，往往一个唱红脸，一个唱黑脸；一个做好好先生，一个做恶人；一个往东，一个往西；或一个在教育，一个就在旁边护着，甚至两人当着孩子的面儿争吵起来。由于孩子年纪小，许多事情还分不清是非，有时简单地认为对自己态度好、护着自己的就听他（她）的，或者有时不知道该听谁的。

父母对孩子要求不一致的原因主要是期望目标不一致。成人多是从自己的立场、喜好和教育观点出发。父亲希望他勇敢、坚强、有主见等，母亲希望他善良、听话、有爱心等。同时，父母都是一种争强好胜的心理，让孩子必须听某一方的，才是“赢家”。那么，究竟该怎么做呢?

（1）要接受父母正面的积极的教育。善于理解父母的意图，只要是对自己成长有利，就是积极的批评意见，不能单纯从态度上去衡量是非对错。

（2）要把自己的愿望、喜好告诉父母，希望自己从哪个方面去发展，使父母都能了解自己的实际情况，并共同制定合理的目标。在你的成长过程中，只有父母要求一致，才能使你在一个和谐的环境中健康成长。

34. 我的爸爸是工人，可我跟同学说爸爸是老板，明知撒谎不对，也觉得欣慰，怎么办?

说谎的原因：一方面可能是你把愿望当现实，你希望自己的爸爸是老板，从而说出谎话。另一方面可能是你的虚荣心在作祟，觉得当今的老板比工人“档次高”，所以向同学说自己的爸爸是老板，觉得光彩。

对待这个问题，如果是由于你年幼无知，把愿望当现实，开开玩笑是可以的。如果是为了虚荣，就需要及时改正，不能再继续说谎。要诚实，要认识到工人和老板不过是社会分工不同，一样光荣。要正确看待社会的各种“角色”，不要被过去那种等级观念和庸俗思想所感染，错误地认为工人卑微，以至于不愿说爸爸是工人。对各行各业都要有一个正确的认识，因为三百六十行，行行出状元。无论你的父母是什么都不能证明你怎样，你要通过你的学习和实际努力，用你的实际能力和表现让人们去认识你、评价你、认可你。

35. 自己总感到“没劲”，怎么办?

“不知为什么我常常感到什么都没有意思。家长也抱怨：现在什么都有了还说‘没劲’。我真不知道怎样才能感到有意思，该怎么办?”

当你感到“没劲”的时候，是说明你不够快乐。这是你的心理需求得不到满足所致。

尽管独生子女是家庭中的“小皇帝”，但他们有很多苦恼，受的限制太多。长辈为了保护他们，这不让，那不行，一切都是家长包办代替。活动天地太小，没有玩伴，使他们感到孤独。家长强制性占用时间太多，孩子常常不能尽兴地玩而心里不痛快，所以说感到“没劲”。

那么，怎样才能让自己快乐起来呢?

（1）在力所能及的情况下，自己自由地选择一些内容健康的事情去做，寻求培养自己快乐的环境。

（2）常与同伴一起玩。学会与伙伴和睦相处。

（3）培养广泛的兴趣。假如在某一方面感到不开心，那么可以在其他方面寻找快乐。

（4）创设快乐的家庭环境。专家们说：“出生于快乐家庭的孩子，长大后也比一般人快乐些。”努力协助父母创造一个快乐的环境，共同认识和感受快乐，这样你的兴趣得到了满足，也就不会感到“没劲”了。

36. 父母不喜欢我领小伙伴到家里玩，怎么办?

家长不喜欢孩子把小伙伴领到家里玩，主要有三方面原因：一是现在城市居民的居住条件比较好，家长怕把家里弄脏了。二是大部分家庭人口较少，人多怕吵。三是对孩子接触的人不放心，担心有不良习惯的人对孩子有影响。

在日常你喜欢与小伙伴接触是一件好事，对你的情绪、情感、性格的发展都有益处。

如果你想领小伙伴来家，应该怎么办呢?

（1）你可以事先跟父母商量，征得他们的同意，并事先向父母介绍小伙伴的情况，着重介绍一下优点，父母会允许有优点的孩子同你接触的。

（2）你可以向父母承诺你们能够做到保持家里的整洁卫生。

（3）你平时就要向父母讲一些道理，与小伙伴常接触有哪些好处，告诉父母你带回家去的小伙伴对你是有好的影响的。

（4）你带小伙伴到家里玩应该是在不影响学习的前提下，否则引起父母的反感是必然的。

只要你处理好上述问题，相信父母会同意你领小伙伴到家里玩的。

37. 父母不关心我感兴趣的事，怎么办？

“我从地上捡了一块黑石头，兴致勃勃地送给母亲看，母亲却把它扔进了垃圾桶。我喜欢看蚂蚁搬家，爸爸却说：‘这有啥意思？’他们都不关心我感兴趣的事怎么办呢？”

的确有的家长不懂得孩子有孩子的世界，他们是在自己的世界里寻求快乐。你们从自己的心理水平、认识水平出发，对周围许多成人看来无聊的事物都抱有极大的兴趣。这种兴趣是求知的动力，是对周围事物的探索，能够促进你的观察力、想象力和思考能力的发展。

那么，遇到父母不理解、不感兴趣的情况，怎么办呢？

第一，你应当向父母讲清道理，说明你那样做的目的和意义，要求父母关心、支持、保护你感兴趣的事，因为对周围事物抱有兴趣的孩子，一定比那些对什么都视而不见、漠不关心、不感兴趣的孩子发展得好。孩提时代幼稚的兴趣如果赢得了家长的支持和培养，有可能成为稳定的兴趣，成为你对未来事业的执著追求。

第二，你可劝告你的父母从你的角度出发，对待出现的问题。你可以告诉父母你是一种什么心理体验，请父母回忆一下自己的青少年时代，看有无同感。相信父母会理解你的兴趣，从而支持和关心你感兴趣的事的。

38. 不知怎样培养自己的观察能力，怎么办？

观察能力，在心理学中属于知觉发展的范畴。观察活动的特点是有意识、有计划地去注意某一件事物。是较持久的知觉，也是知觉的最高级的表现形式。

在学习中，老师讲授的课程，往往需要观察来了解和掌握知识内容。因此，进行观察能力的培养和训练，必须在自己获得知识的过程中进行。

由于观察缺乏目的性、自觉性，不善于独立地对自己提出观察的目的和任务。因此，观察能力提高很慢。

若想很好地培养自己的观察能力：

（1）除了老师、家长有意识地引导和训练以外，自己还要认真仔细地去观察事物，增强观察的目的性。

（2）可以通过一些图画进行仔细观察，并且进行观察后的图像思考，也可在别人的指示下，学会有目的地认真观察。只要经常坚持，观察能力及掌握知识的能力一定会有所提高。

39. 不知道怎样培养独立思考的能力，怎么办？

“青少年的独立思考能力是建立在好奇心、兴趣爱好和独立生活能力的基础上的，可是我的独立意识很差，不善于思考，依赖心理强，我担心长此以往影响自己聪明才智的发展，怎么办?”

不能独立思考的主要原因：走入误区，误认为聪明的孩子就一定善于思考。事实上，聪明人有两种可能，一是勤于思考，二是懒于思考。有的往往认为自己头脑灵活，不假思索就能说上答案，加上周围人的夸奖，使他们不愿深思而满足现状。

怎样培养独立思考能力呢?

（1）不失时机尽早开始，在日常被动听故事的同时，要结合故事内容进行思考。

（2）接受或给予别人东西时，要先提个“小问题”，锻炼自己的思考能力。

（3）创造有助于思考的环境，如在全家茶余饭后闲聊应答等多种形式中督促自己去思考问题。

（4）学习思考技巧。一是全面思考，利用利弊得失参考法。无论对任何问题，都要考虑各方面的优缺点、有无趣味、有无值得参考的地方。二是归纳类推，也叫举一反三法。如一旦明白了选购糖果的方法，那么买铅笔或书本时，也就知道怎么去选择了。三是倾听意见。多听不同意见，考虑各种不同观点，进行类比选优。四是学写日记。写作是严格的心智训练，也是练习思考的好方法，可养成多观察、多思考、多动笔的好习惯。

（5）不断学习，坚持不懈。人不会一夜之间就养成独立思考的习惯，独立思考需要反复练习，并在不断的实践中完善。

40. 遇到问题不愿动脑筋，怎么办?

孩子遇事不肯动脑筋是很常见的一种现象，也是父母最爱抱怨的，但这实际上却是一个复杂的问题。这里讲的遇事，主要指两个方面，一是在日常生活中，二是在学习活动中。前者体现了社会适应能力，后者是学习问题。

主要原因及纠正方法：

（1）智力因素。这类孩子大多数看起来虽然不像是傻孩子，但其智力确有问题，往往给人一种貌似聪明，但不爱动脑筋的印象，很容易发生学习困难及其他心理障碍。因此，怀疑是这种情况时要尽早请心理医生检查其智力及社会适应能力，发现问题及早解决。若处于边缘状态，就要充分发挥自己的非智力因素，刻苦努力是可以跟上正常学生的。

（2）社会适应能力差。智力状态与社会适应能力在一般情况下是一致的，但也有许多学习很好、社会交往能力差、遇事不动脑筋者。无论是哪种情况都要从小培养自己的独立性和创造性，善于动脑筋、会动脑筋是非常重要的。特别是处在心理反抗期时，一定要防止不肯动脑筋的坏毛病，才能为形成健全的人格创造条件。

（3）其他因素：精神病态、精神衰退。有这种情况的孩子，多有较长的病程和一些怪异的想法和行为，需要及时请心理医生诊断。

41. 想培养自己良好的记忆品质，应该怎么办?

某学生说："进入初三以来，学习负担加重，大量知识需要背诵，记忆，可我发现自己的记忆功能日趋减退，很简单的东西背了一遍又一遍，还是记不住，我到底该怎么办呢?"

根据青少年心理发展的特点，要按以下方法培养青少年良好的记忆品质：

（1）识记品质的培养："识记"就是记住的意思，也是事物和经验在头脑中留下痕迹的过程。要使学过的知识牢牢地在脑海里留下痕迹，最有效的办法是反复识记。比如，老师要求学生把课文连续读数遍反复感知就在于此。

（2）认知品质的培养：是现实刺激与以往头脑中知识的痕迹之间相联系的过程。要努力培养自己学习的刻苦性，一定要把所学知识进行反复复习，牢牢记在脑子里。

（3）回忆品质的培养：是把记住的东西回忆起来。通过反复地对以往知识的回忆，即可达到使自己对以往知识的较多记忆与全面记忆的目的。

上述记忆品质的几个方面是相互联系而不可分割的，这种良好的记忆品质的培养主要是在学习活动中培养与发展的。

42. 做事不能持久，怎么办?

做事不能持久，主要表现是做事有头无尾，没有结果，缺乏毅力和耐心，兴趣不专一，所以凡事很难有所收获，成功率很低。其原因：

（1）缺乏自信心。

（2）意志力不强。

如何培养自己的持久性呢?

（1）当自己做事表现出急躁甚至发脾气时，可参加集体性的绘画、音乐或其他活动。在群体中约束自己，自己做的事情有了成绩的同时，也增加了兴趣。长此以往，就能形成良性循环，做事的持久性也就增强了。

（2）要有自己的想法，并且要创造条件实现自己的想法。特别是在遇到困难时，不要让家长包办代替，要集中精力坚持把事情办好。

（3）正确地认识失败：当你做事失败后要认真分析失败的原因，鼓励自己克服困难，不要因家长的态度、语气不对而破坏自己做事的持久性。

（4）成功是做事持久的催化剂：要先从简单的事做起，成功的概率相对就高。由于成功，自己的兴趣提高了，信心也就足了，做事自然也就能持之以恒了。

43. 想培养自己良好的注意品质，怎么办?

"注意"指的是整个心理活动对某一事物的指向和集中。没有对事物的注意，就不能产生对事物的认识。上课必须注意听讲，才能掌握老师所讲授的知识。因此，良好的注意品质是搞好学习的重要条件之一。

有意注意的发展，是培养良好注意品质的关键。因此，应该努力从以下几方面做起：

（1）注意程度的培养：激发自己强烈的学习愿望，刻苦读书。

（2）注意稳定性的培养：要培养和训练自己在一定的时间内把注意力稳定地保持在某一事物或某一活动上，如在上课时间内和在做作业时都要保持稳定的注意力。

（3）注意集中的培养：在学习活动中，要求自己在上课、做作业等规定的学习时间内，强制自己保持注意力的高度集中，使自己对学习内容有极大吸引力，注意进行自我控制。

44. 想培养自己良好的思维品质，可不知道应该怎样去做，怎么办?

培养良好的思维品质，需要一个较长的过程，必须有较强的意志力。

（1）在生动活泼的教学过程中，注意培养自己善于运用分析、综合、抽象、概括进行逻辑思维的能力。通过学习促进正当思维活动的发展。

（2）能够接受新要求：从大量的感性知识开始，到掌握间接、抽象、概括的知识，在学习和掌握知识的过程中，积极发挥自己的智力活动。

（3）培养学习的自觉性和刻苦性：从儿童思维活动的发展到良好思维品质的形成，从形象思维活动到抽象逻辑思维的形成，都不是简单的过程。因此，必须培养自己主动学习的自觉性和积极性。

（4）培养自己言语的发展：言语是思维的外在表现，言语的发展与逻辑思维的发展是互相促进的。注意学习标准的文明适度的语言表达方式。

（5）培养创造性的思维品质：多学习、善观察、多写作文、多记日记等。

45. 应聘时不知怎样从服饰上装饰自己，怎么办?

一同学说："我是一个职业学校学生，快要应聘了，可我不知怎样从服饰上装饰自己，才能给人留下一个好的印象，应该怎么办?"

装束总是有意无意地影响着他人对你的感觉，可能是愉快感，也可能是厌恶感。因此，服饰在应聘交往中是非常重要的，一定不能忽视。那么，如何通过服饰来装扮自己呢?

（1）装束要有风度，要体现自然美。我们强调服饰在第一印象中的作用，并非你去追求衣着的华丽，而是要着装打扮得合体、整洁，并且有新意，有个性。一身新颖别致的服装，可以表现洒脱、高雅自然的风度。

（2）装束要与职业特点相符。装束要与自己的个性相符，也应注意与欲求的职业目标的特点相符。如珠宝店的求职者就不同于炼钢厂的应征者；想当一名高级化妆品的推销员在装束打扮上就不同于想当一名清洁工的装束。

（3）装束要注意迎合招聘者的兴趣、爱好和个性特征。因为有的人喜欢华丽时髦，而有的则不习惯珠光宝气，却对朴实无华感兴趣。所以，在应聘前最好了解一下招聘者的兴趣、爱好，以便投其所好，取得成功。

46. 不能正确认识自我，怎么办?

一职业学校学生来信询问："在选择职业目标时，不知自己究竟适合什么样的职业怎么办?"

俗话讲："知己知彼，百战百胜。"职业学校学生求职时，应首先了解自我，为求职如愿准备有利条件。如何做到这一点呢?

(1) 要培养自己良好的心理素质，要善于发现自己的长处，充满自信，勇于参与应聘，以良好的心态推销自己，展示自己的特长和才华。

(2) 正确估价自我。估价自我因个人的生活、阅历、心理发展与智慧高低而有迥异的见解。不管自己的目标怎样定，都要防止好高骛远。如果目标太高太远，超出能力所及的范围，会迫使你自暴自弃，最终将失去信心。好的办法是先仔细估量自己的价值到底有多大，在表现自己的时候，要结合职业特点有针对性、有准备地评价自己，才能取得应聘的主动权。

(3) 了解自己的优势能力和发展潜能，加强优势能力的发展，发挥潜能，从总体上提升自己的能力，同时弥补能力中某些不足。

只有如此，目标才能定得合理适度，求职才能切合实际，达到预期目的。

47. 不知该怎样确定自己的职业志向，怎么办?

现代社会，职业是连接个人与社会的重要渠道，职业生活是人生的重要组成部分。它不仅是谋生的手段，也是实现自我价值的重要舞台。因此，职业的定向是人生将面对的重要课题。在职业学校学生的理想结构中，职业志向往往是最重要的内容之一。那么，职业学校学生的职业志向该怎样确定呢?

一般来讲，职业学校学生从进校之日起，对未来的职业就会有一定的构想。但是随着市场经济的发展，人们的职业观念不断变化，职业学校学生的职业志向也必然发生变化。面临毕业的职业学校学生，自己的实际去向问题严峻地摆在面前，这时，必须作出确切的抉择。这是一个复杂的心理过程，你既要考虑个人，又要想到社会；既要着眼于现实，也希望能看到将来；既渴求实现自己的愿望，又要考虑到实现的可能。

如有的想当技术工人，有的想当服务员，有的想升入高校，继续深造……这些职业志向都是很实际的社会需求，所以，作为一个职业学校学生应从自身的爱好、特长和实际情况出发，根据个人条件和社会需要，恰当而果断地确定好自己的职业志向。

48. 我很想从事一个自己理想的职业，但又不懂得如何择业，怎么办?

(1) 了解社会信息。职业学校学生择业时要弄清社会需要什么，今后的职业发展趋势和动向如何，做到心中有数，有的放矢。随着市场经济的发展，社会上的各种职业也会发生某些变化。一些传统的职业可能被淘汰，或需求量减少，有些新兴的职业则不断涌现，或需求量增大。如过去职业学校学生毕业后，非常向往全民所有制单位，渴望找个“铁饭碗”，但近些年来，随着改革开放的深入，事业单位定编定岗，减员增效，对职业学校学生的需求量大减，而一些集体的、个体的、三资的企事业单位却蓬勃发展，人才的需求量递增。这就需要职业学校学生对时代的步伐有一个清醒认识，否则，择业就会到处碰壁。应广泛搜集社会各方面、各领域的信息，冲破陈旧的、传统的职业心理定式，在更广阔的领域选择能充分发挥自己专长与潜能的职业。

（2）了解职业或新学专业的性质、特点。职业学校学生择业时，既要考虑到用人单位和所学专业的性质，还要考虑单位和所学专业的特点及其对人才的要求。对所选职业或所学专业具有较全面的认识，择业时才能争取主动，达到目的。

（3）了解自我。职业学校学生择业时，要深刻分析和认识自己的气质、性格、爱好、特长、文化基础与所学专业理论和技能，既要了解自己的优势，又要清楚自己的弱点，才能扬长避短，找到适合自己的职业。如抽象概括能力和创造能力较强，善于利用智慧、符号和观念进行学习的学生，适合选择研究、设计等职业；口头表达能力和活动能力较强的学生，适合从事教学、咨询、公关、营销等职业；组织能力、领导能力和开拓能力较强的学生，可以选择管理等职业。

49. 我不知道该采用哪些办法找工作，很焦急，怎么办？

你就业心切，急需找到途径，在这里为你提供几种办法：

（1）注意搜集职业信息。一是查阅职业指南，地方职业现状与发展的资料汇编及电台、报刊的招聘广告；二是实地调查访问；三是通过发信函或电话咨询等方式向咨询机构包括人才交流中心了解情况；四是通过老师、同学、亲朋好友及熟人了解职业信息。

（2）自我介绍。一是通过书面材料介绍自己；二是通过面试交谈推荐自己。为此，应注意两点：第一是认真填写志愿书或履历表；第二是注意给对方以良好的第一印象，使自己能够赢得对方的好感，取得应聘的成功。

（3）参加适应性测验。通过书面问卷或动手操作的方式，对自己的性格、能力、职业兴趣、职业能力倾向、职业气质等方面进行准确的适应性测验。测验结果可以作为分析、了解自我的辅助材料，以帮助自己综合其他各方面的信息，合理地选择职业。

50. 我所学的专业单一，很担心将来因职业变换而不适应，怎么办？

职业学校学生在择业前或毕业后对职业的选择都会发生某些改变，需要进行职业的重新抉择。

（1）要有良好的心理准备。遵循个人服从国家、社会需要的总原则，综合各方面的信息，认真、慎重地选择。值得注意的是，那种见异思迁，朝三暮四，随时随地变换职业方向，这山望着那山高的现象是万万要不得的，那样将会一事无成。但要懂得适者生存的道理，根据实际的需要，提高适应能力，学会适应环境，适应职业，培养对现有职业的兴趣，或进行适时的、合理的自我调整。

（2）要注重培养自己的职业兴趣。在培养职业兴趣中一要勤于思索，刻苦钻研，对自己从事的职业深入探究，通过辛勤劳动，取得点滴成功后，就会对本职工作发生浓厚的兴趣。二要树立远大的奋斗目标。一个庸庸碌碌、目光短浅的人，很难对所从事的某种职业产生兴趣，也很难有所成就。俗话讲："三百六十行，行行出状元。"无论何种职业，只要努力去适应，有雄心、决心、恒心，都可有所成就。

51. 在就业观念上总是理想化，怎么办?

即将走出校门的中专生有相当一部分人存在着择业观念上的心理误区。那就是择业理想化。希望能到工作清闲、条件舒适、工资丰厚的国企、大公司里工作；把经济待遇和物质条件作为择业第一标准或唯一标准；等靠思想严重。那么怎样才能走出这一心理误区呢?

（1）确定正确的职业理想。职业理想的确立应切合实际，不能好高骛远。必须把个人的愿望和社会的发展需要结合起来，量体裁衣，切实可行。

（2）加强创业意识的培养。创业意识是适应市场经济发展的需要，是学生走向社会的一项必备素质。要发挥个人的专业技能、特长，找到一份适合自己的职业，开辟出一块属于自己的天地，做一个手心向下，自己主宰自己命运的人。

（3）走适合自己的路。必须根据自己的实际条件确定自己能干什么，自己的职业兴趣是什么，并作出正确的选择，实现自己的人生价值，为社会作贡献。正所谓："人生的成功不在于拿到一副好牌，而在于如何将手上这副牌打好。"

只要有信心，有恒心，经过自己的不懈努力一定会走好求职、就业这一人生的重要一步。

52. 想克服职业道德修养无关大局的心理，具体应该怎么办?

某同学咨询："我总是认为将来到工作岗位上，只要业务能力强，技术水平高，就可以成为行家里手，干出一番大事业来，至于职业道德修养如何，与职业成就无关。要解决这一心理问题应该怎么办呢?"

（1）克服重智轻德的心理。人作为社会的成员，其行为总是涉及人际关系，因而其行为后果就可能有益于社会，符合多数人的利益；也可能有害于社会，损害多数人的权益。所以，参与社会活动后，人的职业道德修养如何对社会的各个方面发生作用，也就决定一个人在事业上成功与否。

周恩来总理严格要求自己，保持谦虚谨慎的作风。他为自己定下了七条"自我修养要则"，而且始终如一地身体力行，严格遵守，使其具有更加伟大的人格。

（2）职业道德修养是个人进步和事业成功的重要条件。在各个不同的岗位上，有些人进步，成功，有的人颓废，甚至腐化堕落，原因是什么呢？往往与能否自觉进行道德修养有关。李大钊同志曾以“铁肩担道义”作为座右铭，在革命生涯中进行自我修养。所以，他能一心为党、为人民、为共产主义事业奋斗终生，称得上后世师表。你若能注重自我修养，你终将成为社会上一个有用的人才。

（3）职业道德修养，它是职业学校学生职前准备的重要方面。你正处于风华正茂，即将跨出校门，踏入社会职业生活的黄金时代，要珍惜这段大好时光。在学习上刻苦钻研，在业务上精益求精，掌握将来为人民服务的本领，在思想上高标准，严要求，不断提高职业道德修养水平。职业道德修养与事业成功密切相关，不可忽视或偏废。

53. 要加强自己的道德修养，但不会做，怎么办?

一职业学校学生说，虽然也认识到加强职业道德修养的重要性，也想提高自己的职业道德水平，但常常苦于不知从哪做起。要加强自己的道德修养，建议从以下几方面入手：

（1）要努力学习职业道德基本知识。学习马克思主义基本理论和职业道德基本知识，可以从理论上明确为什么加强职业道德修养，怎样加强职业道德修养，加深对社会职业道德的理论、原则和规范的理解，明确职业道德修养的目标，把握职业道德修养的标准，从而提高自己进行职业道德修养的自觉性。

（2）在参加社会实践中学习和强化职业道德修养，坚持知行统一。比如，某校餐旅专业在讲授餐旅专业知识的基础上，广泛开展服务性活动，进行职业道德修养和业务训练。班级每次安排服务两周，按前厅、客房、餐饮等部门分组，由学生自我管理并设计服务项目，还为教师联欢会提供正规服务等。按照饭店服务章程，假戏真做。通过这种热情而实在的服务实践，使很多毕业生一走上岗位很快就成为基层骨干。

（3）进行自我职业道德评价，并注意严于解剖自己。通过职业道德评价，自觉地矫正自己的行为，养成良好的道德品质。还要认真开展批评与自我批评，经常“反躬自问”，朋友间“如切如磋，如琢如磨”，相互监督和帮助。

（4）学习先进人物，不断激励自己。如公交战线上的楷模李素丽等，通过学习他们的高尚品德，不断提高自己的职业道德水平。

（5）提高精神境界，努力做到“慎独”。在无人监督的情况下，自觉遵守道德规范。

54. 身在改革的大潮中，我却缺乏创新意识，该怎么办?

“大家都说我思想保守，心理闭锁，做事墨守成规，不敢越雷池一步。我自己也担心在这改革的年代里，像我这样缺乏创新意识的年轻人，将来踏入社会能立住脚吗？我决心改变自己的性格，可究竟应该怎么做呢？”

针对你的情况，提供以下意见，供参考：

（1）解放思想，敢走前人没有走过的路。在校期间，一方面要关心国家大事，了解接受改革开放的最新信息，加深对改革开放的理解和认识，培养和增强改革开放意识。另一方面，要走出校门，积极参加学校组织的社会实践活动，向锐意改革创新的先进模范人物学习，不断提高改革创新意识和实践能力。

（2）勤于探索，学习和掌握新知识、新技术。要刻苦学习，努力掌握一般科学文化知识和专业知识、技能技巧，不断接受最新科技信息、专业信息、市场信息，为毕业后更好地改革创新，做好思想准备、知识准备和能力准备。

（3）不空谈，重实干，要有百折不挠的精神。发扬敢于第一个吃螃蟹的精神，大胆攻克前人没有解决的难题，不断提出新问题，研究新方法，走出新路子。

今后毕业分配是双向选择，自主择业，这种新生分配制度有利于发挥每个同学的积极性，同学们可以在无限广阔又五彩缤纷的社会主义现代化建设的天地里大显身手。这就需要在校期间掌握更多的知识，培养自己的能力，特别是培养实干精神。自觉地克服学习、工作、生活中碰到的各种困难，在实践中磨炼自己，你就会永远立于不败之地。

第七部　情感心理

1. 我长得不好，不愿和同学在一起，又很苦恼，怎么办?

一学生问道:“我长得又矮又胖，所以自己觉得自卑，也就不愿和同学们在一起，但有时又很孤独、很苦恼怎么办?”

事实上，处在青春期的青少年，可以说对纯真的友谊和广泛的人际交往有着普遍和强烈的向往，出现上述想法，只不过是一种叫“羞怯”的心理在作祟。这种心理并不罕见，据一份统计资料表明，大约有 40% 的美国人存在着羞怯的现象，而日本人则有 60% 。造成羞怯的原因之一就是日本人身材矮小或有某种缺陷。当然家境不好，父母没有好职业，学习成绩欠佳等，也往往使不少人产生这样或那样的“自惭形秽”的自卑心理，最终缺乏自信而不敢在社交场合露面。

怎样克服这一心理现象呢? 关键的一点是自我悦纳，自我解脱，不要总想自己的短处，而看不到自己的长处，只有在发现了自己身上的才华、智慧、能力后，你在人生的天平上才不至于失重，你在社会的交往中才不至于自卑。另外还要寻找机会反复地锻炼自己，即使一次失败了还有第二次、第三次，事在人为，哪有走不通的路? 哪有爬不到顶的山? 所以，平时要从小事做起，比如先和同学打打招呼，随后找机会和同学谈谈话，形成习惯以后再主动和陌生人打打交道，人的自信心常常是日积月累中逐渐培养起来的。你这样做了，时间久了，你的朋友自然多起来，你就不会有那些烦恼了。

2. 我觉得自己已经长大了，可是父母还是对我什么都不放心，怎么办?

一名小学女学生问道:“我觉得自己已经长大了，为什么有些事父母对我还是不放心。记得有一次，我写了‘永葆童贞’几个字，不料被母亲看见，她是那样不理解，说我变了。其实我已经长大了，但我总不能忘记童年那玫瑰色的生活，我想追忆往事、展望未来，于是就写了这么几个字，可母亲总往别处想。我多么想让父母理解我呀，怎么办?”

对于这个问题应该指出的是，父母不放心的原因，其一在于你对父母的过分依赖，或是因从小至今始终是父母照顾你，从小没有独立地面对问题；其二是你虽然长大了，但是成长中的你随着知识、能力的不断提高和生理、心理机能的逐渐发展，成人感越来越强，自尊独立，参与意识也日益增强，但你的发展并未完全成熟，有时毕竟还很幼稚，对问题的认识还不够全面和准确。面对这个问题，你应该逐渐培养自己的独立性，学会自己处理问题，大的决定或搞不清楚的问题要请家长和老师给予指导，逐渐地由小到大做一到两件事给家长看，长此以往，家长慢慢地就会放心了。像你写“永葆童贞”几个字，母亲不理解是有道理的。当然你可能是单纯地用此话语来战胜性意识朦胧状态的一些想法，但做母亲的会想到许许多多，而且看到突然长大了的你，能写出这些，心里立刻会紧张起来。只有等你用你的行为证明了你自己时，她就会逐步信任起你来。所以你要给予充分的理解并用事实证明你自己的成熟，方能使父母对你放心。

3. 父母硬逼我吃不爱吃的东西，不吃又怕父母不高兴，怎么办?

一学生问：“平时吃饭时，有很多的菜不愿吃。都说多吃蔬菜好，我也知道；父母也逼着我吃，甚至说我能吃几口菜，就给我买某个好东西。尽管如此，我也不想吃，但又怕父母生气，真不知如何是好。”

你应该懂得，挑食严重就会引起营养缺乏，造成很多的疾病。人体的生长和正常的生理活动需要20多种氨基酸，人体所必需的六大营养素：蛋白质、糖、脂肪、水、无机盐和维生素，它们来自粮食、蔬菜、水果等食物。复杂多样的营养物质绝不是只在少数几种食物内，而是在各种各样的食物内，所以我们吃东西要多样化，要经常调剂饮食，才能满足身体营养的需要，身体才能健康。

你如果认识到这些，你就不用父母硬逼你吃了，更不用父母以买好东西来刺激你吃了。

4. 我个子很矮，因此常常感到压抑，怎么办?

“身材颀长”无疑是当今青年男女人人向往、追求的目标，而且，随着时代的发展、观念的改变，所谓标准身高也在提高。尽管近年来，由于人民生活水平的改善和提高，新的一代确有明显增高的趋势，但在现实生活中，够不上标准、达不到高度的人比比皆是。个子矮了几厘米，就感到压抑，其实是不必要的烦恼。从医学观点看，只有当完成正常发育后，身高仍不足120厘米才算矮子。

个子的高矮，有几个决定因素：其一，遗传因素。父母的身材较高，其子女普遍较高。其二，后天因素。营养、锻炼等也能使身高有所改变。如果这些方面没问题而身材不高，应正视现实，不必怨天尤人。更不要自寻烦恼，应乐观、开朗、进取，去开掘自己身上的“宝库”。须知，历史上的伟人，并非都是高个子，何必只为了少几厘米而妄自菲薄呢?

5. 我总是害怕长大成人，怎么办?

一个人从出生到衰老，要经历若干发展变化的阶段。这是自然规律，任何人都不能随意改变这一规律。随着年龄的增长，到了懂事的年龄，听到的、看到的都是关于大人的愁事、烦恼，所以在你的心理上形成了压力，觉得长大不好，特别是害怕自己长大。其实这都是没有必要的。人与自然、人与社会、人与人之间存在这样那样的矛盾是一个普遍的规律，而且任何人也不能回避退让。这里就有一个适应的问题。适应得好不好的关键并不取决于任何客观条件，而在于自身的决心和信念。总之，只要自己下决心去适应，努力学习，掌握了真才实学，具备了适应社会的能力，无论遇到什么困难和曲折，最终必定会取得胜利。

6. 我总是厌恶自己肥胖的身材，怕影响我的美观，怎么办?

男女同学对健美各有所求，男同学希望高大挺拔，女同学希望修长苗条，两者虽有差异，但也有共性，即厌恶肥胖，当然女同学尤甚。

生活中不乏这样的女子，有些姑娘因为身上添了几斤肉，便愁肠百结，唯恐从此加入了肥胖者的行列。其实，什么是肥胖，你清楚吗?

所谓肥胖是指体内脂肪积聚过多，而使体重大大超越了相应身高、体重应有的比例。由此可见，一些自惭“肥胖”的姑娘中，绝大部分并不属于肥胖，只是略丰满些。

当然一些女同学见自己的皮下脂肪丰满些，便想方设法减肥，甚至不惜忍受饥饿的痛苦，这是不足取的。据医学家近年研究发现：女子月经来潮时，至少得拥有17%的脂肪质，若想维持月经的正常稳定，脂肪含量至少应占体重的22%。因为脂肪能调节女性的雌激素在体内的平衡。否则，容易发生月经失调，甚至造成闭经，当然也就会影响以后的生育了。另外，由于节食还会使营养素不够，抗病能力降低，所以在体内保持一定量的脂肪，有助于女性的正常生理发育。而处于青春期发育的中学生，不应以单纯的减肥来求美，而应求肌肉结实丰满、身材比例匀称、形体曲线明显的健美体形。要想达到这种要求并不难，可以通过运动防胖减肥，但贵在坚持，有条件者适当做些健美体操，时间一长，身材比例、形体曲线都会向健美方向发展。

7. 父母常发生矛盾，我该怎么办?

辩证法告诉我们：事物是在矛盾中发展变化的，也就是说学校、家庭、社会乃至整个世界都存在矛盾，这是普遍规律，夫妻吵架是家庭矛盾中最常见的一种表现。家庭中的琐碎事情太多太多，日久天长，哪有碟子不碰碗的?认识到这一点，相信你会对你的家庭多一点信心。

人们常说孩子是沟通父母情感的桥梁，是维系家庭的纽带。当父母之间发生矛盾时，孩子的作用就显得尤为重要。作为一个懂事的孩子，你要为缓和父母的矛盾、弥补他们感情的裂痕做一些努力。下面的方法可以供你参考：

父母吵架往往是因为一些鸡毛蒜皮的琐事。你弄清起因后，可以说：嗨！区区小事何必计较?以和为贵嘛！你的豁达也许会感染他们，使他们认识到自己的不足。

当父母因某个话题争吵时，可以选择适当的机会，提出另一个能引起他们关注的话题，转移注意力，使矛盾的焦点淡化。

你也可以开一个机智的玩笑，调节一下气氛，使双方不再生气。

如果父母之间缺乏相互的理解和信任，你可以担任一次调解法官，让他们对彼此的优点多一些了解，促进他们彼此思想的沟通。你可从正面劝解，侧面引喻，必要时可以给父母写信或向亲友求助。

8. 因生理缺陷受人嘲弄，很痛苦，怎么办?

王立同学有生理缺陷，因此常受到同学的嘲弄。他感到很痛苦，甚至想辍学。他说："我愿意读书，可又怕见到那些嘲笑我的同学，该怎么办?"

人无完人。再伟大的人，身上也会有缺点；再渺小的人，身上也不乏闪光的东西。你的同学嘲笑你有生理缺陷，也许他自己的缺点比你还多。你的缺陷是生理上的客观原因造成的，责任并不在你；而他的缺点完全是他自己主观造成的。你的缺陷自己心中有数，并且能努力去弥补；而他对自己的缺点却认识不足，相反还自以为是沾沾自喜，岂不更可悲？他们因为你有生理缺陷而嘲笑你，这恰是他们心灵上的缺陷。

所以你完全可以不在意那些浅薄者的无聊，理直气壮地去上学，因为你有受教育的权利，而且只有接受教育，你才能有机会在人生道路上发展自己。如果你过于在意别人的嘲笑而自误学业，岂不因小失大？韩信能忍胯下之辱，终于成为一代英雄。你应该学会忍耐和宽容。君子之所以为君子，是因为他们胸怀宽广，善于宽容小人的无聊，不为小事而纠缠，大度能容容天下难容之事，笑口常开笑天下可笑之人。在别人的嘲笑声中，你显得如此豁达和自信，那些嘲笑者自然也就自讨没趣了。

同时，你要树立远大志向，加倍努力学习，争取优异成绩，做一个身残志坚的好少年，让别人不敢轻视你。

9. 为自己相貌平庸而苦恼，怎么办?

王庆国同学自上学以来，成绩一直优秀，父母为此感到自豪，他自己也生活得无忧无虑，对未来充满美好的憧憬。可是，最近一段时间他开始对自己的相貌十分关注，认为自己长相平庸，由此产生烦恼，并且不能从容地和同学交往，远离大家，自我封闭。

心理学的研究表明，这位同学的表现是典型的自我否定型。在中学生中，有这种心态的人并不少见。他们可能是因为自己的实际条件不符合自己的理想，如对自己的容貌、性格、能力、家庭等某一方面或几方面产生不满，却又没有能力改变现实，这种矛盾的心理使其产生厌弃自己的情绪，形成自卑心理，结果是愧疚终日，画地为牢。那么，怎样才能走出自卑的困境，重新接受自己呢?

首先，要正视自己，自我鼓励。世界上十全十美的人或事情是没有的，如果只看缺点，不看优点必然是“庸人自扰”。任何一个人在某一方面存在着缺点和不足都是正常的。王庆国同学就是一个很好的例子。虽然自己容貌平常，但智力上乘，学习成绩好这是最大的优点。因此，没有必要自寻烦恼，而是要发扬自己的长处，激励自己在学习上更加勤奋努力，为将来在知识经济社会中有所作为做好充分准备。

其次，树立正确的人生价值观。人生在世究竟要与他人比什么？这就涉及一个人的人生价值观。中学生正处在成长发育阶段，还没有形成正确的人生观、价值观。所以，才会有一部分人出现这种不接受自己的自卑心理。容貌的优劣是父母给的，而不是由自己的意志决定的，换句话说，是自己无力改变的事情。而学习成绩的好坏是可以靠自己的努力改变的。因此，要把自己的精力全部投入到学习中去，从中找到乐趣，确认自身的价值。

最后，培养乐观的生活态度。中学时代正值多姿多彩的青春期，它是漫长人生旅途中短暂的一瞬，何不抓住这玫瑰色的机遇满腔热情地投入到学习生活中去呢？培养积极乐观的生活态度是建立自信的基础。

10. 有事不愿意和父母商量，甚至总向父母发脾气，怎么办?

处于这种心理状态是因为你正处于少年时期，也是人生的第二反抗期，反抗的对象主要是父母，反抗的形式有：不听父母的话，看不惯父母的言行，对父母发脾气，甚至跟父母吵架等。这一时期产生反抗心理是正常的。一方面，随着你年龄的增长，成熟感的出现，独立的要求也越来越强烈；另一方面，由于少年时期还有着幼稚和依赖的一面，所以父母对你的独立能力缺乏信任，因此你和父母之间不可避免地要产生一些矛盾。

要尽量减少这些矛盾，你必须对自己的成熟感有一个正确的认识。不要否认实际上在成熟的背后还有幼稚和依赖的弱点。真正的成熟不是一夜之间可以获得的，它需要漫长的人生体验；真正的成熟不是简单的模仿可以得到的，它需要经历现实生活的检验。就像一只小鸟，只有当它积累了一定的飞翔经验以后，才可以独自飞上蓝天。所以，在你成长的同时，不要完全拒绝成人的帮助，也不要忘了主动向他们请教，虚心学习会使你成长得更迅速、更完美。

如何处理好同父母之间的矛盾呢？下面谈几点建议：

（1）同父母发生矛盾时，暂时把实际的想法留起来，先按父母的要求去行动。

（2）当你对父母的做法不满意时，不要消极对抗，也不要憋在心里，可以主动要求同他们坐下来谈谈。

（3）父母发火时，暂时避开争辩。等他们平静下来以后，你可以真诚地告诉他们：“爸爸妈妈，那天你们用那样的态度对我，我感到很难过。”

（4）尊重是互相的，你尊重父母，父母也会尊重你。

11. 父母夸奖别人孩子，贬低自家孩子时，我该怎么办?

李颖是初一（3）班学生，她说：“当家里来了客人时，父母就经常一味地夸奖客人的孩子，说人家的孩子学习好、懂礼貌，将来一定有出息。与此同时，又贬低我，把我说得一无是处。听了这些话后，我非常生气，以至于家里有客人时，我就躲在自己的房间里，不愿出去，这时父母又说我见不得人，没出息。我该怎么办?”

李颖的这种心理是一种寻求他人赞许的心理。每个人都愿意被人喜欢和受人赞扬，这是一种正常的心理。但是把获得别人赞扬作为行为的目的和准则，那就是不正常的心理，那你的行为就受他人控制了，也就等于否定了自我价值。

具体做法：

（1）要客观地、一分为二地分析父母对你的评价。不要盲目地认为父母的话全对，从而否认自己；或者认为父母的话全错，因而产生抵触情绪。要根据自己的看法正确对待他人的评价。父母把你说得一无是处，这显然是犯了绝对化的错误，因为再坏的人也有优点。

（2）父母的话如果是对的，你要改变以往的错误做法。如说你没礼貌，你就该从此彬彬有礼，见到客人主动打招呼，然后到自己房间去学习。

（3）父母的话如果是错的，你仍然要坚持自己的看法，你也不必生气，而应一笑置之。记住：生气是拿别人的错误惩罚自己。

（4）父母夸奖别人的孩子，这也许是出于一种礼貌，而批评你，这是一份特殊的爱。记住：最爱你的，还是你的父母。

12. 回家没时间做作业很苦恼，怎么办?

学生王晓云说：“我是农民的孩子，住在离校6里的山沟里，全家5口人，责任田20亩，养3头牛、4头猪，鸡、鸭、鹅全有。妈妈身体不好，爷爷帮助爸爸种地，妹妹读小学，我读初中。每天放学，放下书包就得做饭，喂猪、鸡、鸭、鹅，都忙完了天也黑了，想写作业，爸爸为省钱不许点灯，我很苦恼，我该怎么办?”

这样繁杂的家务劳动，几乎全靠你来承担，还能坚持读书真不容易，你克服困难的精神值得学习。你在家学会了操持家务，可以说就比别人多学了一门知识，你应当感到自豪。可是晚上想看书爸爸又不让，也太难为你了。你从下面几点注意一下，就知道怎么办了：

（1）回家做些家务不是坏事，既帮助了家人，又是一个锻炼的机会。把每晚要做的活排出个先后顺序，比方说先烧水做饭，你可以利用水没开的时间去喂鸡、鸭、鹅，总之紧张而有序地做，这叫华罗庚统筹方法。这样要做的家务安排得当了，可以省出一些时间用于学习。

（2）在做这些程序化的家务劳动时，可以用脑回忆或背诵在校学过的知识，这叫做注意力的分配，经常练习能够锻炼大脑。晚上躺在床上，像过电影一样，系统闪背、默背，又能加深记忆。

（3）爸爸不许点灯，可能要休息，也可能心疼电费，你应理解。你可以要求买一盏台灯，装上小度数灯泡，你爸爸应该会同意的。这样经常科学安排时间，劳动学习两不误，相信你会有更多收获、更多乐趣。

13. 当老师表扬别人却没有表扬我时，我很苦恼，怎么办?

王红是初一（2）班学生，她说："在班会上，老师总结一周来的工作，表扬王刚最近学习进步了，表扬李扬关心班级，为班级做好事……表扬了很多学生，可就是没表扬我。我认为自己做得也很好，甚至比那些被表扬的还好，可为啥不表扬我呢？我越想越苦恼。"

对于老师表扬同学这件事，由于不同的人有不同的认知，相应就会产生不同的情绪，导致不同的行为。如能学会调动合理的认知，就会避免苦恼，保持愉快的情绪。认知是调节情绪的基础。在老师表扬别人时，为了保持积极的、愉快的情绪，你应该做到以下几点：

（1）多找自己的缺点。当老师表扬他人时，你要通过与被表扬的人的优点相比较，从自己身上找出缺点，从而加以克服。你要这么想：我可能在某个方面就是不如人家。这样就会变消极情绪为积极情绪。

（2）老师没表扬自己，你就不高兴，这是一种寻求他人赞许的心理。当你为没获得赞许而烦恼时，这就等于承认他人的评价比你自己的评价更重要，也无异于承认你平时的所作所为都是为了得到表扬。而只有那些不寻求赞许的人才能真正得到他人的赞许。做无名英雄不更值得敬佩吗？

（3）不必把老师的表扬放在心上，你对自己说一声：随它去吧！然后不再考虑是否得到表扬这件事，你依然按照自己的标准行动，不必在乎别人怎样评价你。只要你能坚持自己的正确信念，迟早你会得到老师及同学的赞许。

14. 听到一些同学背后说老师的坏话，觉得不应该却又不敢制止，怎么办?

背后说老师坏话，这是一种不道德行为，你已认识到这种行为是不应该的，你就应该站出来，勇敢地制止他们。你没有这样做，就说明你还缺乏坚毅的一面。弘扬真、善、美，遏制假、丑、恶，历来是人们所追求的，你也应该如此，对不良的行为予以制止。

这里向你提供两种方法。一是你可以找那些背后说老师坏话的同学的其中一个，耐心交谈，说清这种行为是不正确的，做好思想工作，使这位同学能认清自己的行为是不对的。相信这位同学不仅不会恨你，还会很感激你的帮助，而且能诚恳地表示愿意改掉自己的毛病。二是，你可以当场站出来，与他们据理力争。如果他们说得不对，就应讲清道理和指出他们这种不良行为的危害。如果他们说得对，就要告诫他们如何注意说话的场合，注意影响，并正确地以另外的方式提醒老师改正不足。不管用哪种方式，都要避免正面冲突，不要影响团结。

15. 见到班主任老师总是有一种恐惧感，怎么办？

一般说来，学生们在心里惧怕班主任老师而不怕科任老师，这是一种正常而较为普遍的心理现象。但是，如果对班主任老师的恐惧感影响了你的学习，那就要引起注意了。

（1）要正确看待班主任老师的工作。理解老师的良苦用心，他平时对学生的要求可能要比科任老师更为严格，这主要是由他的职责所决定的。严师出高徒，这个道理谁都清楚，同时谁都希望能求学于严师。懂得了这个道理，我想你也就没有必要再那么紧张了。

（2）要严格要求自己，努力完成好各项任务。如果你各方面做得都不比别人差，那么你也就没有理由提心吊胆、惴惴不安了。

（3）要自觉克服胆小怕事的缺点。一个人如果放不开胆量，缩手缩脚，那么他终将一事无成。尤其是中学生，正值生长的关键期，倘若不面向周围，正视自我，就会错过发展自己的大好时机。

16. 看到有的同学不孝敬父母时，心里总觉得反感，应该怎么办？

孝敬父母是我们人类永恒的话题之一。然而由于现在绝大多数学生都是独生子女，父母对他们娇宠过度而教育不足，致使这些孩子养成了唯我独尊的个人主义思想，只知一味地从父母那里索取，却从不想给父母一些回报。这位同学能提出这样一个问题，说明他已经在思考如何孝敬父母的问题，是一个懂事的孩子。

面对不孝敬父母的同学，你首先应告诉他，我们应该孝敬父母，而且必须孝敬父母，因为父母给了我们生命，使我们得以感受丰富多彩的人生；饥饿时，是父母给我们备好了可口的饭菜；寒冬里，是父母给我们温暖；孤独无援时，是父母伸出有力的手……

你还可以交给他一些孝敬父母的方法：把属于自己的事情都尽力做好，以减轻父母的负担；工作了一天，父母带着一身疲惫回到家，你主动接过沉重的大衣；父母生病时，你把药片和开水送到床前；有事在外，及时打电话通知父母，以免父母担心……

从小事做起，哪怕只是一点点小事，父母也会感到莫大安慰。

17. 因为我家富有，在同学中有孤独感，该怎么办？

学生那志远说："我们家生活比较富裕，自然我有用不了的零花钱。可是，在同学当中，大家似乎与我有一定的距离，我总有一种孤独感，我该怎么办？"

人生活在社会中，社会中的人必须通过交往、生产劳动联系在一起，学校也是一样。班级也是一个集体，虽然不像社会那样复杂，但必定存在着交往，有了交往才能互相认识，增进友谊。你的孤独感，就是缺少交往，别人以为你有意夸耀、显示自己，因此疏远你。再则你有钱，不愿意帮助别人，所以别人不接近你。要消除自己的孤独感很容易。对自己的俭朴、节省要发扬；对别人要多关心，多帮助，发现别人有困难，主动伸出手帮助他，别人有困难求助你，你尽全力热情帮助。这样用不了多久，就会改善与同学之间的关系，孤独感自然就消除了。

18. 因为我家有钱，大家总让我多捐款，我想不通，该怎么办?

学生山宇兰说："我们家生活条件好，可是班级各种捐款，老师总是暗示、动员我多捐些，渐渐地，我也舍不得，老师不高兴，同学们说闲话，我苦恼，害怕捐款，怎么办?"

老师让你多捐，不外乎有两个动机，第一，为了完成任务，有些困难的同学不能捐款，老师让你多捐，是弥补这个缺口。第二，老师为超额完成任务，受到学校好评、表扬。捐款是自愿的，只要你尽力而为，问心无愧，老师不愿意，你可以不放在心上；同学们说闲话，你可不予理睬。当然作为十几岁的孩子，老师的看法让你心里吃不消，你可以在合适的时候，主动向老师谈谈你的看法，或者以后再遇捐款，愿意捐多少就捐多少，持续几次，老师就会逐渐改变对你原有的看法。

19. 家里的钱来得不光彩，听到别人议论，我很难过，怎么办?

初中学生钟光亮说："我家生活比较富裕，有存款，可是我知道这钱是爸妈通过不光彩、见不得人的手段挣来的。还偶尔听到有人议论：钟光亮爸怎么挣钱，钟光亮妈怎么挣钱，我抬不起头，感到耻辱、难过，怎么办?"

你为家长这种不光彩的挣钱手段而感到耻辱，这说明你正直，有辨别是非的能力。对于你这个未成年的孩子来说，有这个认识就足够了。可是你为此而苦恼，压抑自己的精神是没有必要的，你可以这样做：把别人的议论，原原本本地告诉你的家长，也可以把你在别人议论中的苦恼，一五一十地陈述给家长，使他们收敛自己的行为，改邪归正。如果无论你怎样苦苦相劝，仍不见效，你只好洁身自好，苦恼会渐渐解除。同学们议论，只是短时的，时间长了谁也就不去议论了。但是如果他们违法挣钱，你应该自己或者通过亲属向他们陈述利害，必须让他们结束这种挣钱方式，做正当经营。

20. 父母离异，看到别人家庭快乐，我十分痛苦，怎么办?

初中学生白云说："我爸爸和妈妈离婚半年了，每当我看到别人的父母领着孩子逛市场、看电影、走亲戚，我非常羡慕，也更加感到自己的孤独和痛苦。我总也摆脱不了这种孤独和痛苦，不知该怎么办。"

父母离婚，对孩子的心理打击很大，孩子在短时间内是无法消除这种痛苦的，尤其是在新组建的家庭里更难适应，甚至到自立之前都难以平复这种创伤，难以适应新组织的家庭。白云同学看到别人的快乐，联想到自己的处境，心情痛苦可以理解。

目前离婚率呈上升趋势，像你这样处境的未成年人为数一定不少，你可以以此安慰自己，把自己的处境优越的地方同别人处境恶劣的地方比较，从中获得心理平衡。知足者常乐是缓和家庭关系、适应新家庭的较好办法。

父母离异已成事实，过度悲伤苦恼无济于事。要宽以待人，不要用有色眼镜去观察、看待别人。处理事情，总是怀有敌意是不行的。要体谅别人，多在新爸（妈）的身上找出闪光点，消除敌意，处理好关系。

看到别人快乐，其实别人未必像你想象的那样快乐。假如你的同伴重病缠身，他一定会羡慕你的自由和快乐！所以，快乐、痛苦是相对的、暂时的，都是自寻的。为什么不多寻些快乐，减少痛苦呢？

21. 看到老师体罚学生，生气而又不敢说，怎么办？

学生相云说："某老师性情急躁。对迟到者，她打；对上课淘气者，她打；对不交作业者，她也打。她打学生的方式很多，不仅扭耳朵，还打耳光。我虽然未被打过，但我十分气愤，想劝说又不敢，该怎么办？"

老师经常体罚学生，是严重违反《中华人民共和国教师法》的行为。你感到气愤，这说明你有正义感，但又不敢劝说，说明你有惧怕心理。正义感与惧怕心理矛盾着交织在一起使你不知如何做才好，但你能够把这种心理活动告诉我，并询问该怎么办，这意味着你的正义感已初步战胜心理惧怕。

（1）你应了解一下老师情绪不好的原因。如果因为她的家务多你们同学又能帮上忙，可以组织那些被体罚的同学帮她做些什么，叫做以情感人；或者劝被体罚的同学，主动向她承认错误，这也是感化的一个方法。

（2）你可以在老师心情好的时候，找老师陈述自己对体罚的看法，口头、书面均可。陈述时还可以把学生及家长的议论说出，给她施加心理压力，使之收敛体罚的行为。

（3）如果仍然不见有所收敛，可以借助法律手段，维护你们自身的合法权益，诉诸学校或上级教育行政部门，给予其教育和处理。

22. 教师上课讲与教学无关的内容，我很不愿意听，该怎么办？

学生张群说："我学习努力、刻苦，成绩一直很好，在课堂上我注意听讲，老师对我印象也好。可是有的老师在课堂上不是讲家常，就是显示自己的子女如何能行，或者讲自己的历史，总之与教学内容毫无关系。我心里烦，不爱听，不听又不礼貌，该怎么办呢？"

有些老师在课堂上絮絮叨叨讲些与教材无关的内容，有的还胁迫学生必须认真地听，对学生的学习是一种直接干扰。作为学生，你不妨这样：

（1）来个心不在焉，任凭他怎么讲，你不听他的，把注意力转移到与学习有关的内容上。这也是对你排除干扰、集中精力的一种锻炼。

（2）视其所讲内容，在不伤害老师自尊心的前提下，机智、巧妙地转移话题，最好是在不知不觉中。

（3）课后，以书信的形式，说明课堂45分钟对学生的意义，客气、委婉地指出老师本意是开拓你们的视野，但常常离题，使你们不能在课堂上消化理解教材内容，又没有完成作业的时间，以引起老师的注意为目的。

（4）如果因此而遭到老师报复式的批评，或者他一如既往，你可以向校领导反映；或者组织一部分有共同想法的学生，写作业或看书，给老师以警告。

23. 班级得不到流动红旗，心中很难过，怎么办?

一中学生说："我们班总也得不到流动红旗，大家很难过，怎么办?"

著名教育家马卡连柯说："班集体并不是单单聚集起来的一群人，而是由于目标一致、行动一致而结合起来的，有一定组织机构和组织纪律的统一体。"良好的班集体的功能，是使班级造成一种催人奋进的集体心理氛围，使集体中的每个成员在德、智、体诸方面都得到健康发展。你们班级总也得不到流动红旗，大家都难过，说明你们有关心集体、热爱集体的荣誉感和责任感，希望班级在各方面都走在前面。既然如此，你们就应该向老师和班长提个建议，开一次班会，查摆问题，分析原因，然后制定一个班集体的奋斗目标，向全体同学提出要求，做到：

（1）一言一行，一举一动为集体着想，为集体创造荣誉。

（2）有了缺点积极改正，不给集体抹黑。

（3）向兄弟班级学习，弥补不足，努力去营造一个关心、热爱集体的良好氛围。

（4）严格要求自己，增强和激发各自的集体责任感，把自己看作是班级不可缺少的一员。

通过努力和实践，相信你们班会很快地在学校树立起威信，挂上你们希望得到的流动红旗。

24. 我最苦恼的是，总觉得别人都讨厌我，怎么办?

（1）让别人了解你。小时候，别人都喜欢你吧，为什么呢？那时你天真无邪，童心自然向每个人敞开，似一潭池水，清澈见底，真是人见人爱。现在，你成了一名中学生，如果还能保持童心、真诚、坦率，肯把自己的喜怒哀乐告诉给周围的人，这样你就容易得到别人的理解、喜欢。

（2）多帮助人。当别人有困难的时候，你肯伸出援助之手，为他分忧解难，助人一臂之力，这样他定会感激你、喜欢你。助人为乐乃处世之要。

（3）重视交谈艺术。交谈很有学问，得法时能够增进感情，不得法时反而让人反感。在与同学、老师交谈时，尽量谈论他们感兴趣的话题，这样容易引起共鸣。别人与你谈话时，你要注意聆听，不能左顾右盼，东张西望。否则，会使对方很扫兴而心存不悦。

（4）不要卖弄自己。在人面前切勿夸夸其谈，卖弄自己，因为在你自认为最得意的时候，却是旁人最讨厌你的时候。

（5）要善于发现别人的优点。俗话说：尺有所短，寸有所长。集体中的每一个人，都有其独特的地方。

总而言之，要想与他人和睦相处，就要有正确的心理及交往准备。要严于律己，宽以待人，更要在学习上勤奋努力，取得优异的成绩。这样，别人就会喜欢你并愿意和你接近了。

25. 常发现有人欺负有生理缺陷的同学，我看不惯，怎么办？

有同情心，这是做人的起码道德。同情弱者，尊重他人，是人们公认的美德。有的同学有生理缺陷，不能像健康人一样正常地生活，是非常痛苦的。有些同学不体谅他的苦衷，反而拿他的生理缺陷开玩笑，这无疑是往他心灵的伤口上撒盐，是极为不道德的。

遇到这种情况，你看不惯，应该这么办：

（1）要敢于站出来保护受害的同学，义正词严地指出他们的行为不道德。如果个人的力量不够，可以向老师、向学校汇报，坚决杜绝这种不良行为的出现。

（2）要以身作则，主动去关心爱护有生理缺陷的同学。比如劳动时照顾他们，行动不便时关心他们，有好事时想着他们，娱乐时带上他们等。让他们感受到同学之间的友爱，让他们坚定信念，鼓足勇气，迎接生活的挑战。

（3）鼓励更多的同学，包括曾犯过错误的同学，一道向有残疾的同学献出各自的一份爱心。这样，会更有助于大家和睦相处，愉快地成长。

26. 知心朋友无故离我而去，我很痛苦，怎么办？

“中学时代，同学之间的友谊最纯洁，但有时也会出现意想不到的事。这不，我的好朋友不知为什么突然离我而去，我为此很苦恼，不知该怎么办。”

（1）面对这种情况，你痛苦、伤心是可以理解的，但你更主要的是要冷静地分析一下，他突然离去的原因是什么。首先认真反思一下近来自己的言行，是否无意中伤害了他，或是什么事让他误解了你。如果百思不得其解的话，也不妨主动找朋友谈一谈，一味痛苦是无济于事的。

（2）如果是你的错，你要敢于承认错误。如果是对方的错，你要心胸宽阔些，不要与其计较，否则关系会越弄越僵。

友谊的基础是诚实，是理解。只有以诚相待，相互理解，友谊之树才会常青。

27. 我与别人交谈时不善言辞，怎么办?

语言是人们表达和交流思想感情的工具；交谈是联络感情、增进友谊、促进人际交往的手段。

一般地说，和人说话时，只要注意说话的语气、对方和自己的身份、说话的场合、对方的性格就可以了。跟一个直率爽朗的人说话不要拐弯抹角，要快人快语；与一个内向而心眼小的人说话，就要注意分寸，切忌单刀直入。如果是在与有缺陷的人交谈，不可随意触人隐痛，即矮子面前不说“短”。在长者面前要恭敬谦虚，幼者面前要平易亲切。同时，要精力集中以示礼貌。总之，与人交流时应该自然、大方。只要你能找到妨碍你同别人交流感情的关键，对症下药，主动热情地和人交谈，你就一定能和周围的人融洽相处。

28. 常收到异性的来信，很烦恼，怎么办?

有位同学来信说：“别人都说我漂亮，可漂亮却给我带来了许多麻烦，特别是常收到异性的来信，烦恼极了。”

漂亮本身并不是坏事，谁不希望自己有个漂亮的容貌、苗条的身材呢？漂亮往往会引起异性的注意，爱美之心人皆有之，这也是人之常情。但学生时代应该以学业为重，还不懂得什么是爱情，便急于向异性求爱，不免有轻浮之嫌。遇到这种时候，你既要慎重也要果断。

首先，你必须善于把握自己，树立远大的理想，刻苦学习，心无杂念，取得优异的成绩。你的勤奋和遥遥领先的成绩，会让异性对你敬畏三分，不敢轻易打扰你。

其次，你必须严格要求自己，规范自己的言行，言谈举止要端庄而不做作，大方而不轻佻，幽默而不失文雅，礼貌而不缺乏严厉。你也不妨多一点矜持，不要轻易向异性表示你的好感。尽量避免与异性独处，免得对方发生误会而对你想入非非。

如果你努力做到了这些，还有异性的来信，那就要分析鉴别，区别对待。如果来信者是个比较可信的而且与你友好的同学，那么你应该礼貌而严肃地回绝他，提醒他学生时代不能谈恋爱。如果来信者是你根本就不熟悉的同学，那么你可以把他的来信扔到垃圾箱里，就当什么事也没发生过一样。如果来信者是社会上的人，那么你一定要向家长或者老师求助，切不可贸然行事。

29. 我喜欢上一个男同学，又担心因此影响学习，怎么办?

一女中学生在咨询信中写道：“我喜欢上一个男同学，我总是不由自主地想看他。在我眼里，他各方面都很优秀，可是他越优秀，我就越自卑，怕他不喜欢我。这段时间，我心神不定，担心自己会因此而成绩下降，我该怎么办?”

你真的喜欢他吗？如果你认为他很优秀，那么你也应该同样优秀，甚至比他更优秀，才不怕他不喜欢你，对不对？所以，你应该首先想到如何完善自己，喜欢一个人是很正常的事，但这不一定就是早恋。你也可能喜欢另外一个人，只不过另外一个人还没有出现，所以，你没有比较和选择就认定了他是你最喜欢的人。但是，你想没想过，以后你会不会变？以后你可以上大学，如果你成绩优秀，考上名牌大学，那里有来自全国各地的最优秀的男孩子，而现在你只是一所中学的学生，只认识这么几个男孩子而已。如果你现在就想不顾一切地陷进去，以后你难免后悔，到那时再想改变，就难免伤心，何苦又何必呢？况且你现在的思想也并未成熟，并不能确定你想要的是什么。到了该开花的季节，花自然会怒放，放心吧，你不会错过什么的。

30. 最近精神不集中，担心得了精神分裂症，怎么办?

儿童精神分裂症是指起病于儿童或青少年期，以基本个性改变，感知觉异常，情感与环境不协调为主要特征的精神障碍。具体表现为：

（1）情感和行为异常。表现为兴趣减少、退缩、与亲朋好友疏远、缺乏天真活泼的朝气、无故滋长敌对情绪、情绪波动、生活懒散、行为怪异等症状。

（2）思维障碍。表现为抽象思维能力较差，联想松散，使人费解。正常儿童可分清幻想和现实，患了精神分裂的儿童却沉湎于幻想之中，对客观事物漠不关心。

（3）言语功能和智能受损明显，表现为言语刻板，逻辑性差。

精神不集中则是注意力不集中，它和不良情绪刺激、心理障碍等密不可分。那么，怎样才能使自己的注意力集中呢？

（1）调整情绪，保持精神愉快，心情舒畅地从事学习活动。

（2）减少心理刺激，增强心理免疫力和自我调节的能力，保持心态平衡。

（3）必须把注意力固定在现在你正在进行的事物或对象上。比如下楼梯就要去看、去感觉自己正在下楼梯，否则就会摔倒或出现意外。

（4）调整周围环境直到适合自己。比如你想看书，就要把周围影响你注意力的玩具、闹钟等物品移走，使自己的注意力只集中在书本上。

31. 不知道关心他人，怎么办?

一位同学咨询：“家里所有的人都非常关心我，而我却从来不知道关心别人。大人有病，不闻不问；家长累了，仍纠缠不休；好吃的自己独占；从不知道为父母做点什么。该怎么办?”

不知道关心别人主要缘于独生子女的特殊家庭地位。你一生下来就生活在“一切以我为中心”的家庭环境里，大人一切围着你转，养成了只知索取、从不付出的习惯。培养自己关心他人的良好品质是十分必要的。

其实，关心帮助别人原本是一件快乐的事。别人得到了你的帮助会心存感激，这会使你的心灵得到满足感；而且善于关心帮助别人的人会拥有很多朋友，拥有朋友就是人生的一种快乐。

虽然你还不懂得怎样去关心别人，但你已经认识到了自己的不足，这就是进步，别担心，你可以向别人学起来。日常生活中，读书看报时，看电影、电视时，你可以细心观察人与人之间是怎样互相关心、互相帮助的，进而在行动中模仿他们。

你可以从小事做起，从身边事做起。父母刚下班回来，带着满身疲惫，你赶紧献上一杯热茶；家人有病，你主动把药和水送到他们跟前；在母亲节或父亲节，用自己的零用钱，给父母献上一份小小的礼物；同学在学习中遇到难题，你可以主动给他们讲讲；当你关心别人而又无力相助时，可以再向别人求援。

从小事做起，持之以恒，渐渐地你会养成关心别人、乐于助人的良好品质，成为一个受欢迎的人；认识到世界上的人只有相互关心、互相帮助，这个世界才更美好。

32. 发现周围的不良现象后很着急，又不敢管，怎么办?

世间万物总有优劣高下之分，人亦如此。芸芸众生，心态各异，良莠俱备，好相对于坏而存在，没有坏的，也无所谓好的，存在就有存在的必然。那么，遇到不良现象时该怎么办呢?

第一，自己站在正义的一边，不参与到不良现象中去。中学生已经开始张开眼睛看世界，有了一定的是非标准，但不必为社会上的一些不良现象而苦恼，只要你站在正义的一边，社会就多了一分希望。同时要把握住自己，避免盲从心理。只要是不良行为坚决不做，而且要在可能的情况下坚决予以抵制。

第二，客观地分析不良现象存在的原因。就目前的社会现状来看，无论是我国还是一些发达国家，都无法消除人的自私心理，而许许多多的不良现象，恰是自私心理造成的。比如乱扔垃圾的人，是因为他觉得“垃圾拿在手里不如扔掉舒服，反正又没扔在自己家里”；爱行窃的人，常常是因为“拿了别人的，省了自己的”。人口素质低，或者社会制度本身有一定弊端，都能使一些不良现象产生。要消除不良现象的根源也许很难，但面对那些不良现象，我们却不能束手无策，必须采取必要的措施，进行抵制和克服。

第三，要以积极的态度与之作斗争。不要胆怯，不要怕得罪人。

（1）当面制止不良现象，这需要能力，也需要勇气。当你有能力而缺少勇气时，要想到：“纵容了罪恶的人，自己也是犯罪。”当你有勇气而缺少能力时，要善于向周围的人求助，大家共同制止这一不良行为。

（2）间接制止不良现象。有些不良现象，如果不制止，将会给社会带来严重影响。你可以向有关部门报告，必要时拨打“110”是最方便有效的办法。

33. 我长了许多白头发，很苦恼，怎么办?

张雷是一名初中三年级的学生，由于学习很紧张，不知不觉头上长了很多白头发，同学们都喊他“小老头”。他很苦恼，时间长了学习也受到了影响，他也不愿跟同学一起玩了。不知该怎么办。

我们说俏丽的姑娘、英俊的小伙子倘若银丝满头，白发苍苍，这自然是件颇令人烦恼的事。但目前来看，青少年白头现象与日俱增，经过研究得知，遗传因素是一个重要的方面，但也并非尽然。有人认为蛋白质、维生素的缺乏，特别是 B_1、B_2、B_6 的不足，常可导致白发的产生。一些微量元素，如铜、锰等，更是形成黑发不可缺少的营养元素。头发的生长还讲究条件，如果人体内外环境动荡不安，那么它的正常生长就会受到干扰。每一个人的精神处于激动、焦虑、紧张、烦恼、痛苦时，原来的正常生理功能就会产生紊乱。因此，少年白头既可能是遗传问题，也可能是营养元素的不足或精神因素，其中还有一部分人属于疾病所致。由此提示各位同学，在防治少年白发时不能千篇一律，而应寻找病因，区别对待，对症下药。

这里可以提供一些方法：

（1）改善营养。多吃具有丰富蛋白质、维生素、矿物质的鸡蛋、蔬菜、水果等食品。

（2）养成乐观情绪，切不可烦恼终日，愁眉不展，郁郁寡欢。

（3）积极参加有益身心的文体活动，从而促进血液循环，提高色素细胞的功能。

（4）有病早治，从根本上去除危害头发生长的因素。

（5）按摩头皮，每日数次，每次 5 ~ 10 分钟，有促进新陈代谢的功能。

（6）中医认为“肾乃命门之火，开窍于耳其华在发”，故服用一些补肝益肾的药物有助于头发变黑。

34. 在学业与爱情发生矛盾时，应该怎么办？

一职业学校学生说：“应当怎样摆正爱情与学业的位置，这一点是我感到苦恼和需要探讨的问题。我不想影响学业，但又不想放弃爱情，该怎么办？”

要正确处理好感情与学业的关系，可以从两个方面来把握：

（1）在校期间，应该是学业重于爱情。感情只能处于从属地位。匈牙利著名诗人裴多菲的诗句：“生命诚可贵，爱情价更高。若为自由故，二者皆可抛。”就是对爱情与事业关系的正确回答。一个有志为祖国、为人民建功立业的人就应该爱情服从事业。古今中外，多少仁人志士和事业上有成就的人，为了民族利益，为了革命事业，为了科学发展，为了干好工作，自觉把爱情放在从属地位，甚至置之度外。青年学生更要摆正爱情与学业的位置，把主要精力用在学习上。

（2）职业学校学生不宜谈恋爱。爱情是人类的一种高级情感活动，处在生理、心理尚未成熟时期的职业学校学生，过早谈恋爱，弊多利少，影响学习。

（3）职业学校学生还正处在长知识，长身体，为树立科学世界观、人生观和价值观打基础的黄金时代。在这段十分宝贵的时间里，要致力于学习，追求更高的目标，掌握更多的知识，锻炼好身体，为将来成就事业而奋斗。如果沉溺于谈情说爱之中，必然分散精力，消磨大量时间，影响学习。

35. 经常焦虑，怎么办?

焦虑症是指对环境变化的反应过于敏感、多虑、缺乏自信心，甚至无缘无故地为一些微不足道的小事惶恐不安，担心害怕。其形成原因：

（1）心理刺激因素的影响：如总感到有不祥的事要发生，如大祸临头一般而惶惶不可终日。

（2）不稳定的家庭生活：如搬迁，父母离异。

（3）有急性惊吓的历史：如手术、事故、亲人病重或死亡等。

焦虑影响人的心理健康和社会适应力，所以需要从以下几方面积极防治。

（1）逐渐培养自制能力，培养坚强的意志，树立克服困难的信心，促进健全人格的形成，使情绪、情感健康地发展。

（2）松弛疗法：到户外多做活动，适当地参加体育锻炼及游戏活动。

（3）多与父母亲人或知心朋友诉说自己的顾虑。

36. 经常没精打采，怎么办?

某校一中学生说："我经常莫名其妙地感到胸闷、乏力，做事没精打采，不愿与人接触、交谈，只愿自己独处。对任何事都不感兴趣，上课有时不能思考，脑袋里一片空白，老师提问我，有时竟不知老师问的是什么。为此我感到非常苦恼，我想尽快地摆脱这种困境，却不知怎么办。"

这位学生的表现说明他患了抑郁症。抑郁症是常见的一种心理疾病，在青少年身上时有发生。在防治抑郁症方面，应注意做到以下几点：

（1）学会将自己的忧伤、痛苦以适当的方式发泄出来，以减轻心理上的压力。要敢于把自己不愉快的心事向知心朋友、老师、家长诉说，或采用迂回方式，从宣泄中得到解脱。

（2）多与人交往。不要拘泥于个人的小天地，应自觉地把自己置于集体中，从丰富多彩的集体活动中寻求温暖和友谊。

（3）学会自我安慰，自我调节。遇到不愉快的事，应多从好的、积极的方面着想；保持开朗的情怀。遇事不要瞻前顾后、想入非非，不要有过高的奢望，合理调节自己的目标，有助于走出困境。

（4）经常参加生动活泼的文娱体育活动，调节自己的精神生活，以消除紧张心理，陶冶情操，开阔心胸。

37. 父母闹离婚，我情绪低落，以至于影响了学习，怎么办?

于同学说："最近父母吵架的激烈程度达到了最高峰，以至于要离婚了。我因此也情绪低落，上课时经常溜号，不由自主地就想到，父母离婚后，我跟谁呢？他们会不会都不愿意要我……由于总是这样胡思乱想，我的学习成绩直线下降，我真害怕从此一蹶不振，怎样才能迅速摆脱困境?"

在自己学习期间，父母吵架甚至离异，对学生来说是一种不幸，一种挫折，但是一味地忧郁、苦恼，是无济于事的。你应当这样办：

首先，仔细分析当前可能出现的最坏情况：父母可能会真的离婚，自己以后将和妈妈，或和爸爸生活在一起。他们绝不能都不愿意要你，因为你是他们的骨肉。然后说服自己去接受这最坏的结果，即使真的离婚了也没有什么了不起。自己已经是初中生了，具备了一定的生活能力，以后要更加努力地读书，实现心中的理想，将来一定会走出家庭生活的阴影，开创美好的未来。

其次，开始冷静地思考目前有哪些事可做，上面设想的最坏结果是否可以避免，如果不能避免，应该做些什么？第一，要安心学习，以加倍的努力取得优异的成绩。只有掌握知识，拥有一技之长，才能增强独立的能力。第二，不要孩子脾气，不给父母添乱，主动承担一些家务，减少父母负担，减轻他们争吵的机会。第三，给他们各写一封信，表达对此事的看法，真诚地希望他们重归于好，避免家庭不幸。

38. 不知什么原因，经常头痛，很痛苦，怎么办?

头痛在医学上是个复杂问题。常见于①眼屈光不正（远视、近视、散光等）；②鼻窦炎；③中耳炎；④颈部疾病；⑤全身性疾病；⑥头痛性癫痫病；⑦颅内病变。

除以上原因引起的头痛外，从心理学角度看，主要原因就是紧张。如：长期的焦虑，心理矛盾或疲劳等因素引起头痛情况是很常见的。学习期间遇到这种情况多数由于学习紧张、劳累过度等原因所致，但也不能排除其他原因。若发现自己经常性头痛，应及时去医院检查处理：

（1）弄清头痛的部位和原因，痛的程度，有无发热等其他症状相随。

（2）了解有无屈光不正、鼻窦炎、中耳炎等疾病。

（3）有无头颈部外伤、颈椎及颈肌的损伤。

（4）需进行脑电图、肌电图、诱发电位检查，必要时还需做头颅 CT 造影或脑核磁共振等项检查。

若都没问题就考虑是否为心理因素导致的紧张性头痛。如果是，那么就设法使自己张弛有度，紧张的一段学习活动之后做做户外活动，使大脑得到及时休息。

39. 经常失眠，睡不好觉，怎么办?

一位初二的学生说："最近一段时间，不知什么原因，总是失眠，睡不好觉，令我十分苦恼，怎么办?”

青少年应该有充足的睡眠。睡眠不仅有助于身体各器官的良好发育，还会对心理发展和身体健康产生一定的积极影响。

引起入睡困难的原因很多，如受外因刺激而烦躁不安或身体不适、兴奋过度、环境变迁等。但最主要是睡眠习惯的不正常。如睡眠时间不规律、晚上安排过于兴奋的活动等。

要改变不愿入睡的毛病，就要从建立良好的睡眠习惯做起。睡前避免过度兴奋、避免看紧张恐怖的电视或听害怕的故事等。睡前应创造一种愉快、轻松的环境，可采用心理治疗方法中的自我松弛训练来治疗失眠，如躺在床上给予松弛的暗示，心里想:“我现在非常放松，我全身的肌肉都很轻松，很放松，我一点儿紧张都没有了，太放松了。”逐渐使你身体各部分肌肉都放松，以促进睡眠。反复几次以后便可慢慢入睡，你不妨试试。

40. 常常情绪低落，思维迟缓，特别难受，怎么办?

这是一名初一学生说的心里话。究其原因，可能有:

(1) 社会不良环境的影响。

(2) 学习的基本经验不足，考试成绩不理想。

(3) 疾病、虚弱、营养失调等身体障碍。

(4) 心中压抑。

不要忽视这种不正常的心态，需要从以下几方面进行调理:

(1) 要调整环境:暂时离开有精神刺激的场所。

(2) 采用心理支持疗法:自我减轻心理负担，同时可根据实际情况视其轻重接受心理医生给予的行为指导。

(3) 跟老师、父母或好朋友倾诉自己的心声。

(4) 保持正常饮食，营养均衡，积极参加体育锻炼。如确感身体不适，可到医院求助医生。

41. 特别怕黑、怕死，老是担心受伤，怎么办?

这是一种恐惧症。恐惧症是指对日常生活中一般客观事物和情景表现出过分的恐惧，持续的强烈恐怖情绪超过了实际情况所存在的危险程度，虽然对患者进行劝慰解释，但仍不能消除恐惧，因而影响日常活动。恐惧发作时，可伴有心悸、出汗、脸色苍白、尿频、瞳孔散大等症状。

恐惧主要来自:

(1) 身体损伤:怕死、怕出血等。

(2) 自然事件:怕黑暗、怕动物等。

可采取以下办法：

（1）心理疗法：控制自己不安全的心情。如黑天出门找伴同行。

（2）注意培养自己勇敢坚强的性格，多做一些适当的尝试，锻炼一下自己的胆量。

（3）多看一些科普书籍，了解自然界的一些正常现象。随着年龄的增长、阅历的增加，恐惧就会消失。

42. 总是担心自己有心理障碍，怎么办？

心理障碍一般指因某种生理缺陷、功能障碍和各种环境刺激出现的心理异常现象。

常见的心理障碍有：

（1）情绪障碍。

（2）多动综合征。

（3）品行障碍。

（4）特殊功能发育障碍：主要指言语功能发育障碍、学习技能发育障碍、运动技能发育障碍、混合性特殊功能发育障碍、其他特殊功能发育障碍等。

“总担心自己有心理障碍”是情绪障碍，分析原因，有以下几种因素所致：

（1）对周围环境不适应。

（2）学习能力和一般运动技巧和周围同学比较感到有差距。

（3）认识活动水平不够。

（4）气质及性格特征异常。

（5）对自我行为调节控制能力较差。

（6）社会道德规范的符合程度较低等。

平时要注意从以下几方面做起：

（1）多参加一些集体活动，增强自己适应社会、适应环境的能力。

（2）要正确认识自己的优缺点，发扬优势，及时改正缺点。

（3）要调整好自己的心态，甩掉包袱，轻装上阵。

（4）平时加强思想品德修养，增强心理免疫力。

43. 我觉得自己缺乏同情心，怎么办？

缺乏同情心的根本在于缺乏换位思考的习惯，不能设身处地为他人着想。因此：

（1）要多培养同情心，多换位思考问题。

（2）多参加活动：多参加探望病人、捐款等公益活动，通过具体的情景教育培养自己的同情心。

44. 喜欢玩网络游戏，父母不让，我心里就不高兴，怎么办？

这是一名初一学生提出的问题，同时也反映了当今许多贪玩青少年的普遍心理状态。其主要原因是：

（1）网络游戏的普及，使着迷于网络游戏的青少年不断增加，网络游戏成了青少年游戏活动的重要组成部分。

（2）青少年的兴奋点偏颇、贪玩，有一些学生为了玩游戏而说谎、逃学，甚至偷钱、骗钱等，这已构成了严重的社会问题。

（3）青少年的心理防御机制较薄弱，遇到不良的生活事件时易向两极发展，要么冲动反抗，要么退缩转移，此时特别容易沉溺于独自玩耍的游戏中。

解决的办法：

（1）要培养自己广泛的兴趣爱好，特别注意参加集体项目的活动，这样就不至于过于迷恋在网络游戏中。

（2）培养自己学习的趣味性，克服学习中的困难，使自己在学习中得到乐趣。

（3）利用优势兴奋制胜法，从心理学角度看，一个新的、更强的刺激往往会掩盖以往弱的兴奋点。所以，可充分利用更有趣、更激动人心的活动来抑制自己对网络游戏的迷恋，如找伙伴研究作业、听听音乐、搞点娱乐活动等。

（4）搞好自我行动的控制和情绪的调节，锻炼自己较强的自制力，把兴奋点转移到学习和其他娱乐生活中去。

45. 不会科学安排课外活动，觉得很空虚，怎么办?

目前中学生课外生活的安排存在着两种现象。第一种是在课外生活中，针对书本知识反复预习复习。第二种是课外生活以娱乐为主，课后尽情地玩。其实这两种做法都不对。那么，怎样的课外生活才是比较科学的呢?

（1）不要把休息日当补课日。星期天温习一下功课，补补学习上的漏洞是可以的，但要安排 1～2 个小时。要适当轻松一下，根据自己的兴趣，做些喜欢做的事，如郊游、看电视等，但不要玩得太久太累，应以饱满的精力迎接下一周的学习。

（2）注意培养自己的兴趣爱好。自己不要强制安排一些活动，应根据自己的特点，丰富生活，保持情绪愉快，促进学习成绩的全面提高，并有利于身心健康。

（3）课外生活应该是课内生活的有益补充，不可忽视，但绝不能任意地、放纵地自由玩耍。

（4）你的课外生活应接受家长的适当指教。做到复习、预习功课和培养适当的业余爱好相互兼顾，有张有弛，学习、娱乐两不误，经常保持良好的心态、轻松饱满的情绪和积极的学习热情。

46. 经常感到悲观失望，怎么办?

某同学来信咨询："我平时很容易产生自卑感，因此感到悲观失望，该怎么办?"

防治悲观失望这一心理问题的关键是要弄清原因，做到防患于未然。悲观失望的心理产生原因大致有以下几点：

（1）溺爱的结果：被父母宠坏了的孩子不知道依靠自己的能力去克服困难，心理脆弱，极易被伤害，且自我保护能力差，尽管常常显得傲气十足，实际上却很心虚，自信心不强。

（2）忽视、冷淡的反应。与上述相反，经常被冷落的孩子，总觉得自己被遗忘了，久而久之挫伤了自信心和进取心。

（3）完美主义的牺牲品。"望子成龙"、"望女成凤"是天下父母的共同心愿，特别是在独生子女家庭尤为突出。过高的希望，只能有优点不能有缺点的严厉要求，常使孩子战战兢兢，无所适从。

（4）指责、讽刺与惩罚的恶果。有些父母或老师总想树立自己的绝对权威，常以无数的清规戒律为准绳施加于孩子或学生，稍有不好就指责。因此孩子或学生总觉得自己什么都干不好。有的孩子感到新环境对于自己是个危险，没有勇气和能力与新环境融合。由于自信心不足，任何大小事情都会引起他们对自己能力的怀疑。

防止悲观失望应该注意做到：

（1）要创造民主型的生活、学习气氛。遇事协商解决，对于家长、老师、同学们的批评要予以理解，他们是为了促进自己上进。

（2）要学会自强自立。对父母和他人不要过于依赖，对任何事情都要充满信心。

（3）不可强行追求"完美主义"。十全十美的事物只存于假想中，凡事不可苛求完美，只要自己尽力去做了，达到预期目标即可。如果有生理缺陷，也应对未来生活抱有美好的希望。"世上无难事，只要肯登攀"，想想残运会上的那些残疾人运动员，还有什么理由不珍惜生活？

47. 我新转入一所学校，心里十分紧张，突然间就不会说话了，怎么办？

由于新转来的原因，过分紧张、焦虑、恐惧，想说话还没说就心慌意乱，心跳加快，而突然不会说话了，这属于选择性缄默的一种。选择性缄默是心理障碍，反映出人格的不健全。

（1）消除心理紧张因素：适当安排好自己的生活，尽快适应新的学习环境，主动与新的同学、老师接触，慢慢消除陌生、紧张的心理。

（2）采取转移法：多参加游戏、集体性活动，在游戏和轻松的气氛中，逐渐消除缄默状态，谈话也就会正常了。

（3）行为矫正：自我培养，保持良好的松弛的情绪。

（4）药物治疗：在必要的情况下，在精神科医生的指导下，适当服用少量抗焦虑药物。

48. 常常忍不住发脾气，怎么办？

某学生说："最近一段时间，我总是想发脾气，不知该怎么办。"

这种情况的形成大致有以下原因：

（1）环境因素：周围嘈杂。

（2）生理因素：过饥、过饱。

（3）躯体情况：疼痛、不适。

（4）缺乏亲子间的沟通和理解，教育方式不当，或是过分保护，或是苛刻要求。

可从以下几方面注意调适：

（1）适度满足自己的生理和心理需要。如：处于饥饿和疲劳状态时易发脾气，就要尽快地找到吃的东西或稍作休息，将情绪稳定下来，或玩玩游戏，分散一下精力。

（2）注意早期发现坏脾气的苗头。要及时把心中的不快向父母倾吐，和父母经常沟通，取得互相理解。一旦发现自己的情绪有导向发怒的可能，应立即警觉并转移自己的注意力，这样，就能够有效地减缓自己不愉快的感觉。

（3）学会转移注意和松弛训练。生气时要尽量分散注意力，去做些愉快的事。也可通过活动不同部位的肌肉（散步或其他体育活动）来达到精神和身体的放松，有规律的深呼吸也有助于身心松弛，防止心情不快。

（4）在不影响学习的情况下，可学学绘画、下棋、弹琴等，逐渐培养自己平和的心态。

（5）寻找适当的发泄机会。如果坏脾气已经形成，一要采取冷处理方法慢慢淡漠。二要选择适当的方式发泄出来，如通过找朋友交谈使怒气宣泄出来等。

49. 自己过于肥胖，很苦恼，怎么办?

肥胖症是指人的脂肪在组织中过度贮存，超过标准体重 20%。近年来，我国青少年患肥胖症者大有增多趋势。

造成肥胖症的原因有：

（1）摄入热能过多，使之营养过剩。

（2）进食量大，进食速度快，爱吃含淀粉多的甜食。

（3）活动量过少。参加体育活动少，学习时间长，而且看电视时间长，这样造成脂肪消耗少，而在体内聚集。

治疗肥胖症的参考办法：

（1）首先要认识到肥胖的危害性，增强治疗信心，循序渐进，逐渐减少进食量。

（2）培养正确、良好的进食习惯，少吃零食和甜食。

（3）增加运动时间和运动量，对一般青少年来说，每天活动时间应不少于 1 小时，而对于肥胖症患者来说则要更长一些时间。

50. 我平时鲁莽，爱滋事，稍有不顺就大打出手，不计后果，怎么办?

这在青少年时期是比较常见的一种现象。你平时情绪不稳定，极易产生兴奋和冲动，办事鲁莽、缺乏自控能力。产生的原因主要有以下几个方面：

（1）平时分析能力差，容易被人挑唆怂恿。

（2）自尊心受挫。进入青春期的男孩自尊心特别强，对待挫折，往往反应特别敏感、强烈。

（3）家庭原因：一般说来，被父母溺爱的孩子往往个人意识太强，容易采取攻击行为。

（4）看武打、凶杀的小说和电视，缺乏分析的青少年容易产生模仿认同。

有此毛病的人，必须引起高度重视，要做到：

（1）经常反省自己，把精力用到学习上去。

（2）多参加文体活动，给自己体内的内在能量寻找一个正常的释放渠道。

（3）正确对待挫折，培养自己较强的承受挫折的能力。

（4）大事化小，小事化了，互相尊重，适度容忍，避免产生攻击行为。

51. 不知为什么最近食欲下降，吃什么也不香，怎么办?

这可能是一种主要由心理因素引起的饮食障碍。表现为对食物不感兴趣，食量小，经常回避或拒绝进食。13 ~25 岁青少年发病较多，而且多是女性。

引起神经性厌食的因素主要有以下几点：

（1）有的家长一味地迁就孩子，爱吃什么买什么，无限量地饮食，致使孩子食欲不振，导致厌食。

（2）对新环境不适应，出现食欲降低，精神萎靡。

（3）心理因素。一些青少年特别是女孩，为了苗条有意识地限制自己的食欲，长期不好好进食，使体重明显下降。

应该注意：

（1）正确理解健康体魄的概念，理解标准体重的意义，对自己的身体状况有一个客观的认识。

（2）了解一些食物、营养学方面的知识，自觉克服厌食行为。

（3）药物治疗。可选一些食疗方法，如吃生津开胃的山楂等水果，效果较佳。

52. 很想帮助班里的残疾同学，但不知做些什么好，怎么办?

某同学说："最近班里来了一名残疾同学，看到他不能同正常人一样学习、游戏，我感到很难过，但又不知如何帮他，怎么办?"

虽然残疾人在身体上存在着某些缺陷，但他们同其他正常人一样，要求心理上健康发展。如果周围环境不利，很容易形成心理障碍。如自卑、自弃、消极、忧郁等。作为同学积极帮助是必要的，那么应从哪些方面帮助他呢?

（1）创造温馨的环境：生活上精心照料和关怀，更重要的是精神上的关心和鼓励，经常接近他，消除他的孤独、抑郁感，增强其生活情趣和信心。

（2）良好的心理支持：鼓励其树立远大的理想，帮助他克服困难，告诉他若想实现理想要有坚韧的毅力，给他讲名人与残疾作斗争的故事。

（3）帮助他树立信心，使他成为命运的主人、时代的强者、社会的有用之材。

53. 我平时不爱参加集体活动，害怕别人嘲笑，这种自卑心理总也改不了，怎么办？

这是一种回避型人格障碍。其最大特点是行为退缩、心理自卑，害怕参加社交活动，担心自己的言行不当而被人讥笑讽刺，即使参加集体活动，也多是躲在一旁沉默寡言。回避型人格形成的主要原因是：

（1）自我认识不足，过低估计自己。

（2）心理负担重，抑制了自信心。

（3）挫折的影响。

要注意做到：

（1）要正确认识自己，提高自我评价。要善于发现自己的长处，肯定自己的成绩。提高自信心，克服自卑感。

（2）要自我鼓励，相信事在人为。当面临某种情况感到自信心不足时，不妨自问："人人都能干，我为什么不能干？我不也是人吗？"

（3）多接触一些亲朋好友，多参加些社交活动。

54. 对许多事都感到心理不平衡，怎么办？

进入青春期后，青少年往往会因为生活中一些不公平现象而心潮起伏，产生不平衡感，因而陷入烦恼和忧郁之中。这是为什么呢？

青少年想象力丰富，往往把自己的未来设想得十分美好，当他们从设想中回到现实时，理想与现实的差距又往往使他们懊丧，从 导致情绪低落。因此，要保持心理平衡，青春期少年应注意以下几点：

（1）保持乐观态度。要认识到在人生道路上，喜怒哀乐常会交替发生，心理有时不平衡是正常的心理现象，不必为心理不平衡而大惊小怪。

（2）让消极的情绪得到疏导。要学会发泄，即自己有什么忧愁、不平、烦恼，应该把它倾泻出来；并注意倾听和重视别人的劝告和安慰。要善于升华，即把压抑与无意识的本能冲动，转到社会许可的活动中去，从这些活动中得到满足。当有害情绪积聚时，要善于转移注意力。逛逛公园，听听音乐，打打球，都能使你暂时忘却烦恼。

（3）努力提高自己的思想水平及文化素养。心理平衡是建立在理智的基础上的。遇事能镇定处之，理智地进行分析和权衡，也就能避免心理失衡。

（4）正确评价自己。情绪是伴着人的认识和需求而产生的。要善于提出合理的需求，既不过高地估计自己，也不过于贬低自己，努力使自我认识与自我需求达到和谐统一。

（5）建立和谐的人际关系。一个人若能与周围的人保持一种友好、融洽的交往与联系，他就能得到一种幸福感和温暖感，还能从别人的帮助中获得前进的动力。否则，当他有心理矛盾时，无人劝解，必将加剧心理上的不平衡。

55. 总为自己不完美而苦恼，怎么办?

随着年龄的增长，初中生自我意识高涨，他们维护独立和自尊，更追求完美的自我形象。但由于阅历和经验所限，常常不能对自己有全面的了解和认识。他们容易产生片面的想法，只能看到自己的某一侧面，或者自我评价过高，错误地夸大了自己的能力；或者自我评价过低，贬低了自己的能力，陷于消极情绪之中。要摆脱这些烦恼，最好的办法就是学会自我悦纳。

自我悦纳是指以乐观的态度全面地接纳自己的优点和缺点。

优点和缺点共同构成一个人的特点，这是一个人得以被他人识别的条件。没有缺点的人是不存在的，希望自己只有优点而没有缺点是不现实的。

自我悦纳的关键在于接纳自己的缺点。以下两点建议会对你有所帮助。

（1）不苛求完美。“再伟大的人身上也会有缺点；再渺小的人身上也不乏闪光的东西。”当你为自己的缺点而烦恼时，就想想自己的优点：虽然我个子小，但我很灵巧；虽然我不善辩，但我能写一手漂亮的钢笔字……这样，你的心情就会轻松多了。“人无完人”，苛求完美本身就是不完美。何必跟自己过不去?

但是，接纳缺点并不是不必改正，对于可以克服的缺点，要寻找根源，努力改正，力求完善自己。

（2）不要在缺点和你自己之间画等号。你的缺点只是属于你，但并不等于你。也许你的学习成绩不好，但并不等于你不好；也许你的鼻子长得不尽如人意，但你并不等于你的鼻子。不要让缺点挡住了你的视线，因为自己有缺点就完全否定自己。

56. 我情绪经常不好，自己不会调节，怎么办?

许多青少年羡慕那些在坎坷曲折中能经常保持稳定情绪的人，为自己情绪起伏动荡，难以控制而苦恼。是的，心理学家早已指出，自觉主动地调节情绪，对身心健康是至关重要的。这里介绍几种方法，青少年朋友们不妨一试：

（1）培养积极思维，提高个人素质。消极或反常的思维方式会令人压抑，很不可取；只有积极思维，能够主动地在困难中寻找希望的人，才能产生好的情绪。那些能够很好地驾驭自己情绪活动的人，并不是在怒气产生时才开始制怒。他们的良好情绪主要来源于坚强的、豁达的、高尚的个人素质，比如正确的人生态度、宽广的胸怀、顽强的适应能力、良好的性格素质等。在这一点上，书籍是你最好的老师。

（2）多参加体育锻炼。增氧健身法能使身体产生生化和其他各种变化，起到调节情绪的作用。要求一星期进行3～5次，每次至少20分钟，其内容包括跑步、骑车、散步，或其他活动。

（3）学会利用颜色调节心情。颜色是精神的“营养物”，其作用如同维生素对身体一样，为了摆脱烦躁和愤怒，暂时避开红色会有所帮助；在与沮丧和消沉作斗争时，应尽量不穿黑色或深蓝色服装；减轻焦虑或紧张宜选用具有抚慰和平静作用的中性颜色，医院病房刷成蓝色，原因就在于此。

（4）用音乐帮助自己放松。当你处于紧张和烦躁状态时，可以先欣赏快节奏的摇滚乐，然后再逐渐换成轻松、舒缓的乐曲，会使你的心情得到放松，获得一种新的情绪。

（5）睡眠法。当你情绪不佳时，也许会感到心灰意懒，此时不妨痛痛快快地睡上一觉，把一切烦恼留给梦乡，醒来时，又是个精神饱满的你。

57. 遇到烦恼的事，不能自我摆脱，怎么办?

春风得意，事事顺心，固然快乐，但并不是快乐的唯一条件。一个人的烦恼是受到多种因素影响的。我们可以看到有些人虽遭遇困难，仍不改其乐；而另一些人虽然处于优越的环境，却郁郁寡欢。这里除了个人的人生观不同外，还包括是否善于捕捉生活中的快乐，去冲淡那些烦恼的事，充分地看到生活中那些令人愉快的因素。

生活是多彩的，既有烦恼和忧愁，也有幸福和欢乐。我们应当善于从生活中寻找欢乐，从而摆脱烦恼。太阳每天都升起，每天都是新的；我们每天都学习，每天都有新的收获；只要你没有放弃努力，那么你每天都会给自己的生命增添新的内容。这些难道不值得高兴吗？生活中那些不顺心的事，固然会使我们烦恼和忧愁，但如从另一个方面看，它们也可以锻炼我们的意志，使我们鼓足勇气去战胜困难，改变不利的境遇。

要学会用幽默的眼光看待生活，走到哪里都能找到生活中的乐趣。幽默感表现了人的自信和镇定。它不仅能给我们增添乐趣，而且还能增添藐视困难、驱除烦恼的勇气。一般地说，只要我们坦率、豁达，幽默感就会纷至沓来。平时和同伴开开玩笑，这也是一种幽默。适度的玩笑是对生活的一种十分有益的调剂，是一种对精神健康大有好处的娱乐。在烦恼和忧愁时，诙谐幽默的话语引人发笑，逗人捧腹，在笑声中，烦恼便会烟消云散。

58. 对世上什么事都不感兴趣，怎么办?

如果觉得生活枯燥无味，对什么都没兴趣；或是费尽周折屡遭挫折，遍尝艰辛却终无所获；或是生活中的不幸使你丧失了信心，从而对任何事都失去了兴致，该怎么办呢？

（1）从小事做起。生活中微小的成功感也许就能唤起我们的热情。别奢望奇迹会在一个晚上出现，应该从一点一滴做起。一个成年人突然双目失明，在他万念俱灰时，一位盲人对他说："不必灰心，你可以从洗自己的袜子开始。"积攒起哪怕是星星点点的热情，你会重新对生活作出反应。

（2）强迫自己行动起来。将自己安排在一批接受某种训练的人中间，承担一项自己并不想干的工作，或是不管三七二十一，随便找点什么事干起来再说，都比躲在自己的孤岛上强。回到你熟悉的圈子里去，感受一下别人紧张生活的气息，你就不会对任何事无动于衷了。

（3）自己尊重自己。任何时候，自信心对我们来说都是很珍贵的，要坚信自己不会比别人差。别老想着你会再次失败，应该分析一下原因。如果方法不当，那么重新再来；若是力所不能及，即使失败了，你也问心无悔，因为你曾经拼搏过。

对一个备尝艰辛的奋斗者，我要说：你已经历了一个成功者必须经历的一切，请再坚持最后一步。

59. 机遇应该是均等的，可我却总为自己缺乏良好的机遇而苦恼，要想把握住机遇，该怎么办?

一般而论，机遇对每个人都是均等的，关键在于你是否能把握住它，让机遇给自己带来成功。那么，如何做到这一点呢?

（1）机遇来临前，必须有充足的准备。有句名言说得好："机遇只偏爱那些有准备的头脑。"一些人经常抱怨自己的机遇不好，其实即使有与别人同样的机遇放在他面前，也会被他的无知、无能给浪费了。

（2）机遇来到时，敢于迎接挑战。达尔文从剑桥大学毕业后，获取了神学学位，他的老师汉斯罗教授，喜欢他的勤奋和才华，推荐他跟随贝格尔号船去考察。在三年多时间里，他抓住机遇，积极挑战，不顾疲劳，争分夺秒地收集标本和化石，构思着《物种起源》，结果他成功了。如果达尔文没有读书时的勤奋好学，老师不可能推荐，他只好当一名乡间牧师。这推荐虽然是个机遇，有了这机遇，倘若他不敢面对，不去奋斗，成功也只能是泡影。这个事例说明，为了发展自己的职业能力，你应审时度势，把握时机，迎接挑战，让人们正视你的存在，只有这样，你的命运才能发生你所期待的转机。

60. 兴趣爱好得不到父母、老师的理解，怎么办?

不少家长对孩子的课余爱好极为反感，怕浪费精力、影响学习，使许多青少年对自己的兴趣和爱好因为得不到父母、老师的理解而苦恼万分。青少年正当的爱好和兴趣，对一个孩子的成长至关重要，所以创造条件，使自己的爱好和兴趣得到发挥很关键，那么应该怎么办呢?

（1）要根据自己的性格、气质选择最适合自己的兴趣活动，不能完全凭借家长的主观臆断。要耐心说服家长，支持自己的兴趣和爱好，为自己创造一定的可发挥的条件。

（2）要注意爱好和兴趣的相对稳定，不能见异思迁，要持之以恒。当自己在前进的道路上遇到困难和挫折时，要努力战胜困难，坚持到底，争取成功，要培养自己良好的意志品质。

（3）由于年龄小分辨是非的能力较差，易被一些不良事物吸引，所以要从小注意形成积极健康的兴趣爱好。

（4）要善于打开创造性思维的大门，对自己的兴趣爱好不仅要有一定的自主权，而且要有新的创意。同时，要积极争取家长做适当指导和创造适当的条件。

61. 担心将来择业求职时不会充分地表现自己，怎么办?

一职业学校学生来信咨询："我已实习结束，面临求职择业，可我总担心在面试时不会充分表现自己怎么办?"

职业学校学生求职的艺术是其选择职业并获得职业的能力，它是职业学校学生交际艺术在求职过程中的表现。一位求职学家说："求职艺术并不在于你想得到什么，而在于你如何表现。"因为表现自己是一种才华，一种艺术。职业学校学生有了这种才华与艺术，就有了在当今社会施展自己的机会。那么，职业学校学生求职时，究竟怎样才能更好地表现自己呢?

首先，要正确认识自己，坚持实事求是，对自己作正确估计，善于发现自己，找到自己的能力优势，把握竞争的获胜条件。

其次，要有良好的心态。通过自己恰到好处的言谈举止、表情态势、人格魅力、装束服饰等，给对方留下良好的第一印象。

再次，要给人一种信赖感。使对方说你是一个诚实真挚的人，十分可信，同时感觉到你有他所需要的技能。

最后，通过你言之有据地展示自己的成功所在，给人一种真实感，增强聘方对你的可信度。只要能抓住机遇，艺术地表现自己，就能获得求职的成功。

62. 专业技能差，担心将来就业困难，怎么办?

一职业学校学生来信说："由于自身素质差，常常为不能熟练地掌握并提高专业技能而苦恼，这该怎么办呢?"

职业学校培养的是具有很强实践能力的实用型、复合型人才。因此，必须注重技能训练，在实践中锻炼提高自己的专业技能，具体做到以下两点：

（1）必须增强信心、刻苦努力学习。人各有志，也各有所长，要树立信心，全面掌握专业理论和专业技能。一方面要认真学习书本上的专业基础理论知识，不断充实自己的头脑，做到“应知”；另一方面必须加强专业技能训练，不断提高技术水平，做到“应会”，使“应知”与“应会”有机结合。

（2）必须理论与实际相结合。如何把学到的专业理论转化为技能技巧？关键在于理论联系实际。如进行实验、实习、社会实践、社会服务等。各种实践活动，特别是专业实习，可以为你提供较多直接动手的机会，可以将在校学习的专业理论变成自己的实际技能，并进一步培养独立生产和工作的能力。例如，某所职校财会班学生到某公司实习。该公司财务科用的是单式记账凭证，而同学们在校学习的是复式记账凭证。该公司采用单式记账凭证的目的是为了便于汇总。有一次总账和明细账的余额相差90元，实习生运用学过的知识判断问题可能出现在漏记、忘记或记错方向上，并认真进行检查，果然是记错了方向。同学们又建议采用补充登记法更正，因为采用画线更正和红字冲销法都会影响账簿的清洁，所以得到了该单位财务人员的赞同。同学们深深体会到只要做到理论与实际结合，就能在实践中进一步提高专业技能，也就不必担心就业困难了。

63. 实习时感觉自己专业技术水平太低，很苦恼，怎么办?

某职业学校学生来信：“下厂实习时感到自己的专业技术水平太低，远不能适应职业工作的需要，很苦恼，不知该怎么办。”

不要为之苦恼，世上无难事，只要肯登攀。只要你能在实践中勤学苦练，精益求精，不断攀登技术高峰，一定会提高专业技术水平的。应做到三个必须：

（1）必须有锲而不舍的精神。学习掌握现代科学技术不是一件轻而易举之事。马克思说：“在科学上没有平坦的大道，只有不畏劳苦沿着陡峭山路攀登的人，才有希望达到光辉的顶点。”职业学校学生需要具备高超的技术，掌握过硬的本领，必须有谦虚好学、刻苦钻研、锲而不舍的精神，在实践中付出艰苦的努力。

（2）必须培养自己的动手能力。要将学到的专业技术理论转化为技能，以及技能的熟练过程都离不开动手能力的培养。对职业学校学生来说，如果动手能力不强，只掌握专业理论知识，就等于是纸上谈兵，实际工作岗位是用不上的。所以，职业学校学生平时不要放过任何一次动手机会，勤学苦练，认真操作，才能使技能达到逐步熟练进而运用自如的程度。

（3）必须有学无止境的态度。由于科技迅猛发展，新工艺、新材料、新技术层出不穷，更新很快，所以学习和掌握技术的过程也是没有止境的。作为职业学校学生不仅要不断努力钻研技术，同时还要不断地向有经验的前辈学习，向生产第一线的行家里手学习，并不断地吸取和借鉴国外的先进技术和经验，使自己成为本行业的技术能手。

64. 特别害怕猫、狗，怎么办？

把猫、狗视为可怕的怪物，从来不敢接近它们，这是青少年常见的心理现象。那么，害怕猫、狗应该怎么办呢？

猫、狗的一些可怕的声音和动作使之紧张、焦虑是产生害怕的主要原因。同时也与不了解猫、狗的习惯有直接关系。

要克服害怕猫、狗的心理，平时应注意做到：

（1）当你遇到猫或狗时，不要过于理睬它们那些比较吓人的迹象，如：声音、动作等，用你大胆的行动和温和的表现，慢慢躲开或与之接近，尝试和体验不怕它们的感觉。

（2）不要对猫、狗做出一些过度的反应。如大声喊叫、突然跑、跳或去打它们。这样可能会使猫、狗受到惊吓而更加激怒，会有更大的危险存在。

（3）通过观看图片，了解猫、狗的各种形象；通过读一些猫与狗对人忠诚友好的故事，了解它们的一些习性和常见动作的用意；通过看电视、电影熟悉和了解它们的全部。这样会逐渐减轻自己的害怕心理，变害怕为喜欢。

（4）锻炼自己逐渐与猫狗接触，增加与它们巧妙相处的机会，使自己成为猫狗的小主人、好朋友。

65. 害怕电闪雷鸣及各种坏天气，怎么办？

“我从小就害怕雷响和阴雨天气，一遇到这种情况，我就飞快地钻进床底或被窝里，我的情感完全被大气控制和困扰，怎么办？”

错误的认识、紧张的心理是产生这类恐惧的主要原因。

建议：

（1）了解有关气候的知识，纠正自己在这方面的错误看法。

（2）确定对天气的哪些现象更害怕，并按焦虑等级依次列出，然后订计划逐级消除。

（3）根据年龄选择一些介绍天气的书籍看，了解一些有关的实用知识。

（4）多看看和听听电视节目中播出的真实的暴风雨的景象及声音。在对这些景象比较适应后，可闭上眼睛听暴风雨的录音，同时很快克制住恐惧心理，告诉自己其实什么可怕的事也没发生。

（5）利用真正的暴风雨锻炼自己。在暴风雨开始时，和家长一同站在离窗户不远的地方观赏风雨。最初的训练中，可安排一些有趣的活动帮助自己平静，如听音乐等。

66. 怕黑，怎么办？

“我很怕黑，天一黑就不敢出门。要克服这种怕黑的心理怎么办？”

不正确的想象，会导致你怕黑。可以从以下方面进行纠正：

（1）要相信没有任何可怕的东西。也可以让别人帮助自己做做这方面的试验，有针对性地排除害怕的因素。

（2）用做游戏的方法使自己适应黑暗。可跟别人一起在黑地方进进出出。开始时，一进黑处立刻出来，以后逐渐延长停留时间。如：“捉人”，同时唱歌，在黑暗里兴奋地喊叫或跑来跑去等，以适应这种黑的环境。

（3）让父母兄妹分担自己的恐惧。让他们陪伴自己坐在黑屋子里，观察害怕的阴影或声音，自己对他们解释这些现象是如何产生的。

（4）准备一只调光灯，把电灯的调光开关装在床头。开始时可开灯睡觉；隔几天将灯调暗一些；最后做到关灯睡觉。

（5）和大人一同检查门窗，在确保安全的情况下，安然入睡。

第八部 耐挫心理

1. 当自尊心受到伤害时，该怎么办?

一位同学来信说："在家因为做了一件事，爸爸当着客人的面把我狠狠地骂了一顿，我感到自尊心受到伤害，一气之下，负气出走。爸妈发现后，急忙发动亲朋好友四处寻找，并报告了派出所，两天后才把我找回来。自己也明知这样做不对，那么该怎么办?"

你的爸爸当众让你下不来台，使你的自尊心受到伤害，你爸爸教育孩子在方法上有他失误的一面，但你因此负气出走，那也是十分错误的。应该怎样对待呢?

(1) 在你受到父亲批评后，觉得自尊心受到伤害，你可以暂时离开，到其他房间待一会儿或去做你应该做的事，不要急于当着客人面去做更多的解释，或是据理力争等。

(2) 待客人走后，及时向爸爸认真地承认错误，表示愿意接受爸爸的批评，以后努力改正或是努力做好某件事情，取得爸爸的谅解。

(3) 待爸爸消气后，可以平心静气地向爸爸提出这样一些建议：一是在外人面前要给孩子留情面，对孩子的教育态度可以严厉，但不能辱骂和过分刺激；二是应了解孩子一时难以接受而产生抵触心理，容易造成不良后果；三是要坚持正面教育，在平等和谐的气氛中把孩子引导到期望的目标上来。如果能够做到和父母达成协议，友好沟通，父母不仅乐于接受，还能在以后的教育中注意改正以前不正确的一些做法，这样何乐而不为呢?

你采取离家出走的消极做法，不仅解决不了问题，还很容易引出许多麻烦，反而伤害了爸爸，自己仍然很痛苦，所以负气出走大可不必。

2. 有了思想包袱，该怎么办?

一中学生说："我在小学时，一直是班级干部，学习好、总考第一，各方面都不错。但上了中学以后，我没被选上班干部，学习也不如以前了，思想上产生了包袱，应该怎么办?"

人若背上了"包袱"，那就是退坡的开始。你的思想包袱形成的主要原因就是你总是看着过去的辉煌和荣誉而沾沾自喜，停滞不前。你的落选和成绩下降就是实际的回答。一旦退坡，如果还不觉醒，那将要影响你的学习和生活。有了包袱并不可怕，可怕的是你放不下包袱，所以你必须考虑从以下几方面改正：

（1）过去的辉煌和荣誉只是你成功和飞跃的基础，不是你前进的终点。所以，你若不勤奋努力，只是一味沾沾自喜、停滞不前，那么你就会被后来者超越，成为落伍之人。你必须尽快适应新环境，刻苦努力，迎头赶上。

（2）不要为一时的退坡而泄气，因为新的学习环境你一时还来适应，必须增强信心，鼓励自己，向前看。成绩属于过去，不能证明未来。用过去的荣誉来说明自己的现在是无益而不智的。

（3）给自己施加点必要的压力，暗下决心争取一个新的飞跃，再夺全班第一名，找回原来的感觉，并为之奋斗。相信你会渐渐地放下包袱，轻装上阵的。成功仍属于你。

3. 没考上重点学校，就不想读书了，怎么办?

读书是为了丰富自己的头脑、开阔视野，为将来走向社会积累知识、经验。那么在重点学校读书的目的也是如此，只不过考上重点学校能为你将来进一步深造创造一定的优越条件。其实，在现实生活中，在重点学校学习没考上大学、在普通学校学习考上大学的例子也为数不少。只要你肯下功夫，在普通学校学习也同样可以实现这一愿望。所以，因为没考上重点学校就不想念书了是极不明智的。

我们到校学习的目的并不仅仅是为了考上大学，更主要的是要在学习知识的基础上学会更多的做人的道理，将来无论到哪里都是一个合格的人才。

同时，我们还应该认识到，挫折和困难每个人都会遇到，人的一生就是要和挫折、困难作斗争。荣格心理学认为：一个人常常为未来的目标而奋斗不息，以求达到人格各方面的和谐完善，这就是自我实现。当一个人的自我实现不能满足时，就会产生挫折感。你没考上重点学校，这只是一种暂时性挫折，所以一定要保持一种平稳的心态来面对现实。

要认识到，动机和目标、能力与期望永远存在差距，任何时候既要想到“过五关”，也要准备“走麦城”。人生的路长着呢，这点挫折并不可怕，可怕的是你因此而失去了追求。你应当把这一暂时性的挫折化作你今后学习的动力，制定一个目标，并付诸行动，有信心和重点学校的学生比试。只要有毅力、有决心、肯努力，相信你一定会成功的。

4. 一次实验不成功，我便泄了气，怎么办?

一初中生说：“我的动手能力很差，上了初中后，一次做电路实验，我不知道电路该怎么做，手忙脚乱，受到了老师的批评。从那以后，我一直抱怨自己‘动手能力为什么这样差’，以后每次做实验，我都恐惧，越来越没有自信心，像泄了气的皮球一样，我还能恢复自信吗?”

你的自卑是消极自我暗示的结果。所谓消极自我暗示就是不断地提醒自己“动手能力差”，这一意识不断重复，就会逐渐深入内心，给自己造成强烈印象，从“动手能力差”联想到“缺乏实验能力与研究能力”。其实即便动手能力差，只要在遇到事情时多看、多问、多动手就行了，没有必要总念叨它；如果非要念叨，提醒自己，你以后应该换一句话，比如“我的理论思维能力很强”、“我的动手能力正在提高”等，只要一天想上一两遍，你对自己缺点的注意就会逐渐淡薄，自信心也会逐渐恢复。

5. 在学习中遇到困难时，怎么办?

对于这个问题，有一位同学是这样回答的：每当我在学习上遇到困难的时候，我总是不气馁、不灰心，坚持学下去，直至成功。因为我知道，只有战胜自己，才能战胜困难。

常言道：困难像弹簧，看你强不强；你强他就弱，你弱他就强。这就是说，无论是学习或是其他方面遇到了困难，都不可怕，只要你有信心、有毅力，有顽强的拼搏精神，就能战胜它。遇到了难题不会解，或是老师讲的内容没弄懂……都不用怕，你可以多看几遍书、多请教几个学习好的同学，或是找老师帮助讲解一遍。总之，你如果能有“吟安一个字，捻断数茎须”的执著和认真精神，你就一定能够克服种种困难，直至取得成功。

6. 老师批评，接受不了，怎么办?

批评，是老师教育学生、管理学生的一种主要手段。每个学生可能都受过老师的批评，只是次数和程度有所不同。挨批评会使自己丢面子，产生一定的心理压力，所以有的同学面对老师的批评，不能采取理智的态度，要么当面顶撞，要么消极对抗，这都是不利于身心发展的错误做法。必须以正确的态度对待老师的批评。

以批评为转机，不再重复犯错误。老师批评学生的目的是教育其改正所犯的错误，不再重复类似的错误。如果学生不能以批评为转机，而是继续自己的错误，后果是十分严重的。首先是老师对这样的学生十分恼怒，批评的力度加大，批评的言辞更尖刻。其次，也得不到同学的理解和尊重，这势必使自己承受更大的压力，进而影响到学习和生活。所以，明智之举是应对老师的批评引起足够的重视，从此不再犯相同的错误。

以批评为动力，促进学习和进步。对待老师的批评要采取积极的态度，把批评化做学习和前进的动力。要树立“有则改之，无则加勉”的意识。善待批评、理解老师、加强修养、完善自己，注意培养自己承受批评、承受挫折的能力。

以批评为契机，加强师生沟通。学生中很少有人挨老师批评后，主动找老师谈心。事实证明，在接受批评后，经过自己的反思，再主动与老师沟通，是一种对自己十分有益的做法。这可以使老师感受到学生接受批评教育后的积极作用。同时，学生也可以把自己内心的真实想法说出来与老师交流，做到彼此相互理解，从而有利于恢复正常的心态，增进师生感情。

7. 老师批评错了，又不敢跟老师直接说明，怎么办?

初三（1）班学生李昕性格内向，不善言谈。一次物理课上，老师在黑板上写字，听到有说话声，回过头来，发现李昕正脸朝着同桌，就批评了他。可实际上说话的不是李昕，而是别人。李昕想与老师说明，又不敢，只好自己生闷气。为此他苦恼了好多天。

老师不是圣人，也会犯错误，批评错了同学，是可以理解的。遇到这种情况，不向老师说明，自己生闷气，这不但影响学习情绪，而且还会影响身心健康，甚至可能影响师生关系。遇到这种事，这样做为好：

首先，看老师批评的事是大事还是小事，如果是小事，不是原则问题，如上课小声说话，你就不要放在心上，采取“有则改之，无则加勉”的态度，原谅老师因没有看准而出现的错误，不必向老师解释什么，更不必生闷气。

其次，如果老师批评的这件事是大事，必须向他说明白时，也不能当场跟老师争辩，尤其是在课堂上更不能为此耽误了老师上课，应该课后到办公室跟老师心平气和地解释，不能用不礼貌的口气和语言质问。

8. 同学们不理解我的好意，怎么办?

王双是数学课代表，她说：“为了提高全班同学的数学成绩，我经常出题测验大家，但少数同学不理解，还讽刺我。我十分苦恼，怎么办?”

经常出题测验大家，这说明你是个称职的课代表，这种做法会受到老师和大多数同学的欢迎。至于有个别学生不理解，这说明他们是不爱学习的学生。你不该为此而烦恼，而应该这样想：我总不能让每个人都满意，总统竞选时，也可能有百分之四十的反对票。这样想后，你就可以解除烦恼。另外，出题的数量要根据老师留的作业的多少来决定，这样就可以避免同学们的课业负担过重，也会减少同学的反感。除此之外，还要注意出题的广度和深度，让大家觉得你出的题确实对学习有提高。

9. 我家过去有钱，现在突然困难了，不习惯、又苦恼，怎么办?

学生迟××：“我家是开煤窑的，前几年效益好，家有存款几百万，可是前些日子出了生产大事故，受到罚款，还得给予遇难者经济赔偿。现在家里一贫如洗，还借了许多债。面对这突如其来的变故，我适应不了，很苦恼怎么办?”

很同情你的遭遇，你应该同情在你家煤矿遇难的工人家属，他们该怎么生活？遇难的工人是家里唯一的劳力，你家付出的只是钱，而人家付出的是性命，你还有什么理由苦恼呢？还有什么面子不面子的？多为别人想想，苦恼自然也就没有了。

10. 父母离婚，我很苦恼，怎么办?

学生××："我们家原来是幸福、美满的，自从爸爸挣钱多了以后，爸爸和妈妈时常打架，最后去法庭离婚，我被判给了爸爸，而爸爸几乎是夜不归宿，偶尔领一个女人回家，有说有笑，我十分气愤，该怎么办?"

听了你的诉说，我同情你的处境，不过类似你们家的情况并不是十分少见的。与你遭遇相似的学生为数并不少。其中有些学生，他们正确地对待和处理了类似的家庭问题，你应当以他们为榜样。

（1）心要放宽些。

（2）父母的事，你无权干涉。你在经济上没有独立，又不能不依赖他们。离开他们，你无法生活，那就要有一种随遇而安的心理准备，也就是在哪都是家。作为你，在爸爸那不习惯，可以去妈妈那里，不论在哪，都要听话。

（3）刚离婚的父母，往往都把离婚的责任推给对方，是非曲直你心里有数就行，切不可以两方面讨好，给他们传话，而应该给予更多的劝解，缓和他们的矛盾。

（4）父母离婚，对你无疑是一个打击，作为你是受了伤害和挫折的，但你要乐观起来发奋学习，几年后，你能自立了，也就会淡忘或者摆脱家庭破裂给你带来的苦恼。不管怎么说，苦恼都是暂时的，度过这一段，会渐渐地好起来。

11. 父母下岗，苦恼又难过，我该怎么办?

王同学说："爸妈同在一个厂子上班，厂子倒闭，一同下岗在家。不光生活没有了保障，而且他们唉声叹气、愁眉苦脸，还不时地发生口角，家庭气氛异常紧张。我没有心思读书，又不能辍学回家，该怎么办?"

由于下岗，家庭生活发生困难产生矛盾可能是下岗的双职工家庭必然经过的阶段，因为他们要靠工资维持家庭成员的生存，没有工资能正常生活吗?

在这种情况下，你应该这样做：

（1）你要理解你的父母，多给一些安慰。

（2）因为没有工资，你就不能像过去那样，说要钱就得要到手，你要处处节省，力所能及多做些家务劳动，为父母分忧。

（3）多向父母反映、介绍类似你家情况的同学家的情况，或者不如你家情况的同学的家庭，目的是让父母想宽些，愁、吵是没有用的。进而，让他们多出去走走、看看，看别人是怎样下岗后又谋到生活之路的，给父母以启示，一可以摆脱痛苦，二可以谋求新的职业。

12. 亲人亡故，精神长久不振作，怎么办?

学生王丽丽说："我爸爸下岗几年了，为了全家4口人生活，他去个体煤窑打工，工资不算高维持生活还可以。我性格一向活泼、开朗，半年前爸爸因矿井事故不幸去世，全家人万分悲痛。我身为长女，负担突然加重，既要照顾痛不欲生的妈妈，又要看护刚上学的弟弟，我有一个月没去学校读书，产生了退学的念头。经过老师、同学的帮助，我又复学了。可是，整天精神恍惚，学习成绩直线下降，该怎么办?"

你爸爸突然去世，对你无疑是一次沉重的精神打击，造成了这段时间的悲伤痛苦，神情恍惚。对于一个中学生有限的心理承受能力来说这是可以理解的。不过持续半年之久的精神萎靡，将会产生不良后果，第一影响身体健康，心理压力大，人体免疫力降低，疾病会乘虚而入。第二挫折过大，人的精神状态会发生变化，造成性格的畸形。

爸爸的离世对你和你们全家是天上掉下来的灾难。唯一的办法只有正确对待、多找事做，这样才能自觉地从悲痛中解脱出来。"人死不能复生"，"老人不能陪你一辈子"，可用这些俗语宽慰、规劝自己。

由于你没有了爸爸，日常生活的困难会接踵而至，这正是磨炼你坚强意志，促使你性格坚强的客观条件。俗话说：自古英雄多磨难。磨难会使你的意志力得到最有效的锻炼。

13. 一到考试时就生病，怎么办?

某同学，平时成绩很好，一到考试时就生病，不是坏肚子，就是发高烧，影响考试情绪和成绩，怎么办?

该生的表现是考试境遇性焦虑障碍，是一种常见的心理现象，当然也伴有一定的生理现象。具体原因有：

一是主观原因：

（1）心理压力过大。由于来自家长、学校、老师等方面的压力，怕考砸了对不起很多人。

（2）考前准备不充分。

（3）精神疲劳过度。不注意营养和劳逸结合，使身体机能下降。

（4）以往考试的挫折，有怯场史。

二是客观原因：试题过难，题量过大等。

应做到：

（1）注意转移。转移注意可以克服紧张情绪。可以听听音乐等直至消除紧张情绪。

（2）放松训练。做放松训练和闭眼深呼吸等能消除肌肉紧张，缓解焦虑情绪，克服怯场。

（3）改正不良认知。要正确认识和看待考试，偶尔考不好是正常的，不要过多考虑各方面的因素，以减轻心理压力。

（4）系统复习，加强训练，做好充分准备。

（5）注意劳逸结合。"一张一弛"才是文武之道。要有节奏地安排作息，防止过度疲劳。要注意改善伙食结构，多吃高能量低脂肪食品，注意科学饮食，消除考前或考场上的身体机能紊乱现象，保证精力充沛地应考。

14. 我失去升学机会，觉得很失落，怎么办?

一中学生说："今年中考没能考上重点中学，内心异常痛苦。躺在床上哭了几天，心灰意冷，觉得前途渺茫，以后的日子怎么过呢？你能告诉我吗?"

你的情绪状态可以理解，很多人在中考或高考失败后都有过这种心态。一落榜就觉得走投无路，一蹶不振，再无出头之日。其实，这是一种错误的想法，遭受一种挫折后，情绪低落出现不正常的心理退行现象，就像小孩那样，一摔倒就大哭起来，趴在那里不动，以为再也起不来了。其实不然，待痛苦情绪消失后，他会走得更快、更好。你也应该相信，自己中考失利后注意静下心来总结原因和教训，可走出一条更为宽广的路。遇到挫折失败不可泄气，今年考不上，明年还可以继续考，再说当今社会有很多学习和就业机会，完全没有必要无端品尝痛苦。

15. 每当受到挫折时，总把不痛快憋在心里，怎么办?

一中学生："我中考失败了，没能考入重点高中，一个假期心里一直恼火、懊丧，不愿见人，内心越来越痛苦，有什么办法可以消除呢?"

整天将挫折感都憋在心里，显然不是解决问题的好办法，弄不好还会憋出病来，情绪宜泄不宜堵，你应该从以下几方面寻找释放的途径：

一是平静心态，看看电影、电视，或者到外面玩玩，轻松轻松。中考带给了每一个学生巨大的应试压力，这是不容否认的。为了中考，你们不得不全身心投入到单调而枯燥的学习中去，不得不背诵、记忆、书写、计算……现在静下心来，找几个同学，好好玩一玩，什么也不要去想，想法子排遣心中的郁闷。

二是找个谈得来的同学或家里人，把你心中的懊恼发泄出来，你或许会轻松很多。

三是如果找不到谈话的对象或不愿向别人吐露，那么也可以用自言自语的方法，比如："有什么了不起，今年考不上，明年再考！"总之，换一种积极的情绪状态去排解，让自己自然轻松下来。

16. 我觉得自己不是学习那块料，自暴自弃，怎么办?

一位初中生来信询问说："小学时，我在班里的成绩并不差，可到了初中后，成绩越来越差，自卑感也就越来越强。我想，我可能不是学习那块料，我该怎么办?"

你小学时成绩较好，这说明两个问题：第一，你的智力水平并不差。第二，你为初中阶段打好了学习基础。因此，觉得自己不是学习那块料是没有道理的。如果说你现在成绩落后的话，那就要从你自身努力不够找找原因。从小学到中学，学习的科目和形式都有不同变化，一时难以适应，稍有落后是正常的。在心理上和学习方法上注意调整，逐渐就会跟上来的。可是你由此自我怀疑、自我贬低、自我放弃，形成凡事不如别人而自暴自弃的心理，因此导致成绩下降，自卑感加重，并出现恶性循环，这是不对的。你有必要下决心，遏制这一不良循环，其方法是，要把注意力和全部精力都放在学习上，下一番苦功，上好每一节课，做好每一道题，弄懂每一天学过的知识。一段时间后，我想你一定会逐渐适应新的学习生活，掌握新的学习方法，有所进步。随着自己的不断进步，自信心也会不断增强，自卑感也就会逐渐消失，你会重新变成一位成绩优异的学生。

17. 作为班级干部，在管理学生时遇到困难和受到打击，怎么办?

一初中学生干部来信咨询说："我是一名班级干部，在管理学生时，常常被泼冷水，有的学生还时常背后议论我，甚至骂我。我很委屈，因为我本来都是为同学们好，却里外不是人，该怎么办?"

班级干部，是班主任老师的得力助手，老师不在时，要承担起管理学生的重任，对于你来讲，是比较辛苦的。但也往往因此而容易得罪人，成为同学挖苦、讥讽的对象。在这种情况下，你不要过多地去怪罪同学，可以先从自身找一下原因：是不是自己在管理同学时方式不当？是不是自己对待同学时不能一视同仁？是不是要求别人做到的自己却没有做到？……你不妨从以下几方面去努力，从中找找原因：

一是注意帮助老师管理学生的方式。比如某个学生犯了错误时，不要劈头盖脸一顿指责，而要委婉提醒。

二是公平地对待所有的同学。包括与自己要好的和与自己不太来往的，或者是有摩擦的同学，不偏袒，不歧视。

三是发扬民主。班级的事，要多与其他班干部沟通，听取众多人的意见，避免高高在上，盛气凌人，独断专行。

四是带个好头。平时严格要求自己，以高尚的人格感染同学，以榜样的力量带动同学，争取同学们的高度信任。

这样，时间久了，同学们才会拥护你，同时也树立了自己的威信，同学们也就不会再为难你了。

18. 父母离婚后，觉得自己在别人面前抬不起头，怎么办?

一位中学生来信咨询说："我的父母离婚后，我感到很压抑、自卑、脸上无光，学习劲头也不如从前了。老师和同学都很关心我、开导我。但是，我仍然很自卑、心事重重，怎么办?"

你这种心理对今后的学习和健康都很不利。你应该首先考虑如何克服自卑感的问题。自卑感是你心理负担过重造成的，所以解除思想负担对你来讲是至关重要的。老师、同学、心理医生的帮助固然重要，但是外在条件能否有效，主要取决于你自己的主观能动性。所以，要下决心，增强信心，解除精神负担。克服自卑心理，应考虑从以下几方面做起：

一是父母离婚已成事实，那么，你就要按现实情况安排好自己的生活和学习，通过刻苦的学习、充实的生活去驱除内心的烦恼。

二是父母间因为某种原因不能生活在一起，作为你，就要把这些情况作为正常的事情去认识，父母之间的问题不能代表自己有什么问题，要用实际行动证明自己是无辜的，要生活得理直气壮。

三是可以和知心的同学或老师谈谈自己内心的痛苦，取得他们的关心和帮助，宣泄和释放一下自己的苦衷，争取轻松地投入学习。

四是要认识到，许多痛苦往往是自己内心的错觉所酿成的，作为他人也许并没有更多地去注意你。所以，你完全没有必要抬不起头，或自卑。

19. 学校的“小恶霸”总打我，还向我要钱，我该怎么办?

小平说：“上了初中，由于离家较远的缘故，中午我带饭或是买盒饭。不知为什么，一天中午，学校的几个同学突然围住我，跟我要钱。见他们气势汹汹的样子，我很害怕，就把手中准备买盒饭的钱给了他们。谁想到，他们不肯罢休，隔几天就来纠缠我，我该怎么办?”

遇到这种情况，你要理智，而且还要勇敢。要知道对待这类人决不能软弱。忍气吞声，一味地迁就，只能助长他们的气焰。具体有以下做法：

（1）理直气壮地拒绝。当他们围攻你，跟你要钱时，你要马上拒绝，不能犹犹豫豫，吞吞吐吐。俗话说：软的怕硬的，硬的怕不要命的。你首先要在气势上压倒对方，造成对方心理的紧张，逼迫他们主动让步。

（2）如果当时你的处境很困难，不妨可暂时让他们一步，然后再变被动为主动，及时向老师、家长或派出所报告，求助于这些人。

（3）让同学们了解你的处境，争取得到同学的保护和帮助。怕同学知道而隐瞒实情，宁可自己受委屈是最不明智的做法。能够和更多的同学团结在一起，必然会使小恶霸们望而却步。

20. 同学给我造谣言，怎么办?

“以前我的学习成绩不是很突出，但是经过一段时间的努力，我在期中考试时取得了好成绩。可是有的同学却给我造谣言，说我在考试中作了弊。我很委屈，向老师及家长诉说，他们似乎也这样认为，对此，我很苦恼，不知该怎么办。”

针对这种情况，你可冷静地反思一下，考试中自己是否有作弊行为，如果有，不论严重与否，那么别人的话就要正确对待，虚心接受批评。反之，如果是凭借自己的实力考出的成绩，那么同学的话就纯属谣言。谣言是凭空捏造出来的，它没有多长的生命力。只要你坚持不懈、继续努力学习，那么将来的好成绩便足以说明一切。因此，你要增强心理承受能力，而不要被谣言击败。同时，还要冷静地分析一下造谣者的动机是什么，如果由于猜疑妒忌而造的谣言，那么你就心平气和地和他交心，把你的实际情况向他解释清楚，并指出造谣的危害性，主动帮他改正缺点。如果是动机不纯，以伤害别人为快，那么对这种人可以完全不用理睬他。但丁说：“走自己的路，让别人去说吧!”你尽管努力，造谣者终究会自觉无味，甚至会自取其辱，一切都将不攻自破。总之，别人的嘴，我们不能支配，可是我们能够严格要求自己，尽量避免别人造谣。即使有了谣言也要正确对待，不必把心思都用在这种无聊的事上，使自己陷入苦恼而不能自拔，要用事实证明自己。时间是公平的裁判，总有一天，同学、老师、家长都会重新认识你的，那时你将会以一个胜利者的姿态出现在人们的面前。

21. 作为乙肝病毒携带者，我很自卑，该怎么办?

张楠同学说：“我是个乙肝病毒携带者，同学们知道后，许多同学都不敢接近我，怕传染，我很自卑，不知该怎么办。”

你的心情我非常理解，同学们疏远你，致使你产生自卑感。其实这是因为大家的无知而对你产生的误解。

有医学资料表明，乙肝病毒携带者也称健康的带菌者，它不同于肝炎患者。肝炎患者正处于肝炎的发病期，它传染的途径很广。所以对肝炎患者须单独护理，隔离治疗；而乙肝病毒携带者的病原体只能通过血液传播。如扎针时两人共用一个针头（当前提倡使用一次性注射器，就是为防止血液传染）、结婚后夫妻性生活、怀孕母体对胎儿的遗传等。我国的乙肝病毒携带者很多，只要他尚未发病，即可视为健康人，甚至可以从事饮食服务行业。正常的同学交往根本不具备传染的条件，你同学的担心是多余的。

你首先需要树立自信心，视自己为一个健康的人，心安理得地做健康人应该做的事。在你自信心的感召下，同学们会逐渐减少对你的顾虑而更加信任你。

建议你向家长、老师以及好朋友求助，请他们宣传关于“乙肝病毒携带者”的医学常识，同学们即使不相信你，也应该相信科学，那么他们还有什么理由拒绝与你交往呢?

另外，你需要加强体育锻炼，增强机体抵抗能力，也要养成良好的卫生习惯，包括饮食卫生、交往形式和医药的使用等，防止某些因素诱发乙型肝炎。

22. 走不出自卑的困境，怎么办?

一职业高中的学生说：“我中考没考上重点高中，觉得在老师、同学、亲友的面前抬不起头来，特别是受到父母的责备，自尊心受到严重的伤害。怎样才能尽快走出自卑的困境，以一种健康向上、充满自信的心态投入到新的学习生活中去呢?”

没升入重点高中，不等于没有前途，要重新找回自我，做到：

（1）客观地看待失败。考重点高中、升大学是一条成功之路，但它不是唯一的。读职高一样可以成才，成才的关键是如何发挥主观能动性。虽然成了职高生，但只要自己不气馁，不自卑，勤奋学习，一定会有所作为。“失败不是罪过，目标太低才是罪过”。

（2）正确地评价自我。没有考入高中，不等于自己一无是处。要勇于接纳自己的全部，扬长避短，发挥自身的优势，在职高的学习生活中不断丰富知识，提高技能，用自己的实际行动证明自己是一个勇于在逆境中拼搏的强者。

（3）重在把握今天。人们常说：“过去的不能改变，未来的不可确知，唯一能把握的就是今天。”与其悲观叹息不如面对现实，把握好现在的每时每刻，珍惜学习机会，把自己的全部精力投入到学习中去，在学习中不断充实自我，完善自我，满怀信心地迎接未来的挑战。

23. 总是有逆反心理，又改不掉，怎么办？

初一张同学（女）和李同学（男）每天上学放学一起走，因为两家住得很近，起初两个人很单纯，并无他意。但父母和老师得知后横追查，竖批评，使他们受到了极大的委屈，怨恨交加，干脆来“真格”的，竟谈起了恋爱。从此以后他们处处与老师和家长作对，心里明知不对，可又很难改掉，不知怎么办好。

这种行为是逆反心理的表现。这种现象，常常是个体行为在学校、社会和家庭中不被人理解、尊重和信任的情况下形成的。如果这时头脑不冷静，不能理智地看待问题，就会产生感情失控、心理失衡的现象。在通常情况下，大多是消极的、有害的，不利于中学生的身心健康，应力求避免和克制。首先要注意控制感情，努力使自己头脑冷静下来。然后可做些具体的分析，如果确实是自己的行为有过分之处，或者是被父母和老师冤枉，可以通过彼此坐下来交谈的方式，进行沟通，也应该理直气壮地分辩、解释，自己说了不行，还可以通过别人帮助说明、证明，相信大多数问题是可以妥善解决的。总之，千万不要走极端，钻牛角尖，因为这既不利于解决问题，又有害于自己的身心健康。况且初中生谈恋爱本身就是不可取的。

此外，有时，也有这种情况：别人说我不好，没出息了，我偏要重整旗鼓，努力学好，以实际行动改变他人对自己的评价。不妨学一学这种方法。

24. 有自杀的想法，怎么办？

生命是母亲赋予我们的最珍贵的东西。想想母亲十月怀胎历尽艰辛，一遭分娩尝尽苦痛，又经历了多少天的精心哺育、呵护，走过多少风风雨雨，付出多少心血，才把我们抚养成人，谈何容易？倘若如此轻生，怎能对得起母亲？

想自杀，无非是因为生活中遭受了挫折，不敢去面对它、战胜它，却想一死了之，借此逃避，这是多么懦弱、可笑、荒唐！

一棵小树，要承受无数次的风吹雨打才能长成大树；一条小河，要经历无数次的回旋曲折才能汇入大海，在成长的过程中，挫折是必然的。

相反，如果生活中真的缺少了挫折，就会像缺少阳光和水源一样可怕。林中的鸟因生存的艰辛而锻炼出一双坚强的翅膀，笼中的鸟因缺乏挑战而丧失了飞翔的本能！挫折也能带给我们收获。勇敢地面对挫折，努力去战胜它吧！

当你偶尔一念之差想到“自杀”时，要及时告诫自己：死都不怕，还怕活着吗？只要活着，一切难关都能过去。

25. 承受不了失败，怎么办？

一个初二女同学在上英语课时，由于回答老师提问时发音不准，引起许多同学的嘲笑，感到被羞辱了，趴在桌上哭了起来，从此无论上什么课都拒绝回答老师的问题。

诸如这样的问题，常常反映在许多同学的身上。这是一些同学对待失败的“脆弱”心理。生活有时仿佛跟我们作对，我们谁也不想失败，但又都避免不了失败。生活过程中总是有成功也有失败。既然失败是不可避免的，我们就要正视失败，鼓起勇气战胜它，才能获得最终的成功。

我们要面对失败不逃避，勇于采取积极行动。世界上的事往往就是这样：成果未就，先尝苦果；壮志未酬，先遭失败。要想有所成就，一定要有不怕失败、百折不回的顽强精神。爱迪生在发明电灯时，仅灯丝材料的试验就失败了1000多次。一些好心人劝他放弃，说：“你已失败了1000多次！”爱迪生却回答说：“不，我没有失败，我已发现了1000多种材料不能用作灯丝。”一医学专家为了研制一种药物，虽然连续经历了605次挫折和失败，但他并没有气馁，而是不断总结经验，直到第606次试验成功。为此人们把这种药物称作“606”。

“失败是通向成功的必经之路。”“失败是成功之母。”一个珍惜生活的人，会常常告诫自己，战胜失败，把自己锻炼得更加坚强，成为学习和生活的强者。所以这位女同学的做法大可不必，应振作起来，争取成为学习上的强者。

26. 不能接受别人的批评，怎么办？

某校一位学习比较好的学生说：“我从小学到初中，是在老师和同学的赞扬声中成长的，别人越是表扬我，我越是想把事情做好，学习也越来劲。可是最近老师常批评我，说我上课听讲不专心，太高傲，耍小聪明。我虽然感到老师说得也对，但是就是接受不了这个批评，觉得这个老师对我要求太苛刻，面子上过不去，因此就对老师有看法，有对抗情绪，就不想改正缺点。”

这位学生的表现是自尊心太强。自尊心强本是一种可贵的品质，能激发人们发愤图强，不甘落后。但自尊心太强会使人产生孤傲、清高的心理，不能正确估计自己的长处，认识自己的不足，甚至还会维护自己的虚荣心而设法贬低别人，打击别人。

克服自尊心太强的不良心理，可以从以下几方面入手。

（1）要正确地对待自己的优缺点。虚心学习别人的长处，不要为维护自己的虚荣而不承认自己的缺点，承认缺点的目的是使自己努力赶上去，从而获得别人的尊重。

（2）要心胸宽广，豁达大度。不要因为某一件小事不如己意，就耿耿于怀。要知道“忠言逆耳”的道理。应明白自己不可能处处比别人强。

（3）要学会谅解。不要抓住别人的“小辫子”不放，不要把持批评意见的人当作敌人，即使批评的话苛刻点也要正确理解。如果只能听表扬的话，不能听批评的话，那就会使缺点越来越多，只能助长自己的坏脾气。

27. 家庭不完整，缺少父爱，我很苦恼，怎么办？

家庭不完整，缺少父爱，对一个孩子来讲，可以说是最大的不幸。

沈同学来信中反映了自己这一心声，希望能得到帮助，从痛苦中解脱出来。

心理学家麦克·闵尼的研究资料显示，一天中与父亲接触不低于两小时的男孩子，比起那些一星期内接触不到六小时者，不仅智商更高，而且人际关系融洽，从事风格更开放，富有进取精神甚至冒险性，更有男子汉气概。可见父爱对孩子的成长起到非常重要的作用。像你这样的年龄，正是得到父母百般呵护的时候，而你却失去父爱，这是非常痛苦的。身处这种困境，首先要坚持自强自立，减轻母亲的精神负担。既然家庭不幸已经成为事实，苦恼和悲伤是解决不了问题的，只能是痛定思痛。所以要自我调节，自我安慰，多替母亲分担忧愁。其次是及时化解内心的痛苦或通过一定的方式将内心的苦闷宣泄出来。当你苦恼的时候，找同学、知心朋友或老师聊一聊，把心中的烦恼向他们倾诉，这样你的心情会好一些，也会从中得到一些安慰。

28. 对口升学再次落榜，非常痛苦，怎么办？

中考的落榜者，内心存在着不同程度的自卑感。现在对口升学再一次落榜，有如雪上加霜，使本来就脆弱的心灵再一次遭受打击。因此，职高生升学落榜比普高生落榜所产生的消极心理和悲观情绪更加严重。

帮助落榜生摆脱悲观心理，除了家长、亲友、老师的热情关怀外，更重要的是要靠自己来进行心理调节。

（1）对升学有一个正确的认识。“三百六十行，行行出状元”。这是人们常说的一句话，是很有道理的。上大学固然重要，但上大学并非唯一成才之路。据资料证明，通过近年来对国内有重大贡献的400名人员的调查发现，靠自学成才者占54%。

（2）看到自己的优势。应该明白“瑕不掩瑜”的道理。能够掌握一定的专业知识，专业技能，具备就业的能力，可边工作边学习。如通过参加成人高考、自学考试等形式来学习，自己承担学习费用，这不也是件自豪的事情吗？

落榜的同学总有一种非常压抑的感觉，郁郁寡欢，心情沉闷。这种不良情绪应当恰当地宣泄出来，有利于缓解精神压力。可以向家长或自己的好朋友倾诉，或者想哭时就大哭一场。这种做法是非常有益处的。

（3）敢于面对失败。成功让人欣喜若狂，但失败也是一笔难得的财富。常言道："失败是成功之母。"落榜的同学要敢于正视自己的失败，并从中吸取经验教训，不向困境低头，这才是正确的态度。

29. 遭受一点挫折和压力，就想哭，怎么办？

这种问题是比较普遍的，是一种耐挫力较差，以哭为表现形式的心理现象。其主要原因：①受到批评，感到伤心；②遇到困难，缺乏信心；③要挟家长，以达到自己的目的、要求。

遇到一点困难和挫折就想哭，这是心理脆弱的一种表现。应该怎么办呢？

（1）要鼓足勇气、增强信心，善于体验重新获得成功的愉悦；同时，要创设条件锻炼自己的意志，克服困难，使自己坚强起来。

（2）要勇于承认错误，敢于接受批评，认识到谁都不可能没有错。只要承认错误，找出原因，改正了就好。

（3）如果是把哭当作要挟家长的手段，提出不合理要求，那必须坚决改正。如果父母对你的一些要求采取置之不理的态度，应正确理解。因为父母不想让孩子养成一些坏习惯，只有这样，才能逐渐提高你的耐挫的能力，改掉爱哭的毛病。

30. 我回答错问题后，老师马上让别人帮助我纠正错误，我感到很难堪，怎么办？

生活当中常有这样的情形，教师提问 A 同学，A 同学回答不了，或答错了，老师便问其他同学：谁能帮助他？于是 B 同学起来帮助 A 同学回答了问题。教师表扬了 B 同学，B 同学胜利地坐下，而 A 同学"失败"地坐下，面子上也觉得不好受。你的问题即属于这种情况。

你之所以心里感到难堪，是因为老师当众间接地否定了你，伤了你的自尊心，使你感到丢了面子。这种心理问题的出现，说明你的耐挫力还很不够。

遇到这种情况应该怎么办呢？

首先，你应当学会自己安慰自己。因为老师不是有意挫伤你的自尊心，他采取的是大多数人通常采取的做法，你应该从积极的角度去认识和理解老师的做法。回答问题正确的同学的成功应该是对你失败的最大促进，你会因此把知识记得更牢固，掌握得更扎实。因此，你不必太在意。

其次，你应该把它变成一种动力，积极思考，努力学习，争取在下一个问题的回答上取得成功，为你的心理平衡找一个"支点"。

再次，要学会正确评价自己。虽然自己一个问题答错了，并不等于自己所有的问题都不会。这样，你就不会有那种很难堪的感觉。相信你会在别人的提示之下更加努力地学习。

31. 别人伤了我的自尊心，该怎么办?

一小学高年级女同学反映：“我学习成绩不好，老师经常当全班同学的面讽刺、挖苦我，我心里非常难受，但又不知该怎么办。”

你的苦恼一是因为教师的批评过激，对你的自尊心造成伤害。二是你自己学习成绩不好，存在着一定的自卑心理所酿成的苦恼。一旦觉得个人自尊心受伤害了，应当及时调整自己的心态。

（1）冷静下来想一想，可能今天老师的心情不好才说出这些伤人心的话。通过对老师的理解来平静自己的情绪。

（2）对自己应该有一个正确的认识。如果老师说的话与实际不符，应抱无所谓的态度，不去考虑它，也可事后找老师交流一下看法。

（3）可以找知心的朋友谈谈自己的苦恼，一吐为快。

（4）变苦恼为动力，发奋学习，迎头赶上，改变老师对自己的认识。

（5）用自己的“闪光点”来证明自己能行，让别人也对你刮目相看。尽管你学习不好，但你同样有别的“长处”。通过展示自己的“长处”，证明你同样具有值得自豪的地方。

32. 妈妈总是希望我比别人强，可我却觉得自己什么都不行，怎么办?

一小学高年级女孩倾诉：“我母亲对我要求非常严格，总希望我比别人强。我如果考试成绩不理想，就讽刺、挖苦，甚至打骂。最近一段时间，我越来越觉得自己不行，谁都不如，我很苦恼，怎么办?”

这位同学的苦恼，源于家长对孩子的期望值过高，使孩子心理压力过重，开始怀疑自己的能力，觉得自己很笨，什么都不行，过低地估计自己。因此缺乏自信，走进了自卑的误区。

产生了自卑感如不及时进行矫治，会造成孩子性格孤僻，离群，情绪低落。严重者，精神萎靡不振，会影响学习，甚至会影响一生。所以，你应调整自己的心态走出自卑的误区。

（1）充分认识自己的能力。不管所处环境如何，应该对自己有个客观的估计。每个人都不可能一无是处。这样，不管别人说什么，你都会把自己放在一个正确的位置上去认识。

（2）在适当的时机与母亲谈谈心。你告诉母亲，你理解她望女成凤的心情，但应当根据孩子的实际情况确定培养目标。天外有天，人外有人。每个人都有自己的优势，要逐渐改变母亲对你的教育态度。

（3）把母亲对你的期望变成一种动力。据专家介绍：现在的独生子女智力相差无几，所以未来能否成功的关键在于是否有顽强的意志。你通过坚持不懈的努力，会获得成功的。你应该充满信心地迎接未来，迎接挑战！

第九部　典型案例

1. 易于获得成功的“小目标”技术

张某和侯某是初中三年级学生，均为女同学，她俩于1998年4月的一天，突然离家出走。家长和老师非常着急，四处寻找，二人于3天后又主动回校。

心理老师当天下午找二位同学谈心，一阵开导之后，她们说出了出走的原因。原来是因为二人的学习成绩不好，有自卑心理，最近的一次测验，连一向不如她们的另外一名同学都超过了她们。她们感到很悲观，想出去散散心，因此也没有多想，就偷偷地出走了。

老师听后，没有责怪她们，只是告诉她们：这几天父母、老师和同学们是多么着急，多么担心，可见大家是多么的爱你们呀！她们听了，眼泪忍不住流了出来，接着老师又帮助她们分析自卑心理的害处，如何认识自我，如何正确对待挫折等，告诉她们失败并不可怕，因此而丧失自信心才是最可怕的，自信是人类最宝贵的财富之一。那么怎样才能自信呢？首先是悦纳自我，不苛求完美。其次学会面对失败，失败是丧失自信心的根源，但失败并不一定能导致丧失自信，只要正确认识，从失败中吸取教训，努力弥补，就一定能成功。同时告诉她们增强自信心的诀窍——“小目标”技术。小目标技术就是根据现有水平，为自己选取一个经过努力切实可行的目标。如，这次考试不好，可以为自己设立一个小的目标，下次只要能提高两名就是进步，并且为之努力，等到这一目标实现后，再设立下一个小目标，从而不断积累成功的体验，这样就会不断被成功所鼓舞，保持自信，充满斗志。

这两位女同学遵照老师的指导，认真地总结自己失败的原因，对症下药，制定了自己奋斗的“小目标”，学习成绩有了很大提高。

2. 保持一种必胜的信念

赵同学一拿起数学作业题就觉得什么都不会做，他的数学可以说是没救了。他学习也很刻苦，但成绩总提高不大，他说他可能是天生比别人笨，不是学习的材料。因此，总觉得同学看不起他，平时尽量躲着同学。他把这些情况告诉了老师，老师对此进行了分析，认为这是缺乏学习自信心的表现。一旦有这样一些想法出现，就使其感到自己不行，学不好，学不会，对学习产生畏惧心理，丧失学习信心，由此进一步导致学习失败，而新的学习失败又证明了开始时“我不行”的判断，从而造成了一种恶性循环，久而久之也就产生了学习上的自卑心理。

心理老师给他讲了我国著名数学家张广厚的故事。张广厚读小学时数学成绩一直很差，经常在班级中排倒数第一，由于成绩差，连中学都没有考上。这样的成绩在我们的一些同学看来，那真是没救了，张广厚肯定不是学数学的材料。但他的父亲却没有这样想，对他进行耐心的教育和启发。在父亲的帮助下，张广厚抱定了一个信念，只要用心学，肯钻研，一定能赶上去。从此，他一遍遍地复习基础知识和基本概念，坚持独立完成习题，一年后，数学成绩有了惊人的进展，终于以优异的成绩考上了唐山市开滦二中，后来还成了享誉中外的数学家。老师又帮他分析了这个事例：考试成绩并不能完全客观地反映出一个人知识、能力、智力等的实际水平，因此单凭成绩的高低来评价自己，认定自己比别人笨、不是学习的材料等是不全面、不客观的。分数不高、成绩不好在学习中是常有的事，关键在于能否迎接这一挑战，保持一种必胜的信念，发奋努力去改变现状，信心在学习中起重要作用。

赵同学受到了启发，在以后的学习中树立了学习的自信心，克服重重困难，学习成绩终于赶了上去，和同学交往也趋于正常化了。

3. 过早地误入“爱河”，有害无益

学生李某，是班上一个很漂亮的女同学，学习成绩尚好，活泼开朗。有一天，心理老师收到她的来信，信中诉说了她的苦恼，因为她喜欢上了同班的一个男同学，那男同学也喜欢她，两人已经单独接触过，可是她也担心这样会影响学习，欲舍不能，不知怎么办才好。

看了她的信，心理老师马上给她回了信。首先阐明老师对她的情况非常理解，并告诉她，由于生理逐渐成熟，受性激素的作用，少男少女开始产生较清晰的性意识，如爱慕异性，喜欢和异性交往，这些都是正常的。但过早明确恋爱关系，误入“爱河”就不正确了，接着讲述了早恋对中学生的危害。

（1）早恋对学习有严重影响，导致注意力不能集中，脑海里总是闪动着两人在一起的情景，这对正在担负紧张学习任务的中学生来说，是百害而无一利的。

（2）早恋对中学生的身心健康十分不利，中学生在恋爱上其行动往往是秘密的，怕被老师、家长和同学发现，怕被同学说三道四，所以焦虑程度相对比较高，整日在这种状态下交往，势必影响身心的健康发展。

（3）由于中学生情感上好冲动，自控能力又有限，谈恋爱很容易发生意想不到的出格行为，给身心带来不必要的伤害。

心理老师明确指出：“怕影响学习，首先说明你是个懂事的好孩子，因此你更应该悬崖勒马，把那份感情深藏心底，把全部精力投入到学习中去。”事后心理老师又找这个同学谈了一次，并告诉她从情感的旋涡中解脱出来的办法，还讲了一则类似的小故事。她听后很受感动和启发，表示一定按老师的办法去做。

李某通过努力，如今又恢复了往日的活泼乐观，学习成绩也大有进步。

4. 警惕“哥们儿义气”

姜某，男，16岁，该生性格外向，讲究哥们儿义气，父亲出走，下落不明，母亲出国打工，他一直生活在外祖父家。由于家庭的变故，缺少家庭温暖，不能享受父母的疼爱和教育，经常抽烟，喝酒，夜不归宿，与社会上不三不四的人接触，染上了不良习气，形成了好动、粗暴、攻击型个性。平时表现为拉帮结伙，恃强凌弱，冷酷，粗野，好寻衅斗殴，意气用事。

心理老师根据其特点和家庭的特殊情况，针对该生正处于心理发展的关键期，除了用爱心、关心、热心去疏导他，还帮助他分析问题发展的严重危害。初中生是生理与心理发展不平衡、情绪发展不平衡、思维发展不平衡的重要时期，与家庭、社会等外因，本人的特殊情况等内因密切相关。在近一年半的时间里，老师通过家访和日常掌握的情况，对该生在慎重选择朋友、警惕“哥们儿义气”，自觉消除逆反心理，经常参加对社会有意义的活动等方面施加心理影响，进行心理疏导和提供有益于该生发展的条件，创设必要的情境，使该生从老师那里获得了关爱；从集体和社会中享受到了家一般的温暖。之后该生进步很大，在班级能团结同学，关心集体，积极完成各项任务，是老师的得力助手；虽然成绩不是很好，但能坚持学习，没有流向社会，没有辍学。

5. 没有规矩，不成方圆

某校初三学生郑某，不爱学习，无拘无束，曾因打架被开除过。

经心理老师诊断，该生的主要心理问题是自制能力差。

其主要原因：一是社会上“读书无用论”的影响，二是父母百般溺爱，三是个性缺陷，以自我为中心。

主要矫治方法：

（1）心理老师与他交朋友，进行心理交流；帮助他树立远大志向，增强学习的信心和兴趣，让他懂得“没有规矩，不成方圆”的道理。

（2）班主任搞好家访，与家长互相沟通情况，共同对其心理问题进行有针对性的教育。改变以往的教育方法，重在培养自我控制和自我约束的能力。

（3）进行兴趣的正迁移，因势利导，不厌恶，不挖苦，不讽刺，抓住闪光点进行激励性教育，使他主动改正缺点和错误。

矫治效果：该生能认识到打架骂人的害处，并能严格要求自己，遵纪守时，学习成绩和心理素质明显提高。

6. 学会找回自我

某中学二年级的姜同学，学习态度不积极，上课不是睡觉就是说话，不但影响同学的学习，有时还影响到老师讲课。这都是他多年养成的不良习惯，老师、同学多次帮助，收效甚微。在心理课上，老师引导同学自己找缺点时，他说："老师，我爸爸说我是块朽木，不可雕也。"同学们哄堂大笑，他自己也因此失去了努力的信心，自暴自弃地低下了头。这时心理老师及时地开导他说："你不但爱好体育，而且成绩很好，长跑是你的强项，在校运动会上你不是夺得了男子1500米的金奖吗？这说明你并不是一无是处，你也有闪光点。既然体育那么苦和累你都取得了优异的成绩，如果你用同样的毅力还怕学不好文化课吗？"谈到此时只见他眼中闪耀着与校运会领奖台上同样的光芒。此后，他仿佛变了一个人，上文化课时认真听讲，虚心学习，经常受到老师的鼓励、同学的帮助。在期末考试中，他比以前进步多了。他高兴地说："是心理教育课帮助我找回了自我。"

7. 要正确认识自我

初中一年级的高同学是一名品学兼优的好学生。从幼儿园到小学都是在一片赞扬声中成长。但到中学后，有同学疏远了他，他开始苦恼，不知是自己的哪些做法影响了与同学间的关系，学习成绩也有所下降，这时班主任分析其"病根"，研究出了解决方案，即通过心理课列举同类问题的案例，让同学们分析病因，并把此类不正确的自我认识归类，学生很容易就把这类问题归为"自我评价过高，引起的原因是社会经验不足"。这时，老师再引导学生寻找治病"药方"。上完这节课后，心理老师就找高同学单独谈这节课的学习体会。在老师的启发下，他懂得了人非圣贤的道理，找出了自己的不足是：学习很努力，有时却很自私，不愿帮助同学；兴趣较广泛，但无特长，这些是由于自私的心理和薄弱的意志所造成的。经过老师的开导和自我调节，他努力改正缺点，经常主动帮助后进生学习，在同学中的威信提高了，学习情绪上升了，成绩随之有了新的突破，成为一名名副其实的品学兼优生。

8. 善于排除各种思想压力

王同学，寄读在姑母家。期中考试前，妈妈从乡下来看他，并说："如果考不好，就别念了，干脆回家种地去。"考完试，王同学心理负担很重。为了"提高成绩"，骗过家长，他在考试全部结束的第二天晚上撬开了老师办公室的门，准备偷改试卷，被值班人员发现、阻拦后，与其厮打起来。事发之后，王同学心理压力更大了。领导和老师分别找他谈心，同他分析"作案心理"，并提出问题的解决办法，帮助他排除心理负担，又同家长协商对其排除各种负担和压力。他很快恢复了正常的学习。期末考试，他的学习成绩比以前确实有提高，思想表现也很正常。

9. 要有信心克服自卑

小张同学，男，16 岁。该生家境比较贫困，其交际能力差，像个女孩。平时不愿讲话，偶尔说话时就脸红，胆小怕事，属自卑、好静型。

心理老师针对该生的特点，主要进行交往方面的辅导。首先培养他大胆讲话，上课多提问他，班内组织演讲让他发言。其次，老师从他与同伴交往的选择性、亲密性、波动性等方面予以指导，使他有信心克服自卑心理。在一年多的精心指导和自身的积极努力下，小张同学有了明显进步，不但学习十分刻苦，而且有了自己的伙伴、朋友，现在每天都很快乐。

10. 消除顾虑，保持愉快的心情

李玲性格文弱，少言寡语，独来独往。在一次语文课上，同桌发现她哭了，告诉了老师。课后经交谈，老师了解到：她幼年丧母，老家在四川，父亲带她到东北来打工。她乡音很重，说话别人听不懂，同学们管她叫“小四川”。她总觉得与众不同，低人一等，有不懂的问题也不敢问，学习成绩不好，自信心不足。

面对这样一个学生，要消除其种种顾虑，才能使她愉快地学习。心理老师为此找她谈心，进行疏导。

（1）“幼年丧母是人生的一大不幸，但是同学们并不会因你的不幸嘲笑你，相反还会同情你。”当同学们得知她没母亲后，在冬天来临时，都纷纷给她拿棉衣、棉鞋等。女同学主动与她交朋友，使她没有了孤独感，性格也开朗了。

（2）由于说话有乡音，上课发言，同学们发笑，并不是有意嘲笑，只是一种好奇，她越是小声发言，同学们越笑。心理老师说：“如果你大大方方地说，时间长了，他们就不笑了。”在语文课上，老师让她回答一个比较简单的问题，当她答对时，老师示意同学们为她鼓掌祝贺。她在师生的鼓励下，增强了自信心。

（3）心理老师又说：“学习成绩不好，有多方面原因，不适应这里的教学环境，是主要原因。并不是你笨，要相信自己，只要你不懈努力，一定会比以前有进步。”

经过近一年的努力，她现在上课发言声音大了，下课有说有笑，而且学习成绩有了明显提高。

11. 不求最好，只求更好

潘某在小学时成绩比较好，升入中学后，学习成绩有所下降。尤其英语就是不入门。她为自己成绩下降考不了第一名烦恼极了。有一天在家，她突然产生了轻生的念头，要从所住的四楼跳下去，幸好被母亲发现。第二天，她的母亲含泪来到学校向老师求助。班主任、领导在对该生进行思想教育时，首先肯定了她积极向上的精神，但又批评了她想一死了之的不负责任的态度。进而分析了这种脆弱心理的根源——初中生个性发展尚不完善，头脑中会经常产生一些错误的想法，如“我的目标必须实现、我应该是最好的”等。老师帮她认识到：目标的实现不仅要靠自身的努力，还依赖于客观条件。有时候即使你做出了很大努力，仍然可能达不到目的。第一名固然好，但只有一个。只要肯努力，学习有进步，名次无所谓。我们“不求最好，只求更好”。在老师的教育下，她茅塞顿开。

12. 应当把挫折看作是很正常的事

学生杨某，男，14 岁。该生学习一贯很好，曾名列班级前 10 名。可最近一次的期中考试他却考了 25 名，很多同学和老师都很吃惊，向他本人了解情况，他却不愿多说，一副欲言又止的样子。经过老师两天细心的观察，发现他上课无心听讲，总是一副忧心忡忡的样子。为了了解确切的原因，班主任又把家长找来面谈，从而得知，他的父母关系不好，最近经常吵架，而且又涉及第三者，正打官司闹离婚呢。父母都想争夺孩子的抚养权，他们轮着说服甚至威胁孩子，弄得杨某不知跟谁好，又不好意思和同学、老师说，所以整天寝食不安，无心读书。了解了这些情况后，心理老师协助班主任找杨某谈心，告诉他，“一棵小树，要承受无数次的风吹雨打，才能长成大树；一条小河要经历过无数次的回旋曲折才能汇入大海。人的一生，不可能总是一帆风顺、艳阳高照，遇到挫折是很正常的事，关键是要学会战胜挫折”。同时向他介绍了威廉斯·卡利尔对付挫折的三部曲。杨某听了，很受启发，表示一定尽自己的努力战胜挫折。他像老师介绍的那样，按步骤实施计划：先分析可能出现的最坏情况，再说服自己接受这一结果，安心读书，实现心中的“大学梦”。最后他饱含深情地给父母分别写了一封信，表达他对此事的看法，真诚地希望他们重归于好，使自己既有爸爸，又有妈妈，不为跟谁而苦恼，避免家庭的不幸。一个月后，杨某高兴地告诉心理老师，他的做法奏效了，妈妈已经撤诉，父母和好如初了。

13. 父母离异，子女需要更多关怀

近几年，随着单亲家庭的增多，作为社会中最脆弱的人群——单亲家庭的子女，越来越成为亟须关心和帮助的群体，正日益引起社会的关注和重视。

从同学就是其中的一个例子。从同学刚到校时，成绩不好，不到半年，他没与老师打招呼，自己就退学了。班主任一再给家里打电话，打了五六次才与他的家人联系上，得知他父母离异，只有父子二人一起生活，因家境不好，父亲同意他不念学了。第二学期开学，他父亲又把他送回班级，说在社会上游荡不行，班主任老师收下了他，并同心理老师一起同他进行了一次长达两个小时的谈心，全体任课老师也都给予他特别的关怀，帮助他补课，同学们主动与他接近，使他感到极大的温暖。此事对他影响很大，从此，他再也不迟到，不早退，更没有打退堂鼓现象。

第二学期寒假，班主任又无偿给他补了 25 天课，使他的成绩有了一定的提高，学习上更有了信心，其他方面也有了很大进步。

14. 要善于把悲痛化作音符

学生屈某，奶奶、妈妈同时不幸被他人杀害，家中只剩她和爸爸，她的精神受到巨大打击。为了提高她的心理承受力，以适应家庭的突然变化，较快地投入到学习生活中，老师给她讲了一段故事：美国吉他手艾利普顿中年丧子，他把悲痛化作了音符，创作出一首著名的歌曲《泪洒天堂》，献给死去的儿子，获得了美国歌坛的最高奖赏。她在老师的开导下，较快地从巨大的悲痛中解脱出来，以较好的心态投入到了学习中。

15. 要在挫折中变得坚强起来

安某是一个性格内向的学生，平时品行端庄，学习较好。可是本学期开学初，老师发现他上课打不起精神，作业有时完不成，有一天他竟然逃课了。经家访，了解到他家最近出了一件不幸的事：父亲下煤窑出了事故，腿被砸折。因为父亲是家里的顶梁柱，父亲不能劳动了家里也就没有了经济来源，于是安某产生了辍学的心理。他以为这样或许能减轻点家庭负担。

心理脆弱，经受不住打击，是当今学生中的普遍现象，这种脆弱心理产生的原因是：初中生个性发展尚不完善，他们头脑中经常会有一些幼稚的想法。由于现实与他们的幼稚想法相矛盾，就会出现反常现象。为了使安某能有稳定的情绪，正确对待这个挫折，心理老师主要从以下几方面进行了心理诊治。

（1）帮助他分析挫折的利与弊。父亲因工致残，不能劳动，这对整个家庭来说的确是个不小的打击，但是辍学并不是解决问题的最好办法。因为你现在还不具有劳动能力，如果你辍学在家，父亲想到今后你的前途被耽误，会更着急上火，这不但对他恢复健康没有帮助，反而会雪上加霜。你应该想到：幸亏只伤了一条腿。虽然父亲从此不能从事体力劳动，但还可以做其他工作。

挫折是不幸的，但它可以使人变得坚强、成熟，催人上进，可以激发人的巨大潜力。无数杰出的人物都是在逆境中成长起来的，困境可以造就人才。屈原被逐才写了《离骚》，司马迁在受了宫刑后创作了《史记》。可见挫折并非人生的拦路石，而是成功的催化剂。你如果能在这次挫折面前坚强地挺过来，你在今后的人生道路上表现得会更顽强、更坚定。

（2）让痛苦转化为发奋学习的动力。让痛苦转化为奋斗的动力过程就是升华。人在遭遇挫折时会产生强烈的心理冲动。它就像一道决堤的洪水，需要寻找一个发泄口。这时无论是痛哭、宣泄还是借酒消愁，都不能把它消除。但是如果把它运用到学习中，却能演变成巨大的推动力，使你获得进步。

你现在可以为自己制订一份满负荷的学习计划，使它占满你的全部空闲时间，让自己在忙碌中没有时间感伤和悲痛。把当前的挫折和学习联系起来，想到挫折的时候，就会自动想到学习。这样可以使你的学习劲头更充足，最终以优异的成绩给病榻上的父亲一个欣喜。

心理老师经过几次与之交谈，消除了他脆弱的心理，也打消了辍学的念头，情绪由原来的沮丧、颓废改变为愉快、轻松了，而且比以前更努力、用功了。据家长反映，他在家里也更懂事了，还能经常帮助做些家务。

16. 努力争取，就一定能行

贺某是农村中学二年级的一名女学生，在一次心理测试中，她坦率地告诉老师："我已经失败好多次了，每次失败我都会很难过，很失望，甚至好几天都高兴不起来。我感到自己很没用，什么也不行，有时我真的不想再念书了……"

贺某是因为学习屡遭挫折，丧失自信，产生了较重的自卑感，进而产生了辍学的想法，其心理最大的障碍是自卑。自卑是一种因过多的自我否定而产生的自惭形秽的情感体验。自卑感人人都有，只有当自卑达到一定程度，影响到学习、工作、生活的正常进行时，才归之为心理疾病。其主要来源是心理上的消极暗示，如学习生活受挫，对自己的智力估计过低，对性格与气质的自我评价失衡。

在人际交往中，自卑主要表现为对自己的能力、品质等自身因素评价过低；心理承受能力脆弱，经不起较强的刺激；谨小慎微，多愁善感；行为畏缩，瞻前顾后等。

（1）肯定贺某的长处，如敢于向老师倾吐心声，这本身就是勇敢的表现；勤劳肯干，遵守纪律，不怕吃苦，这是许多同学做不到的。在这些方面，老师和同学们对她的印象很好，鼓励她发挥长处，将来定能有所作为。

（2）启发贺某对别人、对自己作出全面的分析和评价。有这样一句话："再伟大的人身上也会有弱点，再渺小的人身上也不乏闪光的东西。"就是说，一个人不可能什么都行，也不可能什么都不行。体育比赛上的"全能冠军"未必会跳芭蕾舞；明星面对镜头也有结结巴巴的时候；琼瑶小说写得好，做饭却能把手烫起泡；川妹子从农村出来，没读多少书，却能烧一手好菜，令顾客赞不绝口……一个人只要能把自己的长处发挥得淋漓尽致，社会就会承认了的价值。不要总对自己说"不行"，这种消极的心理暗示会加重自卑。要学会对自己说："努力争取，一定能行！"

（3）正确对待失败，人生征途上不可能一帆风顺，失败和挫折是不可避免的，这样的体验人人都有，既然别人能勇敢地面对它，你又何必自暴自弃？而且遭遇挫折也不全是坏事。挫折是磨砺意志的基石，一次一次地战胜挫折，你就会一次比一次更加坚强。

（4）适时调整目标。如果你给自己设定的目标是平均分 60 分，而这个目标屡遭失败，那么不妨改设为平均分 55 分，这个目标达到后，再逐渐往上提。哪怕是一点微小的进步，你也应该为自己庆贺，因为自信心正是通过一点点微小的成功来增强的。